"十三五"国家重点出版物出版规划项目
国家自然科学基金资助项目
住房和城乡建设部科学技术计划资助项目

城市交通拥堵对策系列

高铁客运枢纽接驳规划与设计

王晶 著

中国建筑工业出版社

图书在版编目（CIP）数据

高铁客运枢纽接驳规划与设计／王晶著 . —北京：中国建筑工业出版社，2016.2

（城市交通拥堵对策系列）

ISBN 978-7-112-19029-4

Ⅰ.①高… Ⅱ.①王… Ⅲ.①高速铁路—旅客运输—铁路枢纽—设计 Ⅳ.①U238

中国版本图书馆CIP数据核字（2016）第011934号

责任编辑：刘　丹　黄　翊
书籍设计：京点制版
责任校对：刘　钰　姜小莲

城市交通拥堵对策系列
高铁客运枢纽接驳规划与设计
王　晶　著

*

中国建筑工业出版社出版、发行（北京西郊百万庄）
各地新华书店、建筑书店经销
北京京点图文设计有限公司制版
北京中科印刷有限公司印刷

*

开本：850×1168 毫米　1/16　印张：14½　字数：324 千字
2016 年 8 月第一版　2016 年 8 月第一次印刷
定价：**68.00** 元
ISBN 978-7-112-19029-4
（28208）

版权所有　翻印必究
如有印装质量问题，可寄本社退换
（邮政编码 100037）

序 一

怀着喜悦的心情，阅读了王晶博士撰写的《高铁客运枢纽接驳规划与设计》，感觉这是一本难得的好书。当前正值我国新型城镇化发展的关键时期，探索和推进交通与土地利用一体化是实现生态城市绿色交通系统发展目标、医治"现代城市病"的关键。王晶博士以高铁客运枢纽为对象，系统阐述了高铁枢纽与周边用地、与城市对外交通系统、与城市综合交通系统、与枢纽周边集散交通系统、与高铁枢纽末端交通系统，以及高铁客运枢纽内部的交通组织等6个主要方面，详细阐述了一体化交通的规划设计思路和方法，这是一本难得的学术专著，也是一本难得的高铁客运枢纽规划设计教材和参考书。因为这既是当前之急需，也是在这一领域填补空白的少见著作。

优化提高交通枢纽与周边用地一体化规划设计，将会大大减少交通参与者的出行时间，提高交通系统的服务水平和效率，结合TOD开发模式和混合土地使用，将会达到减少交通出行总量，缩短交通出行距离的目的。

2011年，我受学校委托评阅王晶同学的博士学位论文，深感王晶作为城市规划专业的学生，较为系统地研究了绿色换乘这一重要的交通专题，是难得的交叉学科研究人才，旋即邀请进入清华大学做博士后研究工作。王晶同学博士后在站期间，研究领域主要集中在土地使用与交通规划协调的理论与方法、综合客运枢纽的规划与设计方面。王晶博士先后参与了国家发改委项目"轨道交通站点周边用地一体化开发思路与政策研究"，中国工程院项目"中国特色城镇化道路的综合交通问题研究"，以及与唐车的合作项目"绿色、智能、人文一体化交通需求特性、理念、内涵和方法研究"等，参编了《城市交通规划与管理》教材，有了很好的研究历练和学术积累。

成长中的王晶博士正在从城市规划与交通规划的融贯研究上，从交通与土地利用深度结合的角度，探索和耕耘交通一体化的规划设计理论与方法。王晶博士的这本专著，犹如一朵清新的小花，有重要的启发与参考意义。期待在大家的共同研究探索下，交通与土地利用一体化领域的理论与应用研究不断深入发展，让我们共同迎接那姹紫嫣红的春天。

清华大学交通研究所
2016年5月1日

序二

随着我国高速铁路和城市轨道交通的快速发展，综合客运枢纽的建设及周边用地的开发工作在全国范围内同步展开。与此同时，严峻的土地供应形势也对我国的城市规划工作提出了新的挑战。面对快速增长的建设需求和日益突出的城市问题，如何实施紧凑集约化的可持续发展战略，引导我国综合客运枢纽周边用地开发从粗放型、扩张型向资源节约型转变，引导综合客运枢纽建设从数量增长向质量提升转变，实现综合客运枢纽与周边用地的一体化规划设计与开发，成为摆在我们面前的重大机遇和挑战。在这样的背景下，我非常高兴地看到王晶博士的《高铁客运枢纽接驳规划与设计》一书问世。该书从可持续发展的角度提出了绿色换乘理念，系统地阐释了高铁客运枢纽接驳规划与设计的理论和方法，对我国当前高铁客运枢纽本身及其周边城市建设的现实需求做出了及时的回应。本书基础调研丰富而扎实，资料收集和数据整理翔实且周密，表达图文并茂，叙述严谨细致，是一本难得的规划设计理论著作。

王晶博士2007年参与铁道部重大课题"京沪高速客站关键技术研究"，并在其中承担重要工作，此后一直从事城市规划协调与交通规划方面的交叉研究，目前已经成长为一名优秀的青年科研工作者。作者多年的研究经历为本书的成稿奠定了良好的基础，我相信，本书对城乡规划专业的师生、城市规划设计工作者、政府部门的管理者、房地产从业者以及对综合客运枢纽及其周边用地的规划与设计问题感兴趣的读者都能有所裨益。

天津大学建筑学院
2016年5月

前言

综合客运枢纽是综合交通体系的重要组成部分,主要承担城市对外交通与内部交通以及城市内部交通之间的快速转换功能。综合交通体系的运行效率很大程度上取决于综合客运枢纽的功能发挥。在中国区域一体化、城镇化、机动化同步快速发展的进程中,综合客运枢纽的健康发展对城市综合交通体系和大都市区城市空间发展而言,无疑具有举足轻重的作用。

当前随着新型城镇化的快速推进,中国已经进入了全面建设小康社会的关键时期,为了进一步提高经济运行质量和效率,满足社会日益增长的多层次、个性化、高品质运输需求,交通运输行业必须加快转变发展方式,充分发挥综合运输的整体优势和组合效率,着力构建综合运输体系。构建综合运输体系,重点在于加强运输方式的衔接和运输组织的协调,使各种运输方式之间,城市交通和城际交通之间实现物理和逻辑上的紧密衔接,实现运输过程的无缝化、连续化和一体化。高铁客运枢纽作为综合运输体系的重要组成部分,是铁路与城市交通间实现有效衔接和一体化换乘的关键环节。当前由于中国综合交通运输体系建设起步较晚,枢纽内多模式交通方式间的衔接规划与设计还比较薄弱,缺乏相关理论的指导,导致高铁客运枢纽自身建设存在交通功能不健全,交通接驳方式不合理,运输组织缺乏统筹协调,乘客服务系统缺乏整合等一系列问题。高铁客运枢纽应有功能难以保障,严重影响综合交通运输体系的效率发挥,枢纽服务水平难以适应城镇化进程需要。在此背景下,本书从当前中国城市和加快综合交通运输体系发展的需求出发,研究新型城镇化背景下的高铁客运枢纽一体化接驳规划设计的理念、方法和模式,对于指导中国高铁客运枢纽建设,实现枢纽内多模式交通之间的高效换乘,确保枢纽交通功能的充分发挥,进而推进综合运输体系的健康可持续发展具有重要意义。

高铁客运枢纽的接驳规划与设计是一个复杂的系统工作,其中涉及2个关键问题的研究:

(1) 统一规划,综合协调。高铁客运枢纽组成部分分属不同部门,投资主体多,涉及诸多部门和多方利益,在综合客运枢纽建设中各部门往往关注自身场站,缺乏与其他运输方式和外部配套工程的主动衔接,在项目规划、可研、设计、建设和运营各阶段均有大量工作需要协调。以上因素在一定程度上制约了综合客运枢纽的快速发展。

(2) 整合设计,统一标准。综合客运枢纽是一项复杂的系统工程,专业技术面广,集成难度高。目前,国家尚未针对综合客运枢纽出台专项标准,各运输方式客运场站均依靠本行业颁布的技术规范指导前期研究工作,涉及不同运输方式之间的衔接要求和技术指导缺失,影响综合客运枢纽整体服务水平的提高。

基于以上认识，本书首先对高铁客运枢纽的发展历程及阶段特征进行了梳理。在此基础上综合考虑我国当前经济社会、综合交通运输和城镇化发展趋势，引入"绿色换乘"（Sustainable Transfer）理念，构建高铁枢纽接驳体系，并从宏观区域、中观城市、微观枢纽三个层面对高铁枢纽接驳体系的构成要素、建构原则和目标进行了探讨，揭示探索了高铁枢纽接驳规划与设计的基本原理，明确了高铁枢纽接驳规划与设计的思路、流程与方法。最后结合国内外案例，分别从高铁枢纽与周边用地开发的一体化建设，高铁枢纽与城市对外交通系统的一体化衔接，高铁枢纽与城市综合交通系统的一体化衔接，高铁枢纽周边集散交通系统的组织，高铁枢纽与城市慢行交通系统的一体化衔接，高铁客站建筑的整合设计这6个方面详细探讨了高铁客运枢纽接驳体系的一体化衔接布局模式与设计方法。

本书为城市管理者、从事综合客运枢纽理论研究的科研工作者和从事城市规划、交通规划的专业技术人员提供参考，也可作为高等院校城市规划专业和交通规划专业等相关专业的教材，希望能为我国综合客运枢纽建设与发展贡献微薄之力。

由于作者水平有限，书中难免有不足之处，敬请各位读者不吝赐教！

王晶

2015年9月　于北京建筑大学大兴校区

目 录

第一章 高铁客运枢纽的发展历程

1.1 相关概念 ·· 2
   1.1.1 高速铁路 ·· 2
   1.1.2 枢纽概念群 ·· 2
   1.1.3 高铁客运枢纽 ··· 3
1.2 高速铁路的源起和发展 ·· 4
   1.2.1 世界高速铁路发展阶段及特征 ··· 5
   1.2.2 国内高速铁路建设概况及前景 ··· 9
1.3 高铁客运枢纽的发展及特征 ·· 10
   1.3.1 双重功能特征 ·· 10
   1.3.2 案例经验借鉴 ·· 10

第二章 高铁客运枢纽接驳规划与设计理论

2.1 "绿色换乘"理念 ·· 18
   2.1.1 换乘概念群 ··· 18
   2.1.2 "绿色换乘"概念及内涵 ·· 18
2.2 "绿色换乘"的高铁枢纽接驳体系建构 ·· 21
   2.2.1 高铁枢纽接驳体系及其特征 ·· 21
   2.2.2 高铁枢纽接驳体系的建构原则与目标 ·· 22
      2.2.2.1 宏观区域层面 ·· 23
      2.2.2.2 中观城市层面 ·· 25
      2.2.2.3 微观枢纽层面 ·· 28
   2.2.3 高铁枢纽接驳体系的影响因素 ··· 30
   2.2.4 高铁枢纽接驳体系的实现保障 ··· 31
2.3 高铁枢纽接驳规划与设计的基本原理 ·· 32

  2.3.1 系统原理 ·· 32
  2.3.2 语境协调原理 ··· 33
  2.3.3 技术支撑原理 ··· 33
    2.3.3.1 生态技术支撑 ··· 33
    2.3.3.2 信息技术支撑 ··· 33
    2.3.3.3 结构技术支撑 ··· 34
2.4 高铁枢纽接驳规划与设计的实施程序 ··· 35
  2.4.1 枢纽客流需求预测 ·· 35
    2.4.1.1 高铁枢纽客流特征 ·· 35
    2.4.1.2 客流预测关键指标 ·· 36
  2.4.2 枢纽设施规模需求分析 ··· 38
    2.4.2.1 铁路车场规模分析 ·· 38
    2.4.2.2 交通接驳设施规模分析 ··· 39
    2.4.2.3 其他换乘设施规模分析 ··· 39
  2.4.3 枢纽接驳规划方案设计 ··· 39
  2.4.4 仿真模拟评估 ··· 40
    2.4.4.1 仿真模拟评价概述 ·· 40
    2.4.4.2 仿真模型及软件综述 ·· 40
    2.4.4.3 仿真模拟评价标准 ·· 43
    2.4.4.4 仿真模拟评估流程 ·· 46

第三章　高铁客运枢纽与周边用地开发的一体化建设

3.1 一体化开发建设的相关理论 ··· 50
  3.1.1 TOD 模式 ·· 50
  3.1.2 节点—场所理论 ··· 51
3.2 一体化规划设计范围 ·· 52
3.3 一体化建设的空间布局模式 ··· 53
  3.3.1 水平开发模式 ··· 53
  3.3.2 垂直开发模式 ··· 55
  3.3.3 混合开发模式 ··· 56
3.4 一体化建设用地性质 ·· 58

	3.4.1	案例经验借鉴	58
	3.4.2	用地配置类型	58
3.5	一体化用地开发强度	59
3.6	一体化开发模式	61
3.7	一体化建设工作流程	63

第四章 高铁客运枢纽与城市对外交通系统的一体化衔接

4.1	高铁枢纽与公路客运的一体化衔接	66
	4.1.1 高铁与公路客运的协同发展途径	66
	4.1.2 高铁枢纽与长途客站的一体化衔接布局	67
	4.1.2.1 长途客站的布局原则	67
	4.1.2.2 一体化衔接布局模式	67
	4.1.3 高铁枢纽与长途客站的一体化换乘模式	71
	4.1.3.1 基于换乘设施的换乘模式	71
	4.1.3.2 基于站场布局的换乘模式	72
	4.1.4 长途客站与市内公交的一体化衔接换乘	73
4.2	高铁枢纽内部铁路间的一体化衔接	73
	4.2.1 高速铁路的运输组织模式分析	73
	4.2.1.1 国外高铁运输组织模式	73
	4.2.1.2 国内高铁运输组织模式	74
	4.2.2 中国高铁与其他铁路换乘的必要性分析	75
	4.2.3 高铁与其他铁路站场的一体化衔接布局	75
	4.2.3.1 平面分离式布局	76
	4.2.3.2 平面毗邻式布局	78
	4.2.3.3 立体叠合式布局	78
	4.2.4 高铁与其他铁路客流的一体化换乘模式	80
	4.2.4.1 站台换乘模式	80
	4.2.4.2 换乘层换乘模式	81
4.3	高铁枢纽与航空客运的一体化衔接	82
	4.3.1 高铁和航空：竞争 or 合作？	82
	4.3.1.1 高铁与航空的竞争	82

            4.3.1.2 高铁与航空的合作 ·· 83
    4.3.2 "航空+高铁"联运模式概述 ·· 84
            4.3.2.1 "航空+高铁"联运的内涵 ·· 84
            4.3.2.2 "航空+高铁"联运的条件 ·· 85
            4.3.2.3 "航空+高铁"联运的优势与挑战 ································ 86
    4.3.3 基于"空铁联运"的一体化衔接布局 ···································· 88
            4.3.3.1 高速铁路网与机场的衔接 ·· 88
            4.3.3.2 高铁站与航站楼的一体化衔接 ···································· 90
    4.3.4 基于"空铁联运"的一体化换乘模式 ···································· 94
            4.3.4.1 普通值机模式 ·· 95
            4.3.4.2 "零米支线飞行"模式 ··· 95

第五章 高铁客运枢纽与城市综合交通系统的一体化衔接

5.1 高铁枢纽与轨道交通的一体化衔接 ··· 100
    5.1.1 城市轨道交通概述 ·· 100
            5.1.1.1 相关概念界定 ·· 100
            5.1.1.2 起源及发展 ··· 101
    5.1.2 高铁枢纽与轨道交通衔接的意义 ··· 101
    5.1.3 高铁线路与轨道交通线网的接驳方式 ··································· 102
            5.1.3.1 平行接驳方式 ·· 103
            5.1.3.2 交叉接驳方式 ·· 103
            5.1.3.3 综合接驳方式 ·· 103
    5.1.4 高铁枢纽与城轨站点的一体化衔接布局 ································ 103
            5.1.4.1 重合式布局 ··· 103
            5.1.4.2 半重合式布局 ·· 104
            5.1.4.3 并列式布局 ··· 106
    5.1.5 高铁枢纽与轨道交通的一体化换乘模式 ································ 107
            5.1.5.1 换乘大厅换乘 ·· 108
            5.1.5.2 同站台换乘 ··· 108
5.2 高铁枢纽与常规公交的一体化衔接 ··· 108
    5.2.1 高铁枢纽与常规公交衔接的意义 ··· 108
    5.2.2 高铁枢纽与常规公交衔接的原则 ··· 109

  5.2.3 高铁枢纽与公交线网的衔接布局 …………………………………… 109
    5.2.3.1 集中式布局 …………………………………………………… 109
    5.2.3.2 分散式布局 …………………………………………………… 110
    5.2.3.3 复合式布局 …………………………………………………… 110
  5.2.4 高铁枢纽与公交场站的一体化衔接布局 ……………………………… 110
    5.2.4.1 蓄车场与高铁枢纽的衔接布局 ……………………………… 110
    5.2.4.2 公交站与高铁枢纽的衔接布局 ……………………………… 112
  5.2.5 高铁枢纽与常规公交的一体化换乘模式 ……………………………… 112
    5.2.5.1 基于换乘设施的换乘模式 …………………………………… 112
    5.2.5.2 基于场站布局的换乘模式 …………………………………… 113
5.3 高铁枢纽与出租车的一体化衔接 ………………………………………………… 117
  5.3.1 高铁枢纽与出租车衔接的意义 ………………………………………… 117
  5.3.2 高铁枢纽与出租车的衔接原则 ………………………………………… 117
  5.3.3 高铁枢纽与出租车场站的一体化衔接布局 …………………………… 117
    5.3.3.1 站点与高铁枢纽的衔接布局 ………………………………… 117
    5.3.3.2 待车场与高铁枢纽的衔接布局 ……………………………… 118
  5.3.4 高铁枢纽与出租车的一体化换乘模式 ………………………………… 120
    5.3.4.1 纯地面层换乘 ………………………………………………… 120
    5.3.4.2 纯地下层换乘 ………………………………………………… 120
    5.3.4.3 高架落客＋地下载客 ………………………………………… 120
    5.3.4.4 高架落客＋地面载客 ………………………………………… 120
5.4 高铁枢纽与社会车辆的一体化衔接 ……………………………………………… 121
  5.4.1 高铁枢纽与社会车辆的衔接原则 ……………………………………… 121
  5.4.2 高铁枢纽与社会车辆停车场的衔接布局 ……………………………… 121
    5.4.2.1 结合站前广场布局 …………………………………………… 121
    5.4.2.2 结合站房布局 ………………………………………………… 122
    5.4.2.3 结合周边建筑布局 …………………………………………… 124
  5.4.3 高铁枢纽与社会车辆的一体化换乘模式 ……………………………… 125
    5.4.3.1 纯地下层换乘 ………………………………………………… 125
    5.4.3.2 纯地面层换乘 ………………………………………………… 125
    5.4.3.3 高架落客＋地下载客 ………………………………………… 125
    5.4.3.4 高架落客＋地面载客 ………………………………………… 126

第六章　高铁客运枢纽周边集散系统的规划组织

6.1 高铁站区外围快速集散系统的组织 ································ 128
 6.1.1 外围快速集散系统组织原则 ································ 128
 6.1.2 外围快速集散系统组织模式 ································ 129
  6.1.2.1 双环模式 ································ 129
  6.1.2.2 半环模式 ································ 130
  6.1.2.3 单环模式 ································ 130
6.2 高铁站区内部快速集散系统组织 ································ 135
 6.2.1 内部快速集散系统的构成 ································ 135
 6.2.2 高架进站系统的布局模式 ································ 135
  6.2.2.1 封闭循环式布局 ································ 135
  6.2.2.2 开放式布局 ································ 135
 6.2.3 内部快速集散系统的组织模式 ································ 137
6.3 规划组织中的几个要点探讨 ································ 138
 6.3.1 关于高架进站路和站区内部地面循环路的组织 ································ 138
 6.3.2 关于内外集散系统接口组织与接口形式 ································ 139

第七章　高铁客运枢纽与城市慢行交通系统的一体化衔接

7.1 高铁枢纽与步行交通系统的一体化衔接 ································ 142
 7.1.1 站区周边步行系统的规划设计 ································ 142
  7.1.1.1 空中步行连廊 ································ 142
  7.1.1.2 地面连续步道 ································ 144
  7.1.1.3 地下步行街 ································ 145
 7.1.2 穿越站区的步行系统规划设计 ································ 147
  7.1.2.1 高架铁路模式 ································ 148
  7.1.2.2 铁路下沉模式 ································ 149
  7.1.2.3 地下通道模式 ································ 151
  7.1.2.4 高架步道模式 ································ 152
 7.1.3 站区内部步行系统的规划设计 ································ 153
  7.1.3.1 站前广场的演化阶段及其特征 ································ 153
  7.1.3.2 传统铁路客站站前广场特征 ································ 153

		7.1.3.3 高铁枢纽站前广场特征	155
		7.1.3.4 高铁枢纽站前广场规划原则	157
		7.1.3.5 站前广场设计面临的挑战及对策	157
7.2	高铁枢纽与自行车交通系统的一体化衔接		159
	7.2.1	自行车的优势及发展现状	159
		7.2.1.1 自行车交通的优势	159
		7.2.1.2 国内外的发展现状	159
	7.2.2	B+R：自行车与公共交通的换乘	161
	7.2.3	影响高铁枢纽自行车客流分担率的因素	161
		7.2.3.1 枢纽周边的土地利用情况	162
		7.2.3.2 停车设施规模的确定	162
		7.2.3.3 停车设施管理	163
	7.2.4	自行车停车场与高铁枢纽的衔接布局	165

第八章 高铁客站建筑的整合设计

8.1	铁路客站发展历程回顾		168
	8.1.1	国外发展阶段及特征	168
		8.1.1.1 起源阶段（1830年至19世纪中期）	168
		8.1.1.2 发展阶段Ⅰ（19世纪中至20世纪初）	169
		8.1.1.3 发展阶段Ⅱ（20世纪20～60年代）	173
		8.1.1.4 成熟阶段（20世纪80年代以后）	174
	8.1.2	国内发展阶段及特征	174
		8.1.2.1 第一阶段（1949～1980年）	175
		8.1.2.2 第二阶段（1980～2002年）	175
		8.1.2.3 第三阶段（2003年至今）	176
8.2	换乘空间设计		178
	8.2.1	换乘空间设计趋势	178
		8.2.1.1 站房空间通过化	178
		8.2.1.2 站场重要性提升	179
		8.2.1.3 服务设施完善化	179
	8.2.2	通过式布局模式	180
		8.2.2.1 完全通过式布局	181

    8.2.2.2 "通过＋等候"式布局 ································· 183
  8.2.3 立体化流线组织 ·· 187
 8.3 商业空间设计 ·· 190
  8.3.1 国内外发展现状及对策 ····································· 190
  8.3.2 前期商业策划研究 ·· 191
  8.3.3 商业空间布局模式 ·· 193
 8.4 高铁客站的建筑形态创作 ·· 195
  8.4.1 地域性理念的生成机制及内涵 ······························ 195
  8.4.2 在建筑形态创作中的表达 ··································· 196
    8.4.2.1 探索自然环境 ··· 196
    8.4.2.2 关注人文环境 ··· 198

图片资料来源 ·· 203
参考文献 ··· 209
致　谢 ··· 217

第一章
高铁客运枢纽的发展历程

1.1 相关概念

1.1.1 高速铁路

高速铁路是一种高科技集成的运营服务系统，它的特点是通过铁路车辆、轨道、信号系统等方面的技术配合，使列车的营运速度和质量达到一个较高的标准。对于这个速度标准，目前国际上并没有统一认定的标准，不同的组织、国家和地区均有不同的说法。

1970年5月，日本在第71号法令《全国新干线铁路整备法》中规定："凡一条铁路的主要区段，列车的最高运行速度达到200km/h或以上者，可以称为高速铁路。"这是世界上第一个以国家法律条文的形式给高速铁路下的定义。

为了组织建立泛欧高速铁路网，1996年欧盟在"96/48/EC号指令"（DIRECTIVE 96/48/EC）中给出"高速铁路"和"高速铁道机车车辆"两方面的标准。标准认为：高速铁路是指设计运营时速最少250km的新建线路或者通过改造升级（直线化、轨距标准化），设计营运时速达到200km以上的线路。高速列车则包括在新建高速铁路上，运行速度最少达到250km/h，并在可能的情况下达到300km/h的列车；在既有线或经升级改造的高速铁路上，运行速度达到200km/h的列车。此标准现在普遍适用于欧盟成员国。国际铁路联盟（UIC）和联合国欧洲经济委员会运输统计工作组织给出的定义与此基本一致，而且UIC的建议中进一步明确了高速列车的种类：既包括时速在250km以上的动车组，又包括时速200km的能够提供高服务质量的摆式列车和传统的铁路机车牵引铁路车辆。

美国联邦铁路管理局对"高速铁路"的官方定义为最高营运速度高于145km/h（90英里/小时）的铁路。但从社会大众的角度，"高速铁路"一词在美国通常会被用来指营运速度高于160km/h的铁路服务，这是因为在当地除了阿西乐快线（最高速度240km/h）以外并没有其他营运速度高于128km/h（80英里/小时）的铁路客运服务。[1]

中国2014年元旦起实施的《铁路安全管理条例》规定：高速铁路是指设计开行时速250km以上（含预留），并且初期运营时速200km以上的铁路客运专线。

1.1.2 枢纽概念群

1. 枢纽

枢纽一词的英文为hub，国外又称为switch、concentrator、gate、control point、access point，最早源自网络几何学和图论，广义上是指事物相互联系的中心环节，狭义则是指某事物领域的交会中心。[2]《辞海》中的解释是："比喻重要处或者事物的关键所在。"[3]

---

[1] http://zh.wikipedia.org/zh/%E9%AB%98%E9%80%9F%E9%90%B5%E8%B7%AF.
[2] 胡大伟编著.公路运输枢纽规划[M].北京：人民交通出版社，2008.
[3] 辞海编委会.辞海[M].上海：上海辞书出版社，1999.

2. 交通运输枢纽

交通运输枢纽是指在若干条（2条或2条以上）交通运输干线的衔接、交会处形成的，依托于城市的，由若干种运输所连接的固定设备组成的整体，它具有中转换乘及换装、运输组织与管理、多式联运、装卸存储、信息流通和辅助服务六大功能。[1] 广义上的交通运输枢纽包括客货站场、连接线以及相关设施，各种引入枢纽干线的客货运输集散点及大量市郊运输的终点站，是一个面的概念，比如北京枢纽、郑州枢纽等。狭义上的交通运输枢纽是指在运输线路的交会处或在运输网的节点上，为办理旅客和货物的中转、发送和到达所需的各种运输设施的综合体，是一个点的概念，其实体表现为港口码头、航空港和各种客货站场。[2]

3. 综合客运换乘枢纽

综合客运换乘枢纽是城市综合客运交通网的重要节点，集多种交通方式于一体，具有重要的服务功能和控制设备，是多模式交通换乘的载体和平台，是具有客流中转换乘、运输组织与管理、信息流通和辅助服务等功能的综合性交通基础设施。[3]

在《上海市综合客运交通枢纽布局规划（2006—2020）》中将客运换乘枢纽按照交通设施不同和规模大小划分为A、B、C、D4个等级（表1-1）。A等级是以航空、铁路等大型对外交通设施为主体的市内外综合交通换乘枢纽。配套有公交枢纽站、轨道交通车站、出租汽车站、社会停车场库等市内交通设施，比如上海虹桥综合枢纽、上海南站、上海火车站等。B等级枢纽是"规划"中数量最多的种类，以市内轨道交通、地面公交等公共交通设施为主体，结合出租车营运站点、社会非机动车停车场库、长途客车等其他交通设施形成的大中型客运换乘枢纽。C等级枢纽是以轨道交通、地面公交和机动车换乘为主体的P&R停车换乘枢纽。D等级枢纽是距离轨道交通站点较远的，以多条常规公交换乘站点为主体的小型枢纽。[4]

1.1.3 高铁客运枢纽

目前国内对高铁客运枢纽还没有明确的界定。在本书中，高铁客运枢纽是指位于设计开行时速250km以上（含预留），并且初期运营时速200km以上的铁路客运专线上的，以高铁为主导的综合客运枢纽。高铁客运枢纽具有"交通节点"和"城市场所"两项功能。一方面，高铁枢纽是城市综合交通网络上多交通模式衔接换乘的节点，它包括城市内部交通与对外交通之间（高铁与公共交通和私人交通），对外交通之间（高铁与高 \ 普铁，高铁与航空，高铁与公路长途），市内交通之间的衔接和转换，而又以内外交通转换功能为主。它充分利用信息化技术和管理手段，组织相应的换乘活动，为旅客集散和中转提供快捷、

---

[1] 张国伍主编. 交通运输系统分析 [M]. 成都：西南交通大学出版社，1991.
[2] 韩印，范海燕. 公共客运系统换乘枢纽规划设计 [M]. 北京：中国铁道出版社，2009.
[3] 转引自：丰伟. 城市对外交通综合换乘枢纽系统关键问题理论研究 [D]. 成都：西南交通大学，2010.
[4] http://www.shgtj.gov.cn/ghsp/ghsp/shj/200612/t20061223_181795.htm.

客运交通换乘枢纽分类　　　　　　　　　　表1-1

		对外交通			市内公共交通			个体交通	
		航空	铁路	长途客运	轨道交通	常规公交	出租车	小汽车	非机动车
对外交通	航空	站内换乘	航空港客运枢纽					极少量	
	铁路		站内换乘	铁路客运枢纽					
	长途客运			站内换乘	长途客运枢纽				
市内公共交通	轨道交通	A			站内换乘	轨道交通枢纽			
	常规公交		A		步行范围内换乘	公交枢纽		P+R功能	B+R功能
	出租车				B	B	备注：P+R：机动车换乘轨道交通；B+R：非机动车换乘轨道交通		
个体交通	小汽车								
	非机动车	极少量			C	较少量C			

资料来源：《上海市综合客运交通枢纽布局规划（2006—2020）》。

安全、便利、舒适的服务平台。另一方面，高铁枢纽具有空间集聚和活动组织的城市场所功能，是带动城市和地区发展的触媒和催化剂。

高铁客运枢纽中的铁路类型既可以是纯高速铁路，也可以是高铁与普铁的混合；在枢纽的规模方面，参考国内客运专线车站的规模标准（表1-2），本书研究以特大型、大型高铁枢纽为主，一些中小枢纽如果有"空铁联运"业务，也属于本次研究的范围。如果没有明确指出，那么"高铁枢纽"、"高铁客站"都是对高铁客运枢纽的简称和指代。

客运专线铁路旅客车站建筑规模表　　　　　　　　　表1-2

建筑规模	高峰小时发送量 PH（人）
特大型	$PH \geq 10000$
大型	$5000 \leq PH < 10000$
中型	$1000 \leq PH < 5000$
小型	$PH < 1000$

资料来源：《铁路旅客车站建筑设计规范》（GB 50226—2007）。

1.2 高速铁路的源起和发展

高速铁路目前被认为是20世纪后期客流运输业的发展中最重要的技术突破，被誉为交通运输史上的一次革命。截至2008年，全世界已经有10000km的干线投入运营。在过去的40年，日本新干线年平均高铁客流量达到1亿，欧洲为5000万。自1981年以来，世界高铁客流以每年2.6%的速度稳定增长。当前约15个以上的国家已经拥有高速铁路服务，高铁网络仍然在飞速增加，预计2020年投入运营的线网将会达到25000km（UIC，2005）。

1.2.1 世界高速铁路发展阶段及特征

1964年日本开通了世界上第一条高速铁路——东京—大阪的东海道新干线，时速210km。从此揭开了世界高速铁路发展史的序幕。目前学术界将高速铁路在世界范围内的发展划分为三个阶段（图1-1）。

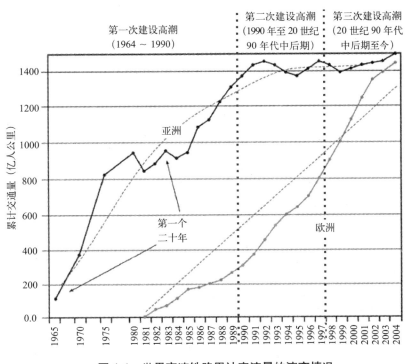

图1-1 世界高速铁路累计客流量的演变情况

1. 第一阶段：1964年至20世纪90年代初期

这个阶段是以单个国家独自发展高速铁路为主的时期。日本的东海道新干线投入运营后不久，1983年，法国就正式开通了TGV高速铁路东南线，随后德国、意大利也先后拥有了自主研发的高速铁路，日本、法国、德国和意大利成为世界上仅有的4个高速铁路技术持有国，在高铁建设史上形成了四国鼎立的局面。

该阶段投入运营的高速线路如表1-3所示，其中以日本最为迅速。继1964年东海道新干线建成通车后，1971日本通过了新干线建设法，并对全国的高速铁路网进行了规划，随后日本又修建了三条线路，初步形成了新干线的骨干结构。

第一阶段世界高铁建设一览表　　　　　　　　　　表 1-3

时间	参与国家	项目名称	完工时间	线路长度（km）	
1964年至20世纪90年代初	日本	东海道新干线	1964	515	3198
		山阳新干线	1975	554	
		上越新干线	1982	270	
		东北新干线	1985	497	
	法国	TGV 东南线	1983	417	
		TGV 大西洋线	1990	282	
	意大利	罗马—佛罗伦萨	1987	236	
	德国	汉诺威—维尔茨堡/曼海姆—斯图加特	1991	427	

2. 第二阶段：20世纪90年代初至1998年

该阶段的建设成就仍然集中在日本和欧洲。第一阶段高速铁路成功吸引了大量的客流，尤其是日本和法国的高铁运营取得了很好的经济、社会效益，这吸引了更多的具备经济实力的欧洲发达国家如瑞典、西班牙、比利时、荷兰投入到高速铁路的建设中去，形成了第二次建设高潮。这个阶段的高速铁路建设和发展表现出以下几个特点：

1）第一个阶段发展起来的高铁国家开始系统地规划和建设本国的高速铁路网（表1-4）。

2）欧洲各主要国家由于政治和经济一体化发展需求，开始打破国界束缚，修建欧洲高速铁路网（Trans-European Network，简称 TEN），见表1-5。

四国高速铁路网建设计划一览　　　　　　　　　　表 1-4

国家	高速铁路网规划纪要
日本	根据1987年的计划，日本将再修建5条新干线，总长达1440km，高速网向全国范围扩展
法国	1992年由政府公布了建设全国高速铁路网的规划。根据规划，未来20年内高速铁路网将由4700km新线（其中1282km已于1997年开通投入运营）构成
德国	1991年4月德国联邦政府批准了联邦铁路公司改建/新建铁路2000km计划，计划包括13个项目，其中涉及新建高速铁路的有4项
意大利	根据1986年政府批准的交通运输发展规划纲要，意大利准备修建横连东西（都灵—米兰—威尼斯）、纵贯南北（米兰—佛罗伦萨—罗马—那不勒斯），长达1230km的"T"形高速铁路网

欧盟"泛欧高速铁路网"规划建设大事记　　　　　　　　　　表 1-5

时间	事件
1991年	欧洲议会批准的泛欧高速铁路网规划中提出在各国边境地区实施15个关键项目将有助于各个国家独立高速线之间的联网。在这些项目中选定了9个优先建设的工程项目。它们是：①高速铁路南北贯通线（德国—意大利之间）；②连接欧洲五国首都的高速铁路线；③高速铁路南方线（西班牙—法国之间）；④高速铁路东部连接线（法国—德国之间）；⑤高速/普通铁路综合运输线（法国—意大利之间）；⑥既有铁路连接线（英伦三岛之间）；⑦丹麦—瑞典固定连接线；⑧北欧三角地带；⑨英国西海岸干线
1994年	英吉利海峡隧道（英国—法国）
1997年	"欧洲之星"线（法国—比利时—荷兰—德国）

3）欧洲最早开始发展高速铁路的国家如法国和德国的学者开始进行高速铁路与公路竞争力的比较研究，研究内容主要集中在环境和社会影响方面。1998年，英国学者贝尔托利尼（Bertolini）对相关研究成果进行了总结，认为与公路相比高速铁路的优势集中在以下几个方面[①]：

（1）节地。与双向四车道的高速公路相比，双轨铁路宽度是公路的1/3，运输每千人占地面积是公路的1/5。

（2）低碳。高铁在法国承担11%的客运量，CO_2排放量仅占客运交通总排放量的2.1%，私家车却占到98.4%。德国的公路交通造成的污染量是铁路的8倍。

（3）节能。以法国为例，TGV高速铁路、汽车、航空这3种交通方式中每名乘客每公里消耗的能量比为1∶2.7∶4.2。德国公路每公里每乘客耗能是高速铁路的3.5倍。

（4）安全。根据1997～1992年的统计数据，法国高速铁路、飞机、公路的事故率之比为1∶1∶100。德国每百万公里的事故率是飞机∶火车∶汽车为0.8∶1∶24。

（5）外部成本低。1993年法国公路运输、铁路运输、航空运输的环境成本之比是4∶16∶87.5。1989年德国公路运输和铁路运输的社会成本支出费用之比是30.4∶1.65，与公路运输相比，高速铁路在交通拥挤、污染和安全性方面的外部成本明显的低。

3. 第三阶段（1998年至今）

1998年10月美国卡尔加里大学公共政策研究所的安东尼·珀尔（Anthony Perl）教授在第三次世界高速铁路大会Eurailspeed98上，作了题为《高速地面交通系统的全球化和普及》的发言，标志着世界高速铁路建设进入了第三个快速发展阶段。[②]

本阶段高速铁路的影响在世界范围内迅速扩展。各国政府对高铁强大的运营竞争力以及其在节能、环保，拉动地区经济，促进城市可持续发展方面的独特优势有了更加充分的认识，尽管初期投资巨大，亚洲、北美、大洋洲以及整个欧洲还是纷纷投入到兴建、改建或计划修建高速铁路的行列中来。根据国际铁路联盟（UIC）的统计数据，2009年大约有法国、德国、英国、比利时、意大利、西班牙、日本、中国、韩国、土耳其、美国等15个国家和地区能够提供高速铁路服务，荷兰的高铁项目正在建设中，波兰、葡萄牙、摩洛哥、俄罗斯、沙特阿拉伯、伊朗、阿根廷、巴西、印度尼西亚、加拿大、墨西哥等也正在积极地制定发展计划。全世界运营中的高速铁路营业总里程已经超过10000km，预计2024年投入运营的里程数将达到41787km（表1-6），世界高速铁路建设进入了蓬勃发展期。

本阶段高速铁路建设的特征主要表现为：

（1）各国政府在高速铁路的社会效益、能源节约、环境污染治理等方面的优势达成共识。

（2）高速铁路建设资金筹集的方式从国家公益投资转向多种融资方式并存。

---

① L.Bertolini, & T. Spit.Cities on the rails-the Redevelopmen of Railway Station Areas[M].London：E &FN Spon，1998：29.
② 铁道部经济规划研究院.世界高速铁路发展趋势[J].铁道经济研究，2006（1）：35-37.

(3) 欧洲高速铁路建设普遍被纳入全国性综合交通体系规划、如德国的 BVWP 规划、法国的 SDNF 规划和西班牙的 PDI 指引等，并在其中对高速铁路的整合规划进行了重点阐述。[①]

(4) 高速铁路建设与城市发展的互动作用越发明显。

2010 年世界高速铁路里程统计（km）　　　　　　　表 1-6

	世界高速铁路里程				
		运营中	在建中	规划中	总里程
欧洲	比利时	173	36	0	209
	法国	1872	299	2616	4787
	德国	1285	378	670	2333
	意大利	744	132	395	1271
	荷兰	0	120	0	120
	波兰	0	0	712	712
	葡萄牙	0	0	1006	1006
	俄罗斯	0	0	650	650
	西班牙	1599	2219	1702	5520
	瑞士	0	0	750	750
	苏格兰	35	72	0	107
	英国	113	0	0	113
	欧洲总计	5821	3256	8501	17578
亚洲	中国	1194	9031	2901	13126
	中国台湾	345	0	0	345
	印度	0	0	495	495
	伊朗	0	0	475	475
	日本	2452	590	583	3625
	沙特阿拉伯	0	0	550	550
	韩国	330	82	0	412
	土耳其	235	510	1679	2424
	亚洲总计	4556	10213	6683	21452
其他国家	摩洛哥	0	0	680	680
	阿根廷	0	0	315	315
	巴西	0	0	500	500
	美国	362	0	900	1262
	其他国家总计	362	0	2395	2757
	总计	10739	13469	17579	41787

资料来源：根据UIC官方网站资料整理。

---

① 叶斌，汤晋.从公共政策视角浅析欧洲高速铁路整合规划[J].国际城市规划，2012（2）：97-100.

1.2.2 国内高速铁路建设概况及前景

中国在高速铁路建设方面起步较晚，但是发展迅速。2004 年中国第一个行业规划——《中长期铁路网规划》出台，这个纲领性文件表明了中国铁路实施跨越式发展的战略思想，中国高速铁路建设的帷幕缓缓拉开。2006 年铁路"十一五"规划（2006—2010）问世，中国大规模铁路建设全面展开。2007 年，中国铁路实现第六次大提速，9 条干线时速达到 200km，部分区段达到 250km。2008 年，调整后的《中长期铁路网规划》明确提出了以"四纵四横"为主要骨架建设高速客运专线以及在经济发达和人口稠密地区建设城际客运系统的愿景（表 1-7）；同年 8 月，为了配合奥运会的举行，运营时速达到 300km 的京津城际高速铁路开通，标志着中国正式进入了高铁时代。2009 年铁道部第七次对列车运行图进行较大范围的调整，开通了合武、石太 2 条客运专线。截至 2010 年 12 月，郑西高铁、沪宁高铁、沪杭高铁、武广高铁相继投入运营。中国高速铁路运营里程达到 7531km，占世界高铁总里程超过 30%。2010 年 12 月 3 日，在京沪高铁枣庄至蚌埠间的先导段联调联试和综合试验中，由中国南车集团研制的"和谐号"CRH380A 新一代高速动车组开出了 486.1km 最高时速，再次刷新世界铁路运营试验记录。[①] 2013 年末，中国高速铁路总营业里程达到 11028km。2014 年中国有 12 条高铁建成运营，总里程 5353km，截至 2015 年末，中国高速铁路总营业里程达到 1.9 万公里，位居世界第一。根据国家《中长期铁路网规划》，到 2020 年，中国铁路营业里程将达到 12 万 km 以上，快速客运网基本覆盖中国省会及 50 万以上人口城市。

中国高速铁路网中长期规划　　　　　　表 1-7

"四纵"客运专线
1. 北京—上海客运专线，包括蚌埠—合肥、南京—杭州客运专线，贯通京津至长江三角洲东部沿海经济发达地区
2. 北京—武汉—广州—深圳客运专线，连接华北和华南地区
3. 北京—沈阳—哈尔滨（大连）客运专线，包括锦州—营口客运专线，连接东北和关内地区
4. 上海—杭州—宁波—福州—深圳客运专线，连接长江三角洲、珠江三角洲和东南沿海地区
"四横"客运专线
1. 徐州—郑州—兰州客运专线，连接西北和华东地区
2. 杭州—南昌—长沙—贵阳—昆明客运专线，连接西南、华中和华东地区
3. 青岛—石家庄—太原客运专线，连接华北和华东地区
4. 南京—武汉—重庆—成都客运专线，连接西南和华东地区
城际客运系统
在环渤海、长江三角洲、珠江三角洲、长株潭、成渝以及中原城市群、武汉城市圈、关中城镇群、海峡西岸城镇群等经济发达和人口稠密地区建设城际客运系统，覆盖区域内主要城镇

资料来源：根据中长期铁路网规划（2008 年调整）整理。

---

① http://www.amb-chine.fr/chn/zgyw/t774977.htm.

1.3 高铁客运枢纽的发展及特征

1.3.1 双重功能特征

与第一次铁路革命由欧美主导不同，高速铁路技术革命主要发生在"二战"后的日本和西欧（法国、德国），随后波及到欧洲部分发达国家和韩国及我国香港等地区，高速铁路的发展有力地推动了铁路的复兴并引发了高铁客站的建设高潮。

新型高铁客站在功能需求上与传统的服务于普速铁路的车站完全不同，与传统火车站相比，高铁客站表现出"交通节点"与"城市场所"的双重特性。"交通节点"的功能特性表现在：高铁客站由于发车密度的增加和运输速度的提高，使得旅客的通过量大幅度增加，滞留人数相应减少。为了提高枢纽的综合运输效率，实现大量客流的快速集散和转换，高铁客站渐渐发展成集轨道交通、公交电汽车、私家车、自行车、步行等各种市内交通方式于一体的大型新型城市综合交通枢纽，成为城市重要的客流集散和中转换乘中心。"城市场所"的功能特性首先表现在：高铁客站本身的空间布局形态呈现出通过式、立体化的发展趋势，换乘空间规模减小，餐饮、商业、文化、办公等城市功能空间规模增加，成为交通枢纽主导的城市商业综合体。其次从客站周边城市开发来看，凭借优越的交通可达性，高铁枢纽成为了城市发展的触媒和催化剂。以枢纽建设为契机，带动周边地区土地升值，产业集聚，诱导人口及就业在城市中的重新分布，引导城市结构的调整，构筑面向区域的、多功能、综合性的新城中心或城市副中心，已经成为当前高铁客运枢纽及其周边地区开发建设的主流趋势。[①]

1.3.2 案例经验借鉴

1. 日本

日本高速铁路建设起步最早，高铁枢纽的数量很多，建设经验丰富，像九州转运站、品川站、新宿站、新大阪站、东京站、京都火车站和新横滨站等都是比较典型的案例（表1-8）。

日本高铁客运枢纽代表案例一览 表1-8

高铁枢纽	交通节点功能	城市场所功能
九州转运站	高效的城市交通换乘枢纽，跨线式立体布局，集高速铁路、市际铁路、城市高架轻轨及地面机动车交通于一体，快线和慢线交通、市际和市内交通以及市内交通之间的转换都在站内完成。各种交通设施场站通过2层（分别位于二层和四层）公共步道整合到一起，公共步行平台向城市延伸与车站配套公建相连接，进而形成完整的步行系统	车站本身集多种功能于一体，形成城市综合体。主体建筑两侧为商业中心和办公中心，主体建筑上部为一个大酒店，停车场则设在建筑的地下层

---
① 杜恒. 火车站枢纽地区路网结构研究[D]. 北京：中国城市规划设计研究院，2008：13.

续表

高铁枢纽	交通节点功能	城市场所功能
品川站	从东海道本线、横须贺线等到山手线、涩谷和新宿车站等方向去的中转站,同时是通往枢纽空港和羽田机场的重要交通节点。连接交通线路有东海道新干线、东海道本线、山手线、京滨东北线、横须贺线、京滨快速本线。是通勤高峰时非常拥挤的车站之一,客流量达 91 万人/d。2003 年改造成高铁枢纽站。新干线站开业之后,不用再去东京车站换乘,直接就能上下东海道新干线,大大方便了人们的出行。客站以品川客站东口的交通广场为核心,在品川 GRAND COMMONS、品川 INTER CITY 的方向上设置了 2 层楼高的步行通廊组成的步行专用路网,与城市形成良好的步行衔接	东京南部的大门。客站内部 JR 的检票区内有"迪拉品川"商店街,可以供乘客直接用餐或购物。2003 年引入新干线后客站周边进行了大规模再开发,车站周围迅速变得繁华起来。现在品川站设有京急线的客站大楼和 JR 品川 EAST 大厦(客站商业综合体)2 所配套设施
新宿站	新宿站位于东京市中心西部约 15km 处,有 9 条铁路线和近 50 条公交线在此汇集,枢纽周边有 8 个城铁出入口,43 个地铁出入口。地下二层为社会停车场。地下一层作为各种交通方式的换乘空间和组织步行人流的空间,地面广场是组织公共交通和社会车辆的空间	新宿站核心腹地为东京新宿副都心,土地利用以商业、商务办公、绿地广场道路为主,形成大型商务中心。开发项目主要为地下商业街、商场、商务办公楼、旅馆。片区自然和人文景观良好
新大阪站	1963 年为东京奥运会而兴建的新干线的终点站。既是东海道新干线西端的终点站,又是山阳新干线东端的起点站,东海道和山阳新干线的所有列车都会停靠。可以通过普通铁路(JR 京都线)或地铁御堂筋线等线路直达大阪市中心的大阪客站。而且还有通往北陆、纪势、关西机场方向去的新干线列车。新干线的车站为高架车站,站台在四楼,而普通铁路的站台则在东侧地面;大阪市营地铁的高架车站则在西侧。另外,在一楼的前面设有巴士(市营巴士、高速巴士、机场巴士)的乘车点,三楼的中央出口前设有出租车上下点。客站西北面的办公大街上,设置了人行通廊,是主要的人行通道	大阪北部的大门,客站一楼是餐饮街和舱式旅馆。客站周围是矗立着一座座高层住宅和办公楼的大街。虽然不及大阪车站周边的梅田市区,每天也可以说是热闹非凡
东京站	1914 年建成使用,1964 年引入新干线。连接线路有东海道、常磐、东北、中央、总武等 5 条旧干线,以及东海道、东北等 2 条新干线,此外还有承担城市交通功能的山手线及丸之内线;日上下客流量最高达 200 万人,其中中转客流 70 万人。东京站的轨道换乘显著特点是铁路与地铁的公共人流集散空间很大,并且四面开放,火车站设有多个站场出入口通往车站周边的各个街区;圆形进站大厅有多个方向的轨道线换乘入口,通过明确的指示牌迅速将人流从多个入口疏散[1],集散效率很高,每天吸纳百万人以上的人流还能保持高效运转[2]	位于市中心,东京火车站由于受到规模的限制,只在连接不同层的地下轨道交通的通道空间设置大量商业服务设施[3]
京都火车站	1997 年 7 月建成,新干线展台位于三层,普铁站台位于二层,地下一、二层是地铁线路,电车车站位于建筑北入口,乘客在此可以方便换乘大巴。有大型立体车库 1 座,方便乘客停车换乘。站内公共空间和半公共空间非常丰富,与城市步行系统的衔接非常密切	总建筑面积约为 240000m²,地上 16 层,地下 3 层,集车站、伊势丹购物中心、文化中心、博物馆、宾馆于一体

---

[1] 孙翔,田银生. 日韩高速铁路客运站建设特点及其借鉴 [J]. 规划师,2010 (1):82-85.
[2] 顾保南,黄志华. 邱丽丽等. 上海南站的综合交通换乘系统 [J]. 城市轨道交通系统研究,2006 (8):19-24.
[3] 孙翔,田银生. 日韩高速铁路客运站建设特点及其借鉴 [J]. 规划师,2010 (1):82-85.

续表

高铁枢纽	交通节点功能	城市场所功能
新横滨站	上下客流量 20 万人 /d，连接的交通线路有 JR 东海道新干线、JR 横滨线、横滨市营地铁 3 号线和公共汽车线路（共 4 条线）。是各种交通手段聚集的中央枢纽。目前的中转空间是在一楼的自由通道和车站二楼的交通广场（1300m²）。交通广场与公共汽车中转站上层的步行长廊相连。将来还要在二楼的平面上开通由交通广场穿过横滨线南出口的自由通道，此举将消除由车站造成的地区分离。由交通广场延伸出去的步行长廊将横穿所有干线道路（环状 2 号线），大大提高与车站一路之隔的北部市区的可通达性	建筑面积 105830m²。为了充分利用车站附近的土地，车站设施与建筑物采取一体化开发模式，形成车站、宾馆、店铺、业务于一体的城市综合体。站区开发以办公、居住、商务为主，枢纽周边集中了横滨国际综合竞技场等大型聚集游客的设施和王子酒店等宾馆及商业商务设施。是横滨市第二城市中心

2. 韩国

韩国首尔的龙山 KTX 高速铁路车站（Seoul Station）位于首尔中心区西南部，毗邻老站建设，2004 年开始运营。

交通节点功能：旅客发送量 2000 万人次 / 年，客站站型为高架跨线式，共分为 4 层，地面层为高铁和普铁站台层，地上一层为普铁候车区，进出口综合服务区；三层为高铁候车服务区，地铁 1 号线和 4 号线位于地下。公交停车场位于新火车站东侧，社会车辆停车场位于站房北侧，两者通过步行连廊相联系。客站整体布局紧凑，换乘方便，实现了客流的高效快速集散。[①]

城市场所功能：龙山 KTX 高速铁路车站总面积约 95200m²，设施和商业设施的面积比例 1 : 1。综合体的开发集数码、购物、娱乐、文化、餐饮、交通等功能于一体，成功推动了站区经济的发展，起到良好的带动和示范作用。[②]

3. 香港

香港九龙新客站，1992 年由英国建筑师泰瑞·法瑞尔及合伙人（Terry Farrell & Partners）设计。

交通节点功能：九龙新客站是香港赤鱲新机场规划中西九龙快速交通走廊的最大站点，主要承担新机场快线进入中心城区并与各种其他交通方式换乘的核心功能，并可与广州通过铁路联系，是未来广深港高速铁路的终点站。

城市场所功能：九龙新客站建筑面积 22 万 m²。其站点建设与周边开发融为一体，共同规划，形成一个多功能、完整的"站区新城"。交通综合体共有上下 6 层，集空港快运、公交总站、出租车停靠、社会停车等交通功能于一身，并同时满足位于其顶层的居住、购物、办公、酒店以及娱乐设施等各项设施的使用需求。其中地下层主要是地铁停靠与停车设施，地面层主要以公交车、出租车的停靠为主，而架空的平台层则主要以休闲购物与乘客出入站为

---

① 孙翔，田银生. 日韩高速铁路客运站建设特点及其借鉴 [J]. 规划师，2010（1）：82-85.
② Dong-Chun Shin, Recent Experience of and Prospects for High-Speed Rail in Korea:Implications of a Transport System and Regional Development from a Global Perspective [D]. Berkeley：University of California at Berkeley，2005.

主，站场顶层是站点建筑以及为周边塔楼配套的开放空间和各种通道。乘客可在站场内部进行便捷的交通换乘，各种交通形式以分层进出为准则。在顶层平台上视野开阔，大面积的屋顶绿化形成良好的城市门户景观。站场周边以高层建筑为主，共规划22座塔楼(8座高层住宅，2座办公大楼，1座多功能建筑及1座酒店)。通过分期建设，到2010年，整个"站区新城"，支持5万人的居住与生活，成为机场交通走廊上人气鼎盛、经济繁荣的核心区块。

4. 法国

里尔（Lille Metropole）位于三大首都区（巴黎、伦敦、布鲁塞尔）几何中心的位置，是西欧联系北欧的重要枢纽城市，高速铁路的建设进一步拉近了其与巴黎（1h）、布鲁塞尔（40min）、伦敦（100min）的时间距离。

交通节点功能：里尔高铁枢纽是TGV高速铁路网上的重要节点。它由里尔—弗兰德雷斯（Lille Flandres，旧站）和里尔—欧洲（Lille Europe，新站）2个车站组成，汇集了高铁、普铁、地铁、高速公路和公路等[①]各种交通流。与运输网路的良好接驳使里尔一跃成为欧洲可达性最好的城市。

城市场所功能：新高铁站的建设，带动了新站和老站之间地区大规模的开发活动。根据1988年制定的"欧洲里尔"项目发展框架，里尔地区将以新高速铁路枢纽为核心，将周边70hm²的建设用地开发成集商业、商务、会展、房地产、娱乐和餐饮等多种产业功能于一体的欧洲新商务中心，联系城市中心区和城北旧区，以此带动城市经济增长并改善城市形象。在1988年国际方案征集中，雷姆·库哈斯（OMA）中标，负责包括新站、商贸中心、办公楼、文化设施和公园在内的全体策划。依照雷姆·库哈斯（OMA）的总体规划，数名建筑师进行了各个设施的设计，1995年全部完工。尽管20世纪后期由于产业结构的变化，里尔的经济开始走下坡路，但由于本项目的开发，外国观光游客激增，便利的交通更是招来了很多大企业的投资，成功地恢复了原有的经济活力。

此外，法国比较有代表意义的高铁站还有里昂机场火车站、巴黎北站（Paris Nord）、普罗旺斯地区艾克斯（Aix-en-Provence）高速列车火车站等。巴黎北站主要办理通往法国北部皮卡底地区（Picardie），如加来（Calais）、里尔的列车，另外还办理通往英国、荷兰、比利时及北欧各国的列车。该车站为尽端式车站，共有到发线29条，其中："欧洲之星"车场3条，北部线车场8条，地区快车线8条，地铁、市郊线10条。引入的地铁有RER的B、D线。里昂机场高铁站设到发线4条，中间正线2条，允许高速列车以300km/h的速度通过。该铁路客站与机场紧密联系为一体，设有经检查和分类的行李走行包隧道和从机场的SNCF大厅到客运站的旅客自动步道和步行长廊，旅客换乘火车和飞机非常方便。

5. 英国

英国的高铁客运枢纽主要有伦敦滑铁卢（Waterloo）车站和圣潘克拉斯火车站（St. Pancras international）。

---

① L. Bertolini, T. Spit. Cities on the rails - the Redevelopment of Railway Station Areas[M]. London: E&FN Spon, 1998.

伦敦滑铁卢客站是英国最大的铁路客站。

交通节点功能：来往列车数量约 10000 辆，乘降客流量约 100 万人/d。1993 年开始成为原欧洲之星国际终点站，后被圣潘克拉斯火车站取代。连接交通线路：① 高速铁路：Eurostar；② 普通线：South West Trains、Wessex Trains/Vales & Borders Trains；③ 地铁：Bakerioo Line、Northern Line Jubilee Line、Waterloo & City Line。客站构造分为 3 层，一层是到达层，二层是出发层，三层为站台。巧妙利用地坪的起伏，使到达层和出发层都能直接从地面进入出入口。同时，出发层的上一层布置普通线的中央大厅，到达层和地铁的中央大厅相连接。国际线的站台为半透明的巨大"管子"，形成明亮的客站空间。

城市场所功能：滑铁卢客站位置所处的泰晤士河南岸被称作"南部中心"，是中世纪繁华的商业区，并且在以后的很长一段时间内始终保持着这种繁华的地位。1990 年开始进行开发，成为很具有伦敦特色的代表性观光地。过去有很多皇室庆祝活动的大厅会场等文化设施，近年相继新增了"伦敦眼"（大型观光车）、IMAX 电影（电影院）等著名的新观光设施，很有发展前景。

圣潘克拉斯火车站是最近刚落成的全欧洲最大的城际高速铁路站。位于城市更新区国王十字车站旁边。国王十字车站 1868 年建成，它原是维多利亚时代的一个火车终点站，2000 年开始为了引进欧洲之星而进行改建，2010 年 4 月建成，如今被改造成连接法国的"欧洲之星"高速列车的到发站。改建后的车站有 15 个站台，1 个购物中心和 1 个巴士车站以及地铁站。站内大厅有世界上最长的香槟酒吧。

6. 德国

德国高铁枢纽站的代表案例有柏林 Lehrter Bahnhof 站和法兰克福机场高铁站（Frankfurt Airport Railway Station）等。

2006 年运营的柏林 Lehrter Bahnhof 站是目前欧洲最大最先进的换乘中转站。

交通节点功能：集远程高速列车 ICE、区域快车（RegionExpress-Bahn）、城市快车（S-Bahn）和地铁等多种线路于一体的大型综合交通枢纽。日发送旅客量 30 万人，列车停靠频率 1100 次，Lehrter Bahnhof 站规划设计的最大特点就是采用了叠合式站场布局模式：连接巴黎和莫斯科的东西线列车从高出地面 12m 处进出，而连接哥本哈根和雅典的南北线则在地下 15m 深处通过。形成地上、地下两个铁路站场。南北线在地下二层设有 4 个站台，供远程列车、区域快车以及地铁 5 号线停靠。东西线在地上三层设有 3 个站台，供远程列车、区域快车以及柏林城市快车使用。它们之间通过 6 部电梯相连接，这样一来，就能让换乘的乘客和其他车站里的人群互不干扰地迅速移动。[①] 车站地面一层为站厅层，乘客由此进入站房，地上二层和地下一层为换乘层、设有票务，客服和小面积的休息室，后者有通道直接通往停车场。

城市场所功能：2 座 46m 高的办公楼横跨在站房上方。站内中间的 3 层换乘空间里设

---

① Reinhard Alinngs, Alfred Gottwaldt, Flak Jaeger. Berlin Hauptbahnhof. [M]. Berlin：Nicolaische Verlagsbuchhandlung, 2006.

有 80 多家店面，围绕中央的共享中庭布置，购物面积达 15000m^2，全天 24 小时营业。顾客可以在换乘过程中享受到多样的购物、餐饮和其他服务。

  法兰克福机场高铁站是欧洲成功开展空铁联运的枢纽之一。目前与机场衔接的铁路分为区域铁路（Regional bahnhof）和长途高速铁路 2 种。区域铁路火车站建成于 20 世纪 70 年代中期，位于 1 号航站楼地下一层，旅客可于此乘坐每 15min 一趟的火车（S8/S9）前往法兰克福市内的中央火车站。2003 年机场引入了科隆—莱茵的高速铁路，高铁客站设在航站楼与高速公路之间，通过连廊与航站楼相通，每天都有多班次高速火车（ICE 或 IC），前往德国境内或欧洲内陆的主要城市，如汉堡、汉诺威、科隆、柏林、慕尼黑、斯图加特等。

  除了以上提到的案例，伴随泛欧高速铁路网计划的不断推进，高速铁路枢纽的数量也不断增加，如荷兰阿姆斯特丹（Amsterdam-Zuidas 地区）的斯希普霍尔机场站（Schiphol Ariport）、阿姆斯特丹中心车站（Central station）和南部世贸中心站（Zuid/WTC）等。

第二章
高铁客运枢纽接驳规划与设计理论

2.1 "绿色换乘"理念

2.1.1 换乘概念群

1. 换乘

换乘,在英文中是 Transfer,意为:转车、换车,是指从一种交通工具换到另一种交通工具的行为。维基百科中将 Transfer 定义为"乘客在不同轨道交通线路之间跨线乘坐的行为"[①]。辞海中对换乘的解释是:"人员转换运输工具的行动"[②]。目前学术界比较常见的说法是:"换乘是指交通对象为了完成一定的出行目的,在不同交通方式或交通设施之间搭乘转换的全过程以及在该过程中所享受到的由载运接驳设施提供的交通服务"。[③]

交通换乘可以分为 2 个层面:城市内部交通之间的换乘和城市内外交通之间的换乘。本书的研究范围属于后者,具体来说是指铁路旅客为了达成出行目的,在高铁与其他城市交通方式之间利用各种接驳设施搭乘转换的行为过程,包括高铁与飞机的换乘,高铁与普铁的换乘,高铁与长途汽车的换乘,高铁与城市公共交通(轨道交通、公共汽车、出租)的换乘,高铁与私人交通的换乘,高铁与步行交通的转换等等。

2. 零换乘

"零换乘"一词最早是为了服务地铁乘客在不同线路之间的转乘而提出的。它英文表达有 seamless transfer, zero-distance transfer 等,有"无缝换乘"、"零距离换乘"的意思。目前在学术界并没有明确的定义。CNKI 知识元数据库的解释是:"在同一屋檐下","不用长距离行走即可换乘"。百度百科中对"零换乘"的解释是:指"零距离换乘",就是将不同客运方式整合在一个交通枢纽里,使乘客在枢纽内就能实现各种交通工具的转乘。[④] 笔者认为"零换乘"是一种力求换乘距离最小化的设计理念。许多学者认为零换乘是一种理想化的状态,在实际工程中是不存在的,于是提出了"趋零换乘"、"便捷换乘"[⑤]、"耦合换乘"[⑥]等以追求合理的换乘距和换乘时间为目标的替代概念。

2.1.2 "绿色换乘"概念及内涵

"绿色换乘"是基于可持续发展的交通观和中国建设高铁客运枢纽的背景而提出的全新换乘理念,也是实践目标。其本质在于构建高效可持续发展的高铁枢纽交通接驳体系。对于"绿色换乘"的理解可以分为 2 个层面。狭义上"绿色换乘"理念是指以各种交通方式的场站、运能和换乘信息的一体化衔接为基础,以实现换乘过程的安全、高效、便捷、舒

---

① http://zh.wikipedia.org/zh/%E6%8D%A2%E4%B9%98%E7%AB%99.
② 辞海编委会.辞海[M].上海:上海辞书出版社,1999.
③ 姜彩良.城市客运交通换乘衔接研究及对策分析[D].成都:西南交通大学,2004.
④ http://baike.baidu.com/view/1964187.htm.
⑤ 李京,朱志鹏.海纳百川——论上海虹桥综合交通枢纽规划[J].铁道经济研究,2008(1):33-37.
⑥ 李淑庆,吕娜娜.轨道交通与常规公交的耦合换乘模式研究[J].铁道运输与经济,2009(2):48-50.

适、环保、节能为目标，主张在换乘系统的规划设计、建设和运营管理过程中降低能源消耗，减少环境污染，节省建设维护费用。"绿色换乘"的广义概念则包含了提高环境友好型的绿色交通工具在接驳体系中的比重，构建以公共交通为主导、重视慢行交通的绿色接驳换乘体系；倡导换乘设施与周边用地的一体化开发，追求交通与城市发展的良性互动；在满足人们日益增长的出行需求的同时实现资源的节约、环境的保护和社会公平等。

与传统的"零换乘"、"便捷换乘"等概念相比，绿色换乘在强调换乘距离和换乘时间等系统本身的交通功能特征之外，还关注换乘行为与特定环境（经济、社会、自然）之间的相互影响和作用，其内涵涉及哲学、经济、社会、环境、空间和功能多个维度（图2-1）。

1. 哲学内涵

从哲学基点来看，"绿色换乘"理念的终极目标是实现人与自然的和谐共处、协同发展，因此其哲学内涵主要表现为各种关系的和谐，包括天人和谐、伦理和谐和生态和谐等（图2-2）。天人和谐是指换乘系统的建构要有利于人类社会与自然的互动与协同发展，而非单方面的对自然资源的掠夺和自然环境的强行改造。伦理和谐是指换乘系统的建构要兼顾效率与公平，这个公平既包括空间上的社会公平和时间上的代际公平：前者不仅是指有权使用和平等分配等社会正义问题，还包括对环境的关注；后者是指不仅考虑当代的发展还要关注未来子孙后代的需要。生态和谐是指换乘系统的构建要有助于营造宜居的交通环境，实现"人、居、环"和谐统一的宜居城市。

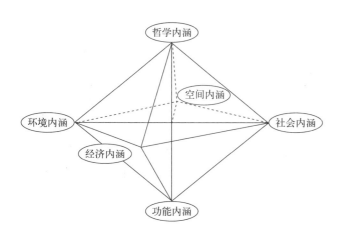

图2-1 绿色换乘理念的多维度内涵构成

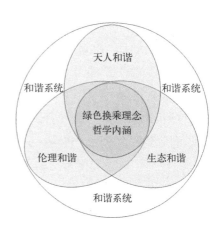

图2-2 绿色换乘理念的哲学内涵

2. 功能内涵

"绿色换乘"理念的功能内涵在于安全、高效、便捷和舒适。要求从接驳换乘系统的基础设施建设，接驳交通方式的运能衔接组织以及换乘信息服务建设三方面[1]着手实现合理的换乘距离、紧凑的换乘时间、充足的换乘空间、舒适的换乘环境和智能化的换乘信息服务

---

[1] 周伟，姜采良. 城市交通枢纽旅客换乘问题研究[J]. 交通运输系统工程与信息，2005（5）：23-30.

和管理（图 2-3）。

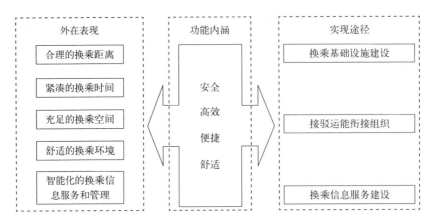

图 2-3 绿色换乘理念的功能内涵及其外在表现、实现途径

3. 经济内涵

"绿色换乘"理念的经济内涵是指绿色换乘接驳系统要有助于循环经济和低碳经济的开展和实施，推动产业升级，变粗放增长为精明增长，建设集约型可持续发展的国民经济体系。其具体内容涉及集约用地和宏观经济效益，区域联动，客流市场，定价、融资和外部成本等各方面。其微观经济目标表现为：从长期目标来看，接驳换乘系统的建设维护和运营达到收支平衡，成本与收益之比小于1。宏观经济目标表现为：以先进的接驳设施和快速交通流线为支撑，促进人流、物流、信息流、资金流等可流动要素在区域范围的快速流动，推动经济格局优化重组，实现产业集聚，基础设施在更大范围内合理均衡配置，带动区域经济协调发展。

4. 社会内涵

"绿色换乘"理念的社会内涵在于以人为本，倡导绿色生态文明，增强人们的环境意识，推动可持续交通建设，实现社会系统与自然生态系统的融合。具体表现为：①可达性[①]：包括建设与公共交通和慢行交通紧密结合的用户友好型接驳换乘系统，完善智能化换乘信息服务，关注弱势群体出行和一系列改善人们出行环境的措施。②公平性：研究基于全部社会成本的公平定价政策，确保全体人民有权利和能力享受绿色换乘系统提供的优质服务。③确立公共交通的主体地位，建立公交主导、重视慢行的交通接驳体系。此外，绿色换乘系统建设过程中所带动的直接就业和间接就业也属于社会内涵一部分。

5. 环境内涵

"绿色换乘"理念的环境内涵在于配合低碳生态城市建设，通过节能减排，构筑低耗能、低污染、低排放的环境友好型低碳接驳换乘系统。涉及的环境内容包括生态环境（自然景观、

---

① 可达性（accessibility），能够到达理想地点的能力和机会。可达性强调社会发展和城市的人及其活动场所作为思考问题的中心，把交通运输视为城市的附属物，强调通过土地利用和交通系统的合理规划，通过交通需求管理减少交通需求，强调减少交通资源消耗，提高交通系统的整体效率，实现城市交通均衡发展。

地表植被、生物量)、声环境、水环境、空气环境、固体废弃物、电磁环境等。具体措施包括挖掘规划设计过程结合自然的手法，研究施工过程对生态环境的影响，加大接驳系统中环境友好型交通工具的比例，使用清洁能源（太阳能等），加快节能技术的开发研制和推广普及等。

6. 空间内涵

"绿色换乘"理念的空间内涵由两部分构成：以信息技术为支撑的网络虚拟空间和以快速交通流线为支撑的现实实体空间。其实体空间又包含3个层面内涵：枢纽层面的空间内涵表现为一体化、立体分流、通过式接驳设施的规划设计；城市层面的空间内涵表现为高铁枢纽建设带动周边地区高强度混合功能开发而形成新的城市空间形态以及推动城市多中心结构的形成；区域层面的空间内涵表现为以高铁绿色换乘系统为支撑发挥"同城效应"，协调区域经济发展，加快中国城市群建设和统筹城乡发展，推动城镇一体化进程。

2.2 "绿色换乘"的高铁枢纽接驳体系建构

2.2.1 高铁枢纽接驳体系及其特征

高铁枢纽接驳体系包含了高铁以及与高铁衔接的各种交通方式及场站设施，其基本特征是绿色换乘理念的内涵在不同方面的具体体现。

1. 一体化

"绿色换乘"的高铁枢纽接驳体系是资源集约利用的接驳体系，一体化是"绿色换乘"的高铁枢纽交通接驳体系的根本特征，是绿色换乘理念在高铁枢纽交通接驳规划中最直接的体现。一体化在狭义层面上体现为追求一体化的接驳设施布局，不同交通方式的运能衔接组织和综合交通枢纽信息服务系统。在广义上不仅要考虑到高铁枢纽接驳体系自身交通换乘功能的实现，还要考虑到枢纽接驳体系建设对周边地区、城市和区域发展的影响作用；不仅致力于实现高铁枢纽接驳体系的交通功能，还要考虑到相应的社会功能、经济功能、环境功能的实现以及四者的关系和谐，包括枢纽规划与城市总体规划的协调一体化以及枢纽与周边土地使用的一体化规划。

2. 多样统一性

建立公交主导的多模式一体化接驳体系是实现"绿色换乘"的必然选择。高铁枢纽交通接驳体系在实际建设中受到城市经济发展水平，人们的出行习惯，地域文化，场地自然建设条件等因素的影响，不同交通方式的客流分担比例和设施的具体接驳模式等会因地制宜，表现出多样性的特性，但是以公共交通为主导，重视慢行交通的接驳体系结构特征不应有所动摇。

3. 安全性

安全性是指高铁枢纽接驳体系抵御自然和人为灾害的能力。近年来日益增多的自然灾害和国外车站恐怖袭击案件频发，给规划者敲响了警钟。因此安全性成为"绿色换乘"的高铁枢纽接驳体系的重要特征之一。高铁枢纽应当加强防灾基础设施建设，重视防灾避难场所的配置和设计，确保旅客人身安全。

4. 高效性

高效性是"绿色换乘"的高铁枢纽交通接驳体系重要的功能特征。"绿色换乘"理念指导下，发达的接驳网络确保了高铁枢纽的可达性；一体化立体分流的接驳设施建设，不同交通方式间紧凑的运能衔接组织和一体化综合交通枢纽信息服务系统给旅客营造了一个高效的换乘环境。

5. 公平性

公平性体现了"绿色换乘"理念的社会和环境内涵。狭义上公平性体现为当前社会各阶层尤其是低收入者能够平等共享高铁枢纽交通接驳体系提供的服务和所产生的利益。广义上泛指在高铁枢纽交通接驳体系建设中的全环节体现以人为本和倡导节能环保，营造可持续发展的人居环境。

2.2.2 高铁枢纽接驳体系的建构原则与目标

"绿色换乘"的高铁枢纽接驳体系是由高铁枢纽与周边用地开发的一体化建设，高铁枢纽与城市对外交通系统的一体化衔接、高铁枢纽与城市综合交通系统的一体化衔接、高铁枢纽周边集散交通系统的规划组织、高铁枢纽与城市慢行交通系统的一体化衔接、高铁客站建筑的整合设计6个组成部分构成。其建构原则和目标可以分别从宏观、中观、微观三个层面上论述（图2-4）。

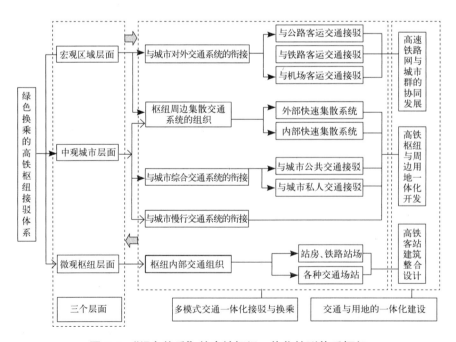

图2-4 "绿色换乘"的高铁枢纽一体化接驳体系框架

2.2.2.1 宏观区域层面

宏观层面上,基于"绿色换乘"的高铁枢纽接驳体系建构遵循良性互动、协同发展的原则,目标是通过高铁与城市对外交通方式的一体化衔接建设高效的综合客运交通网络,协调区域经济发展,加快中心城市和城市群建设,实现城乡统筹的二元均衡发展格局。如图2-5所示,铁路、公路与航空运输根据各自的优势服务半径构成层级分明的接驳网络,实现功能互补的一体化运输,这对于促进综合交通运输体系的可持续发展,加快中国城市群建设和统筹城乡发展具有重要意义。

1. 促进综合交通运输体系的可持续发展

首先,一体化空铁联运降低了航空枢纽的能耗成本,便于增加枢纽容量。研究表明:对采用辐射中转(H&S)运输组织方式的大型枢纽机场来说,使用短途航班的小型飞机起降消耗的燃料比大型飞机更多,因此以高铁取代经济性较差的小型飞机作为长途航班的接驳工具,能够极大地降低能耗成本。另外,随着各大国际枢纽机场客运量的增加,很多机场都面临增容的压力,以高铁连接取代支线航班连接,减少支线航班数量,能够有效缓解机场容量不足问题,同时实现集约用地。研究表明,在机场与高铁干线网实现良好整合的条件下,一座高铁车站在扩充机场容量方面与新建一条跑道具有同样效果,而且成本更低。以伦敦希斯罗机场为例,修一条新的跑道和第六航站楼的费用大约44亿欧元,与高铁联网设施需要42亿欧元,如果新建线路能够被纳入欧洲高铁网成为高铁干线的一部分,未来英国的南北和东西高铁干线都将从机场站经过,增加的机场容量与新建跑道的效果基本持平。

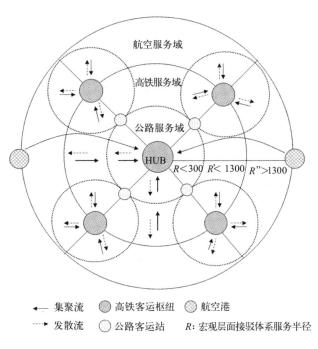

图 2-5 宏观区域层面高铁枢纽一体化接驳体系建构示意

其次，功能层级合理的一体化衔接体系有利于充分发挥各种交通运输的自身优势，优化综合运输网络结构，扩大枢纽的辐射范围和吸引力，增加客流量。以"空铁联运"为例，高速铁路可以极大地缩短地区之间的旅行时间，拉近机场与周边城市之间的时间距离，增强机场的可达性，从而扩大枢纽机场的客流辐射范围，扩大航空公司的经济腹地。一方面，机场辐射范围扩大加上良好的一体化接驳换乘条件提高了效率，因此可以吸引更多的航空客流；另一方面，中短途航班的部分客流转移到高速铁路上来，增加了铁路客流。以法兰克福机场为例，实施"空铁联运"后，机场周边100～300km的本地旅客数量明显增加，不断扩大的市场资源对机场的市场定位产生了深远的影响；同时机场的枢纽功能得到进一步强化。而高铁与公路的联运能够充分发挥公路运输在基础性、衔接性和多样性方面的重要作用。在客运业务方面发挥中短途客运市场的优势，与中长途高速铁路运输形成优势互补的协作关系，实现综合运输网络的整体效益最大化。具体来说，可以充分利用公路客运网络覆盖面大和机动灵活的特点，将业务网点调整到省内高铁没有覆盖的城市和小城镇地区，成为高铁线网的补充和延伸。在满足旅客出行的完整性和多样性需求的同时，扩大高铁的服务范围，吸引客流量，进一步扩大高速铁路的出行优势。

第三，一体化衔接凸显快速大运量公共交通的运输优势，有利于形成公共交通为主导的绿色交通模式。比如"空铁联运"能够提高与机场接驳的公共交通的比例，减少私家车的比重。法兰克福机场自1999年开通高速列车后，旅客进出法兰克福机场的交通模式所占比重发生很大变化，预计2015年，乘坐高速和长途列车的乘客比例将达到30%，有效改善机场周边道路交通的紧张状况。

此外，一体化接驳网络的形成能够有效地减少CO_2等有害气体的排放，促进低碳交通建设，保护生态环境。

2. 加快中国城市群建设和可持续发展

在经历了各自为政的城市竞争时代之后，当前中国已经进入了以城市群为依托的区域竞争时代。随着中国城镇化进程的不断推进，环渤海、长三角、珠三角三大城市群正在进入新一轮发展期，中西部地区一些密集的城市群地区也在迅速发展，中原、武汉、关中、成渝等城市群正在崛起。城市群的发展与区域综合运输系统的建设密切相关，高铁干线与城际铁路以及公路之间的一体化联运对于协调区域经济，实现城市群的可持续发展具有重要作用。

首先，随着区域经济一体化的发展，区域内部城市间的合作更加重要。一体化联运利于缩短城市群内部城市之间的时空距离，激发"同城效应"，密切城市群内部城市之间的联系，加速区域范围内城市单元之间的物质和非物质交换，有利于实现区域资源整合，增强城市群整体竞争实力。其次，一体化联运能够引发城市群内部功能结构重新调整，优化城市群网络内部的城市结构等级。高速铁路的集聚和转移效应会吸引人流、物流、资金流等经济要素以快速交通接驳体系为支撑向枢纽城市流动聚集，使其成为区域引力中心，增强枢纽所在城市的实力，巩固并提升中心城市在城镇体系和交通网络中的已有地位，并为新型城市的崛起提供发展机遇。值得注意的是，研究表明并不是每个高铁枢纽的建设都能产生对城市或区域的巨大影响，高铁枢纽带来的聚集和转移效应也并不是对所有节点城市都是有利的，高铁网上的次级节点城市可能会面临资源流失的挑战。高铁枢纽对城市发展的影响与城市本身的规模，在区域中的作用，附近可开发土地的数量有密切关系，从经验上看，城市本身的公共服务设施基础越好，交通网络越发达，将获得更多的发展机会，而本身的基础设施条件较弱，产业特色不明显的城市反而会出现自身资源向城市群中上层次枢纽所在城市流失的状况。再次，一体化接驳联运有利于形成公共交通导向的可持续发展的城市群交通模式。

3. 统筹城乡发展

伴随中国城镇化进程的加速，城乡交流需求不断增加。高铁与长途客运的有效衔接和整合一方面能够形成优势互补的协作关系，利用公路客运网络覆盖面大，机动灵活的特点，可以将高铁枢纽的辐射范围扩大到高铁无法覆盖的城市和小城镇地区，统筹城乡资源，实现城乡体系的有效关联和均衡发展。另一方面，高铁与长途客运的有效衔接和整合作为城乡公共交通系统建设的一部分，是实现城乡公交一体化的可持续发展目标的重要环节。

2.2.2.2 中观城市层面

中观城市层面上，基于"绿色换乘"理念的高铁枢纽接驳体系建构遵循以轨道交通为骨干，常规公交为主体，重视慢行交通的原则，目标是建立公交主导的多模式一体化绿色接驳系统，通过高铁枢纽与城市内部交通的一体化衔接，实现区域交通网与城市内部公共交通网络之间高效、便捷、安全有序的转换；在此基础上充分发挥高铁枢纽作为城市群与城市单元之间物质和能量交换场所的优势，有效地转化区域和城市之间的资源要素，带动站区周边乃至整个城市的可持续发展。具体来说主要体现为以下几方面：

1. 增强高铁竞争力，确保枢纽成功运营

充足的客流量是枢纽正常运转的保证。1996年欧盟交通专员指出"为了将人们从汽车中吸引出来，转而换成公共交通，一体化换乘是关键的策略。"完善高效便捷的接驳体系能够增加高铁枢纽对中转客流的吸引力，带来大量的客流，保证铁路的成功运营。台湾大学的研究显示，换乘不便会使客流量减少15%～20%。北京南站建成之初，没有开通轨道交通之前，换乘效率低，与市中心联系非常不便，客流量很少，开通轨道交通之后，情况则完全改观。因此处理好客站与多种交通方式的衔接，组织好不同交通方式之间的一体化换乘成为高铁客运枢纽设计的关键所在。此外，接驳交通工具的种类和数量能够影响高铁的竞争力。欧洲的相关研究表明欧洲人对不同规模车站的候车时间有不同的范围心理承受度，超出这个范围乘客就会大量流失，因此高铁客站接驳的交通方式越全面，发车频率越高，乘客选择的范围越大，换乘等待时间越短，枢纽的运转效率越高，高速铁路的运输优势就越明显。

2. 推进枢纽与周边土地利用的一体化开发

研究表明，高铁枢纽具有"交通节点"和"城市场所"的双重特性。节点特性表现在高铁枢纽本身作为重要的交通基础设施具有交通集散和转换的能力，场所特性体现为高铁枢纽利用其交通可达性带动和促进周边集约化高密度的城市开发。这2种特性相互影响，相互支撑：一方面，高铁枢纽凭借其优越的可达性能够带动枢纽周边地区土地升值和产业集聚，诱导人口及就业岗位在站点周边分布，从而形成新的城市中心；另一方面，枢纽周边高密度的混合功能土地开发和大量积聚的人口又给高铁枢纽带来了充足的客流，确保了枢纽的正常运营，同时枢纽与周边用地的一体化设计能够提供多种换乘空间设计的可能性，确保了多种交通方式的便捷换乘和客流的高效集散。因此，应当在考虑两者关系的基础上因地制宜地做好高铁枢纽的衔接体系规划和建设。

当前，建设多种运输方式便捷换乘的综合交通枢纽，以此为基础进行站点与周边用地的一体化开发已经成为发达国家城市的共同策略。比如，日本东京站是非常高效的城市交通换乘枢纽，同时东京站又集合了多种功能，形成城市综合体。该站日中转客流70万人，上下客流量达200万人，其显著特点是铁路与地铁的公共人流集散空间很大，并且四面开放，人流集散效率很高，每天吸纳百万人以上的人流还能保持高效运转。里尔高铁枢纽是TGV高速铁路网上的重要节点，汇集了高铁、普铁、地铁、高速公路和公路等各种交通流。新高铁站里尔—欧洲的建设，带动了新站里尔—欧洲和老站里尔—弗兰德雷斯之间地区大规模的开发活动。里尔地区以新高速铁路枢纽为核心，将周边70hm^{2}的建设用地开发成集商业、商务、会展、房地产、娱乐和餐饮等多种产业功能于一体的欧洲新商务中心，以此带动城市经济增长并改善城市形象。尽管20世纪后期由于产业结构的变化，里尔（Lille）的经济开始走下坡路，但由于本项目的开发，外国观光游客激增，便利的交通更是招来了很多大企业的投资，成功地恢复了原有的经济活力。里尔案例为中国的快速城镇化中如何推进高铁枢纽与周边用地的一体化开发，引导中国高铁新城健康可持续发展提供了有益借鉴。

3. 确保枢纽良好的可达性，发挥高铁枢纽的"触媒—集聚"效应

良好的可达性是保证高铁枢纽周边地区高强度综合开发的前提条件。美国加利福尼亚大学伯克利分校交通研究中心的研究表明，如果高铁周边地区提供足够的交通运输网络及公共开发政策，周边地区的土地价值将至少提高20%。反之，如果枢纽没有完善的交通接驳网络，就会降低客流量和客站的可达性，从而限制高铁枢纽"城市功能"的拓展，使其无法发挥"触媒—集聚"效应，形成像日本新宿，法国里尔那样的发展模式。这种现象在那些远离城市中心的车站尤其明显。新横滨站原本位于市中心区7km以北的欠发达地区，只有一条发车频率很低的JR线与横滨市中心区相连，由于两者之间的交通接驳非常松散，客流量一直不很理想，平均只有10000人/d。站区周边的城市发展非常缓慢，到1979年实际土地开发量大约只有原计划的15%。后来两者之间开通了地铁，增加了JR的发车频率，从车站到市中心只需要12min，交通接驳条件的改善增加了新横滨站的区域交通网中的地位，1989年新横滨站客流量达到27000人/d，一跃成为客流量最高的车站，随着交通可达性的增强，高铁枢纽周边的城市功能的迅速积聚，最终形成当前的新城市中心。由此可见，建立轨道交通主导的多模式一体化绿色接驳系统，是确保枢纽良好的可达性的重要条件。

为了确保枢纽良好的可达性，首先，枢纽站区外围道路系统的组织一方面要有效分离各种交通，另一方面与城市的高等级道路形成全互通的整体，以确保枢纽在服务范围内的

高可达性。其次，尽量确保轨道交通线路的规划和开通时间与高铁保持一致，便于客流集散，提高换乘质量。再次，步行交通是绿色换乘接驳体系的重要组成部分。在日本，步行是枢纽客流集散的主要方式，以东京站为例，其出站客流中，88.7%通过步行疏解，市民从交通枢纽站点下车后，通过步行即可到达单位、学校、商场等目的地，且大约90%左右的步行时间在10min内。这给我们提供了很好的经验借鉴：在规划建设中，枢纽内部及其周边用地要为步行和自行车出行提供安全连续的通行空间，并解决好步行和自行车与公共交通的接驳换乘问题。

4. 建立以公共交通导向的城市空间拓展模式（TOD），促进可持续发展的多中心城市空间结构的形成

多中心结构有利于解决单中心城市由于过度开发引起的市区规模过大、地价飞涨、交通拥堵、基础设施短缺、环境恶化等状况，分解单中心城市生长过程中产生的集聚压力，实现城市的均衡、可持续发展。可达性良好的高铁枢纽具有极化城市活动空间分布的能力，以公交主导的多模式一体化绿色接驳系统能够确保枢纽的高可达性，促进其发挥集聚效应，带动周边地区土地升值，产业更新，形成以枢纽为中心的新增长极。因此当枢纽选址位于原有城市中心时，能够带动原有城市中心区复兴；当枢纽选址位于市区边缘时，往往形成城市新的商务办公中心，即城市"副中心"。推动这种以公共交通导向的城市空间拓展模式（TOD）有利于形成网络化的多中心的城市空间结构，东京"一核七心"的城市空间结构就是以高铁枢纽为基础发展多中心城市格局的典型案例。

5. 调整城市产业结构，促进城市产业升级

从欧洲已经建成的高速铁路及周边地区发展的经验来看，高速铁路的发展模式都是首先连接人口密集的大城市，促进主要大城市的联系，这种高效的交通方式具有日益明显的集聚效应，不仅运来了大量的商务旅客、通勤人流以及游客，也为高铁站点所在的城市，带来了发展商业、金融业、休闲娱乐业、旅游业等产业的新机会。因此，不少城市都把高铁车站的设置看作是产业升级的催化剂，拉动城市经济发展。高铁枢纽服务人群的特点决定了对地区产业职能发展带动的指向生产服务业，一般来说，枢纽周边的商务功能是发展最快最明显的，与之配套的商业、休闲娱乐、旅游、会展也会相应增长，见表2-1。值得注意的是，高铁枢纽对城市产业发展的影响程度与城市本身的产业基础有很大关系。城市原有的服务业基础越好，影响越大；而对于传统产业聚集的地区影响较小。

高铁枢纽站区及周边产业聚集情况统计 表2-1

产业种类	具体内容
流通部门	交通运输、商业饮食、邮电通信、物资供销、仓储
生产生活服务部门	金融、保险、房地产、公用事业、居民服务、旅游、咨询信息服务、各类技术服务
文化服务部门	科学研究、教育、文化、卫生、体育、广播电视、社会福利
社会公共服务部门	国家党政机关、社会团体部门

2.2.2.3 微观枢纽层面

图 2-6 显示了高铁枢纽的场站设施构成及换乘关系示意,从中可以看出,高铁枢纽内客流的换乘是通过两大衔接环节实现的:第一个环节是城市交通系统与高铁客站站房的衔接,第二个环节是高铁客站内部站房与站场的衔接。因此,在微观层面上,基于"绿色换乘"理念的高铁枢纽接驳体系的建构应遵循"功能性、系统性、先进性、文化性、经济性"五性原则,通过高铁客站建筑自身的整合设计,以及枢纽与各种交通方式的一体化无缝衔接,实现高铁与城市多模式中小运量交通之间的零换乘,建设符合时代发展要求的高品质绿色交通建筑。

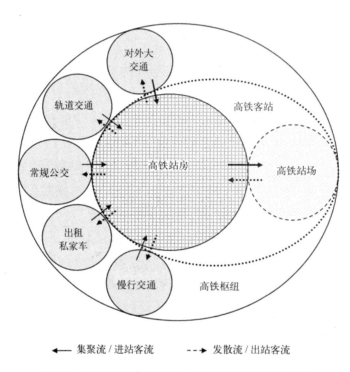

图 2-6 微观层面高铁枢纽一体化接驳体系建构示意

1. 实现高铁枢纽与不同交通方式的一体化衔接

高铁枢纽与各种交通方式场站的一体化衔接布局和换乘组织是实现枢纽与城市多模式交通无缝衔接和绿色换乘的基础。表 2-2 分类探讨了各种交通方式场站与高铁枢纽的一体化衔接模式。

其中纯地上衔接模式是指公交或长途汽车直接进入站房内部二层及以上楼层的衔接,或者站房屋顶设置私家车停车场的情况。这种模式多见于国外换乘站中,如美国旧金山的跨湾枢纽(Transbay)公共汽车以及长途汽车可以通过连接海湾大桥和枢纽的专用公交斜坡通道进入跨湾站,分别停靠在地上二层和三层的公交层和长途汽车层,乘客走到中央换乘大厅,可以看见所有设施并很方便地找到出路。

高铁枢纽与不同交通方式场站一体化衔接模式分类　　　　　　表 2-2

衔接模式		交通方式	公交汽车	轨道交通	出租车	私家车	长途客运
按衔接设施分类		高架车道衔接			●	●	
		通道衔接	●				●
		广场衔接	●		●	●	
		换乘大厅衔接	●	●	●	●	●
		同一站台衔接		●			
按换乘空间位置分类		地面落客+地下站场载客	●				
		高架车道落客+地面站场载客	●				
		高架车道落客+地下站场载客			●	●	
		地面落客+地面载客	●		●	●	●
		纯地上衔接				●	●
		纯地下衔接	●		●	●	

2. 完善高铁客站建筑的一体化设计

中国以往的研究常常将铁路客站划分为广场、站房和站场 3 个独立的部分。高速铁路发展起来以后，列车速度和发车频率的大幅度提高，极大提升了客流集散效率，与之相适应，铁路客站逐渐向综合枢纽演变，客站的空间布局形式有了很大的改变，站场不再是单纯的乘降空间，承担的功能日益增多，与站房联系无论是在布局上还是功能分担上都更加紧密，共同构成以实现各种中转换乘为目标的功能性空间。因此，在规划设计中，设计师应当不断地完善高铁客站站房和站场的整合设计，从空间一体化、功能一体化和建筑形态一体化创作入手，全面落实绿色换乘的理念内涵，创作高品质的现代交通建筑。首先，采用立体化流线组织模式，分流进出站等不同性质客流，提高换乘效率。其次，换乘空间设计由传统的等候式向通过式转变，减少候车空间面积，增加集散空间面积。第三，采用精巧的大跨结构营造空间开敞、视线通透的换乘大空间，将集散、候车、商业服务等各种功能都在同一空间内展开，既有利于旅客的视线直达各功能区，从而迅速到达目的地，又从心理上起到缓解旅客对陌生环境的紧张感的作用，为旅客提供一个轻松便捷的进出、站环境，提高换乘效率。第四，重视站场空间设计。国外由于很多车站采取列车公交化运营和开放式管理模式，乘客可以直接到站台候车，站台空间成为建筑设计师着力表现的空间，如卡拉特拉瓦（Santiago Calatrava）设计的里斯本的东方火车站和斯图加特火车站站台的顶棚设计以新颖独特的造型给人留下了深刻的印象，成为了车站乃至城市的标志。在中国的高铁枢纽中，随着轨道交通的引入，大量客流主要在地下直接疏散，站台空间成为乘客对城市的第一印象空间，因此应当越来越受到设计师的重视。第五，高铁换乘空间还应配备完善的旅客服务设施，大到信息标识引导、无障碍设计、充足醒目的升降设施，小到厕位间隔板和挂钩的设置，都要充分体现以人为本的绿色换乘设计理念，在为旅客提供高效舒适的换乘环境的同时，提升高速铁路运输的吸引力和竞争力。最后，高铁枢纽往往建筑体量庞大，容易对城市的生态景观和视觉景观的完整性产生一定影响，因此在做好枢纽交通接驳设施规划的同时应重视站区与城市景观的一体化设计。中国幅员辽阔，民族众多，自然环境与人文环境资源的差异明显，建筑师应当充分利用这一优势，将地域性理念融入到高铁客站建筑的创作中去，结合不同地域环境形成高铁新客站丰富多彩的个性，完善其作为"门户"和"窗口"的城市职能，这在当今全球一体化加速、文化趋同的大背景下显得尤为重要。

综上所述，宏观、中观和微观3个层面构成了功能互补、结构有序的整体，其中微观枢纽层面是基础，宏观层面和中观层面是外延。3个不同层面目标的实现能够使高铁枢纽接驳体系的交通节点效应和城市场所效应得到最大程度的发挥，最终实现绿色换乘的目标。

2.2.3 高铁枢纽接驳体系的影响因素

影响高铁枢纽接驳体系的因素很多，大体来说可以从城市经济发展水平、城市交通模式、周边土地利用和城市形态、枢纽选址、枢纽规划模式、交通管理体制6个角度来认识（图2-7）。

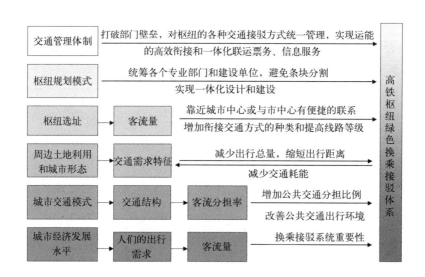

图2-7 高铁客运枢纽绿色换乘接驳体系的影响因素及其关系

（1）城市经济发展水平是影响高铁客运枢纽交通接驳体系建设的基础因素。一方面，随着中国经济水平的提高，社会活动的机动性提高，城市客运需求不断增长，人们对综合交通运输系统的要求日益提高，综合客运换乘枢纽在交通规划中的重要性日益凸显。另一方面伴随中国经济实力的增强，使我们有能力建设庞大而健全的高速铁路网，从而使高铁客运枢纽交通接驳体系的建设成为必然。

（2）枢纽周边土地利用和城市空间形态与高铁客运枢纽交通接驳体系建设是双向作用关系。土地利用会影响交通出行需求总量、出行距离和出行链的时空分布特点等交通特性，进而决定高铁客运枢纽交通接驳体系的结构构成;而高铁客运枢纽交通接驳体系结构又会反过来影响周边土地开发强度,进而影响城市空间形态;两者相互作用形成"迭代循环",最终在"空间阻抗"作用下达到平衡。

(3)城市交通模式是指城市交通系统中不同交通方式所承担的交通量的比例关系。它反映了不同交通方式在某个城市交通系统中的功能和地位。高铁枢纽所在城市的交通模式对接驳体系的构成具有重要决定作用。在城市交通总需求一定的情况下,要因地制宜、因"钱"制宜地推动公交主导的交通模式建设,提高接驳体系中公交分担率,降低小汽车出行量,减少尾气排放,达到构建绿色交通接驳体系的目的。

(4)高铁枢纽的选址首先要与其他类型的交通枢纽统筹兼顾,实现内外交通的集约规划,将不同类型的高等级交通网络整合,实现一体化换乘,这是确保高铁枢纽换乘质量和吸引力的重要因素。其次,高铁枢纽选址要有良好的可达性,以确保充足的客流量。埃里克·佩尔斯(Eric Pels)等人通过研究指出欧洲高铁客站基本位于城市中心,由原来的铁路客站改造升级或者在老站旁边新建而来,比如法国里尔站、荷兰阿姆斯特丹斯希普霍尔机场站和阿姆斯特丹中心车站等,既保证了区位优势,又可以充分利用已有的配套设施资源,节约建设成本,符合"绿色换乘"理念在可持续发展方面的要求。中国新建的高铁客站多位于新城,要注意与城市中心有便捷的交通联系。北交大的黄志刚博士认为客站距主要客源地1小时是大多数乘客能接受的距离范围。[①]

(5)高铁综合客运枢纽一方面功能复杂,建设量大,涉及城市规划、建筑设计、交通规划和市政设计等多种专业和不同单位之间的合作;另一方面,不同交通方式由于运输特征和服务范围的不同,其交通网络、枢纽、线路以往都是单独规划,高铁客运枢纽的建设要求解决各种交通枢纽的集约化选址问题,不同交通方式接入枢纽的时间不同步问题。这就要求实现各种交通方式的综合协调组织和统一规划,打破设计及建设过程中存在的专业条块分割现状,统筹各专业和建设单位,形成多位一体、各种因素协调发展的综合一体化规划建设模式。

(6)交通管理体制。基于"绿色换乘"的高铁枢纽接驳体系涵盖多种交通方式。在中国,高铁、普铁、航空、轨道交通、常规公交等分属不同部门,使得不同交通方式之间的统一管理有很大的难度甚至出现矛盾,如何协调不同的管理部门的利益,实现枢纽交通接驳体系的统一调度、联合管理是影响高铁枢纽不同交通方式顺利高效衔接的非常重要的因素。

2.2.4 高铁枢纽接驳体系的实现保障

绿色换乘的高铁枢纽接驳体系的实现是一个复杂的系统工程,涉及多方面的协调。从接驳体系构成上来看,涉及接驳设施布局、不同交通方式的运能衔接组织和综合交通枢纽

---

① 黄志刚,杨承新.论大型铁路客站对交通资源的整合效率[J].物流技术,2009(9):28-31.

信息服务系统的协调；从接驳体系的规划设计、建设和运营管理过程来看，涉及不同专业及不同建设部门的协调；从接驳体系与城市的互动关系看，涉及枢纽规划与城市总体规划的协调。因此我们应当从多个方面入手，建立相应的保障机制和措施。

（1）编制高铁枢纽一体化接驳换乘的技术标准，指导高铁枢纽接驳体系的设施布局、运营管理和信息服务一体化以缩短换乘距离，减少换乘时间；引导布局集约化以节省土地资源，降低基础设施建设费用。

（2）在高铁枢纽的规划设计、建设和运营管理过程中建立统一的管理机构。协调不同专业和部门；综合考虑高铁枢纽接驳体系的设施布局、运营管理和信息服务，进行一体化规划设计；控制合理的建设时序，尤其要确保轨道交通与高铁枢纽同步投入使用，实现公共交通主导的接驳体系结构特征，充分发挥绿色换乘接驳体系的效率，最大程度地方便乘客。

（3）打破行业与部门界限，建立枢纽运营商与乘客共享的交通信息平台。既要充分满足高铁枢纽内不同运营商的运输组织协调，实现无缝衔接一体化运行的需要，也要满足枢纽旅客集散的信息诱导服务需求以及应急救灾信息保障需求。

（4）建立铁路部门与城市规划部门的协商机制。将高铁枢纽选址纳入城市总体规划考虑范畴，实现高铁纽规划与城市总体规划的协调。

2.3　高铁枢纽接驳规划与设计的基本原理

高铁枢纽接驳规划与设计的基本原理是在充分认识"绿色换乘"的高铁枢纽接驳体系内涵的基础上提出的规划设计指导思想和基本原则，它包括系统原理，语境协调原理和技术支撑原理。其中系统性是本质，语境协调是目标，技术支撑是手段。

2.3.1　系统原理

高铁客运枢纽是城市交通这个复杂巨系统的重要子系统，交通接驳规划与设计又是高铁客运枢纽建设中的重要组成部分，因此在规划与设计过程中应当贯穿系统论的观点，立足整体，面向全局，遵循整体性、联系性、动态性和最优化原则，把握整体、要素与环境之间相互联系、相互制约的关系，使其规划结果符合城市总体发展要求，实现整体利益最大化。系统原理的具体体现包括：接驳设施之间实现一体化衔接模式和零换乘；接驳体系内部宏观、中观、微观3个不同层次子系统之间要形成密切联系的整体；统筹考虑接驳规划中前期设计、中期建设、后期运营管理3个阶段之间的衔接和协调；不仅要考虑到高铁枢纽接驳体系自身交通换乘功能的实现，还要考虑到枢纽接驳体系建设对周边地区、城市和区域发展的影响作用；不仅致力于实现高铁枢纽接驳体系的交通功能，还要考虑到相应的社会功能、经济功能、环境功能的实现以及四者的关系和谐等。

2.3.2 语境协调原理

所谓语境协调有两方面内容，首先是指"绿色换乘"理念下接驳体系自身的协调，从前期方案设计到中期建设实施、后期运营管理，涉及众多要素，他们之间的有机协调成为高铁枢纽接驳规划与设计的重中之重。其次是指高铁枢纽的接驳系统规划与设计要尊重其所在的经济、社会、自然环境并与其建立有机紧密的联系。比如宏观层面上，接驳规划与设计要体现本国的社会经济发展方向，有利于协调区域经济，统筹城乡发展。中观层面上，接驳规划与设计要与城市总体规划协调，以便促进可持续的多中心城市空间结构的形成；调整城市产业结构，促进城市产业升级；推进低碳生态城市建设，营造公平和谐人居环境。微观层面上，语境协调原理体现为以地域性理念指导高铁客站设计，追求人与自然的和谐相处等等。

2.3.3 技术支撑原理

技术支撑原理是指高铁枢纽接驳规划与设计的实施必须有切实可行的技术手段作为保障，尤其要重视引入新技术手段，体现高铁枢纽接驳规划与设计的"先进性"和"可持续性"。高铁枢纽接驳规划与设计中会涉及很多技术，归纳起来主要可以分为以下 3 类：

2.3.3.1 生态技术支撑

生态技术支撑是高铁枢纽接驳规划与设计的重要原则，其目的在于节能环保，营造绿色换乘环境，体现"绿色换乘"理念，实现高铁接驳体系的可持续发展。在接驳规划与设计中，常见生态技术包括太阳能、地热等可再生能源的利用技术，雨水回收和循环处理技术等。高铁枢纽是耗能可观的大型公共建筑，其中空调和照明能耗占到总能耗的 80%，为了节能并且减少运营成本，自然光是关键，其次是温度控制。在照明方面，可以利用太阳能辅助发电技术，结合站房建筑形式设置一体化太阳能光伏电池板，形成车站自身的光伏发电系统，据测算，利用太阳辐射能的建筑，能耗比常规能源的建筑降低 47% ~ 60%[1]，这对于高铁枢纽来说具有极高的生态价值和经济意义。例如虹桥枢纽中首次将太阳能大规模发电并入电网使用的模式引入铁路工程。[2] 在空调方面，地能热泵是一种先进的自然空调系统，不需要锅炉房和冷却塔，在高铁枢纽中采用地源热泵与空调系统的有效结合既能够提高城市环境质量，又能够缓解能源紧张问题。除了以上 2 种主要生态技术，还有雨水收集和中水回用等等许多技术可以供我们因地制宜地选择使用。

2.3.3.2 信息技术支撑

信息技术的广泛应用是当代新理性主义规划的基本特征之一。信息技术的介入既是"绿色换乘"理念下高铁枢纽交通接驳规划与设计顺利实施的保障，也是其区别于传统铁路客站规划建设的突出特征。在高铁枢纽的交通接驳规划中，从前期交通与土地利用模型的建构和场地设计中的 GIS 地理信息系统（Geographic Information System）分析，到建筑方案设计中

---

[1] 王晶，曾坚. 大型体育场馆生态节能设计分析 [J]. 建筑师，2008 (6)：70-73.
[2] 朱志鹏. 上海虹桥站太阳能光伏发电研究 [C]. 武汉：2009 中国铁路客站技术国际交流会，2009：154-159.

的客流仿真模拟评价，再到枢纽建成后运营管理中的智能化换乘服务系统（包括服务信息发布、自动售检票系统等）、信息管理系统和建筑设备自动化监测系统（BA）（图2-8），信息技术贯穿了从规划、设计到建设、运营的全过程。信息技术将人、交通工具、交通基础设施和管理部门结合成一个有机的整体，能够有效地减少因为系统内部不协调而造成的效率低下的情况。

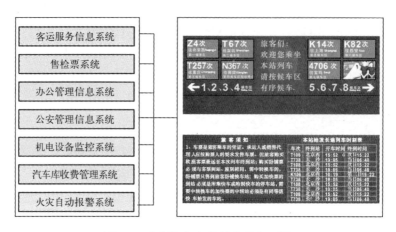

图2-8　虹桥枢纽智能信息服务系统

2.3.3.3　结构技术支撑

结构技术支撑是指在高铁枢纽接驳规划与设计中勇于创新，不断摸索新结构技术，为营造新颖、高效的换乘空间和接驳设施创造有利条件而不是成为限制和束缚。以武汉站为例，站场采用全高架结构体系，工程结构为桥建合一的新型结构体系，将上部大型站房和下部桥梁一体化整合。站房上部结构采用大跨度树枝状支撑空间曲面钢结构屋盖形式，中央大厅主拱的最大跨度达到116m，是全国之最；钢结构造型复杂，采用双层网壳双向单片桁架结构形式，构建总数达20000件；站台层高架桥为5跨36m简支梁+3跨92.1～116m连续梁+5跨36m简支梁共10条轴线平行布置，梁体结构形式为单箱五室鱼腹式清水混凝土简支箱梁，创造了8项国内之最的施工技术。多项设计施工超现行规范，建设过程中开展专题攻关和实验研究19项。其中"大型桥建合一站房大跨度树枝状支撑空间曲面钢结构屋盖系统"是武广客运专线获得铁道部批准的两项重大课题之一。[①] 南京南站是国内高空滑移跨度最大的网架项目。为了实现一体化这个南北最长451m，东西最大宽度211m，总面积近100000m² 的站房屋顶采用网架结构，分为11块，每一块屋架预先拼装焊接好，支于南段的斗栱上，再由南向北通过轨道平移，11块屋盖网架中有9块屋盖网架采用先进的数字液压同步爬行机器人作为推进装置，在40多米的高空，一次平移1万多平方米的屋顶网架。[②]

[①] 王文君. 武汉铁路枢纽客站建设管理实践与思考[C]. 武汉：2009中国铁路客站技术国际交流会，2009.
[②] 京沪高铁上海段今日试跑，将在6月份开通运营[EB/OL]. (2011-02-20). http://news.qq.com/a/20110220/000148.htm?pgv_ref=aio.

2.4 高铁枢纽接驳规划与设计的实施程序

高铁枢纽的交通接驳规划包含4个重要阶段：客流需求预测、规模需求分析、规划方案设计和仿真模拟评估。

2.4.1 枢纽客流需求预测

客流需求预测对高铁客运枢纽的规划设计来说是一项非常重要的基础性工作，是全面开展枢纽规划设计工作的主要依据。从高铁枢纽的等级确定、规模预测、客站选址，到单个枢纽内部各种交通场站的规模确定及衔接布局规划，直至对规划方案的仿真模拟评价，其影响贯穿枢纽规划的整个过程。

2.4.1.1 高铁枢纽客流特征

1. 客流量大

一方面，高速铁路往往联系2个人口密集区域，因此城市之间的大交通客流量非常大。以上海虹桥枢纽为例，如图2-9所示，不含接、送客和员工在内，虹桥枢纽仅大交通产生进、出枢纽客流量平均达100万人次/d。高铁部分客运量每天相当于上海新客站春运高峰，枢纽整体客运量相当于世博会客运量。

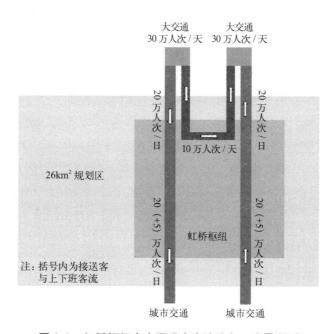

图2-9 虹桥枢纽大交通进出人流流向、流量预测

另一方面高铁枢纽多数位于城市中心，市内日常换乘客流也会占据相当的比例。以日本为例，3个客站的客流组成都以城市日常换乘客流为主，见表2-3。东京站和京都站内外

换乘客流与城市日常客流比例接近1:10。

日本高铁枢纽客流量组成　　　　表2-3

车站	高铁（新干线）大交通客运量		城市日常换乘客运量	
	客流吞吐量（万人/d）	年份	客流吞吐量（万人/d）	年份
东京站	9	2005	84	2000
新大阪站	6.3	2005	10	2000
京都站	3.0	2005	28	2000

2. 换乘方式复杂

为了充分发挥交通网络的作用，实现大规模客流的快速高效集散，高铁枢纽内一般都集合了多种交通方式。以虹桥枢纽为例，接驳方式综合了铁路、磁悬浮、公路和机场4种对外交通方式以及地铁、出租车、小客车、公交4种主要的对内交通方式，是世界上首例将航空主枢纽、铁路主枢纽整合于一体的案例。除这个个案外，中国一般的大中型高铁枢纽与城市交通的接驳方式也都在4种以上。如此多种类的客流在枢纽汇集并要实现顺畅衔接，增加了客流预测与分配的难度。

2.4.1.2　客流预测关键指标

高铁客运枢纽的客流需求预测是一个非常复杂的系统性的工作。崔叙博士在城市综合客运枢纽的研究中提出枢纽客流量的预测包含4个阶段，每个阶段的逻辑关系及其在规划设计中的作用如图2-10所示。从图中可以看出集散客流量和换乘客流量是衡量城市综合客运枢纽总体规模，进而进行交通接驳系统规划及换乘设施规划的关键性指标。但是在实际操作中，这些指标的统计范围和统计口径并没有形成明确和统一的标准。

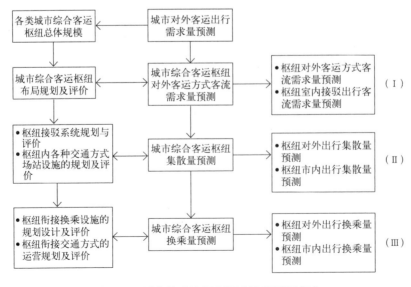

图2-10　城市综合客运枢纽客流预测四部曲

资料来源：崔叙，2005。

以中国大型高速铁路客运枢纽的客流预测为案例，目前在高铁枢纽接驳规划中较常用到的客流预测指标有以下几个：

1. 发送客流量

发送客流量一般按照时间分类包括年发送量、日发送量和高峰小时发送量3种。客流种类按照运营组织的不同一般可以分为高速、城际和普速三大类，见表2-4和表2-5所示。

X高铁站旅客发送量预测（2030年） 表2-4

	年发送人数（万人）	日均发送人数（人）	高峰小时上车人数（人）	最高聚集人数（人）
高速				
城际				
普速				
合计				

Y高铁站旅客发送量预测 表2-5

种类	2020年发送量（万人）			2030年发送量（万人）		
	年	日	高峰小时	年	日	高峰小时
普速						
城际						
高速						
合计						

2. 换乘客流量

换乘客流量包括换乘区域内由一种交通方式换乘另一种交通方式的客流量；以及同一种交通方式的不同线路之间的换乘量。以虹桥枢纽换乘客流量统计数据为例，国铁与各种交通方式之间的换乘比例分别为：国铁与国铁内部换乘比例2.63%，国铁与磁浮、机场换乘比例25.27%，国铁与地面交通换乘比例5.96%，国铁与地铁换乘比例66.15%。这些数据表明，国铁最主要的换乘对象是城市地铁，5条地铁承担了国铁客流66%的交换量，占有绝对优势；其次是国铁与机场和磁浮之间的换乘，占到25%左右；国铁内部各种铁路（高速铁路、城际铁路和普速铁路）之间除了城铁和高铁之间有少量的换乘，其他几乎没有换乘。由此高铁枢纽交通接驳规划中各种交通场站布局的主次地位可谓是一目了然。

3. 客流分担率

客流分担率是指与高铁客站接驳的不同交通方式所承担的集散客流量的大小。根据客流分担率我们可以确定不同交通方式所需要的场站规模和交通工具的数量。对于相同的客流量来说，不同的交通方式客流量分担率，将直接影响到高铁枢纽交通接驳体系的结构特征，进而改变枢纽周边路网形态以及客站交通接驳设施的布局。国内案例统计数据表明（图2-11），客流分担率最高的一般是轨道交通，其次是公交，然后是出租和私家车。

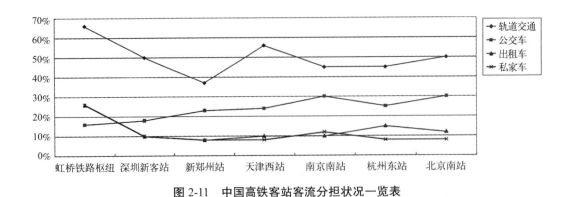

图 2-11 中国高铁客站客流分担状况一览表

2.4.2 枢纽设施规模需求分析

本阶段是根据客流预测结果对高铁客站的铁路车场及各种接驳换乘设施的规模需求进行分析，为下一步规划方案设计提供依据，确保车站交通接驳设施容量满足远期发送量的要求。规模需求分析的主要内容包括铁路车场规模分析、主要交通接驳设施（车辆类设施、场站类设施）规模分析和其他相关换乘设施（通道类设施、排队类设施和集散类设施）规模分析三部分。

2.4.2.1 铁路车场规模分析

铁路车场规模分析内容主要包括站台和铁路线的数量，以及预留股道数和存车线等。

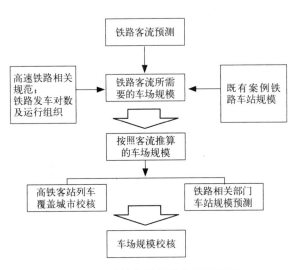

图 2-12 高铁车场规模分析流程图

对高速、城际、普速、市郊等运营组织（编组、发车频率等）不同线路的车场规模要分别计算，具体过程如图 2-12 所示。

以深圳新客站铁路车场规模分析过程为例。深圳新客站是深圳地区的主要高速铁路客运站，是全国重要的区域性铁路客运枢纽，其选址于龙华西南部，处于香港和内地的过境通道上，根据预测，2020 年深圳新客站铁路发送客流量为 X_1 万人次，2030 年达到 X_2 万人次。深圳新客站的客流由国内铁路客流和深港过境口岸客流两部分组成，由于国内铁路与深港铁路的运营组织不同，因此将国内铁路所需要车站规模以及口岸客流所需要的车站规模分别估算。

步骤一：按客流推算出车场初步规模。通过客流推算车站规模新客站规模为 Z_1 条。其中国内铁路客流所需要车站规模 Z_2 条到发线，深港铁路客流需要车站规模为 Z_3 条到发线。

步骤二：规模校核。①根据国内主要大城市覆盖度校核国铁车场规模。按照每个省会城市开行至少 1 对列车计算，则新客站在既有列车开行对数基础上，应加开约 Q 对列车，按照规范要求，则需要增加到发线约 Z_4 条。②根据相关部门的客流规模预测，从远期预留的角度考虑，将口岸的车站规模适当增加，增加 Z_5 条到发线。校核后得到新客站车站近期规模和远期规模。

步骤三：最终取值。根据校核结果同时考虑到铁路设施规模的弹性预留、工程上的可行性，以及对综合方案的影响程度，按照远景规模预留。

2.4.2.2 交通接驳设施规模分析

交通接驳设施规模主要包括与高铁客站接驳的各种交通工具数量及其场站设施面积。分析思路如下。

步骤一：明确高铁客站接驳的交通方式种类及其场站的功能定位。如图 2-13 所示，假设高铁客站内部接驳的交通方式有长途、轨道交通、公交、出租以及社会车辆等接驳场站。长途车站主要服务于铁路；公交场站主要服务于铁路和轨道交通，以及部分使用公交的地方客流。出租车场站主要服务于铁路，其次服务于轨道交通。社会车辆场站主要服务于铁路，不服务于其他客流。

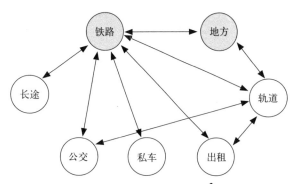

图 2-13 接驳关系及功能定位

步骤二：得出各种交通方式分担的客流量。

步骤三：按照一定的载客率标准以及各场站规模计算方法，预测出各类场站面积和各种交通工具的数量。

2.4.2.3 其他换乘设施规模分析

在进行高铁枢纽更为详细布局时，需要利用高峰小时换乘客流量对站房的其他相关换乘设施的规模也有一个预先的估计，以作为枢纽设施布局的参考。这些设施主要包括通道类、排队类和集散类 3 种。

通道类设施是指各类衔接换乘的通道和进出站通道，包括楼梯、扶梯、换乘通道等。排队类设施主要是指枢纽内售票设施、检票设施和安检设施等。集散类设施如换乘大厅和广场。通道类和集散类设施应当满足枢纽内的换乘客流量需求，确保高峰期间出现满负荷甚至超负荷的情况下也能在一定时间内正常运转。排队类设施的数量要充足，布局均衡合理，避免造成部分区域出现客流密度较大的情况，尤其是检票设施、安检设施应当满足快速客流通过要求，注意避免进站、出站时出现长时间的拥挤。

2.4.3 枢纽接驳规划方案设计

确定了设施的规模之后，就开始进入枢纽的交通接驳规划方案设计阶段。规划设计内容主要包括高铁枢纽与各种交通方式场站的衔接，高铁枢纽周边路网的组织以及高铁客站的建筑方案设计等等。

2.4.4 仿真模拟评估

仿真模拟评估高铁枢纽接驳规划与设计中非常重要的一个检验环节，它的意义在于对初步规划设计方案的合理性作出评价并指导下一步的方案调整。

2.4.4.1 仿真模拟评价概述

随着信息技术的迅猛发展，从20世纪90年代开始利用计算机仿真技术和方法研究大型公共客运枢纽客流的换乘组织已成为国内外交通工程界的一个研究热点。换乘组织仿真模拟属于微观动态仿真研究的一种，它的原理是利用计算机数学模型模拟不同换乘组织条件下客流在枢纽中流动，以及在不同交通方式之间换乘时所呈现的复杂时空变化特征。仿真模拟的结果往往采取定性、定量相结合，图像和数据相结合的输出形式。由于模拟具有准确、直观和灵活等特点，因而成为描述枢纽换乘状况的一种有效手段，近年来在中国大型公共客运枢纽的研究和实践中越来越受到重视。

根据换乘组织的仿真模拟评价在客运枢纽建设过程中应用时间的不同，可以将其分为使用前评价和使用后评价。使用后评价是运用信息技术对已投入使用的客运枢纽为研究背景，建立换乘组织仿真模型，再现复杂的交通流集散现象，从而发现问题，解决问题，提高枢纽的换乘效率。使用后评价多是被动地针对已建成的交通设施的客流引导和管理，不以指导枢纽的前期规划设计和运营需要为目的。使用前评价是指在枢纽交通接驳方案的初步设计阶段就建立换乘组织仿真模型，对枢纽投入运营后的交通接驳设施运作状况和客流换乘行为进行预测模拟，发现问题并找出问题的症结，最终指导枢纽交通接驳规划设计方案和运营方案的优化。本书研究侧重于仿真模拟使用前评价，其意义在于：首先，以其准确、直观和动态的特点，打破了传统静态计算评价方法的局限性，为科学准确地抉择大型高铁客运枢纽最终规划和运营管理方案提供了有利的技术支撑。其次，在其帮助下，我们可以在枢纽建成之前发现换乘设计缺陷，从而能够及时地优化接驳规划方案，提高换乘组织效率，避免枢纽建成后再改造所造成的时间、财力和物力等方面的损失。第三，仿真模拟评价体现了可持续发展原则，是实现绿色换乘，建设节约型社会的有力保障。综上所述，仿真模拟使用前评价对于中国大型高铁客运枢纽的建设具有重要的指导意义，是绿色换乘理念下高铁枢纽接驳规划与设计程序中必不可少的重要环节。

目前在铁路客运枢纽换乘仿真研究和实践方面，我们还处在起步阶段。受到仿真模拟技术发展本身的限制，还没有形成一套公认的评价体系。在本书中，我们仅以北京南站、天津西站和虹桥站等大型高铁客运枢纽项目为依据，对模拟评价过程和评价标准作一个初步的探讨，以期对高铁枢纽接驳规划与设计工作有所借鉴。

2.4.4.2 仿真模型及软件综述

1. 理论方面——行人微观仿真模型

国际上对行人微观仿真模拟方面的理论研究开始于20世纪80年代末，其成果主要体现为各种行人微观仿真模型。行人微观仿真模型是描述行人的行为特性的表达式,是仿真模拟技术的理论基础,仿真模拟就是通过将这些模型转化成计算机语言而实现的。模型的建立涉及数学、经济学、交通科学、行为学、物理学等多个学科领域。目前比较著名的动态微观仿真模型主要有元胞自动机模型、移动效益模型、气体动力学模型、磁力模型、社会力模型和排队网络模型6种,见表2-6。这6种模型原理相差比较大,在实际应用中又以元胞自动机(CA)模型和社会力(SF)模型最为常见。

国内的相关研究起步较晚,开始于21世纪初期,研究成果主要是结合实际应用需要在这6种模型的基础上进行综合或扩展。

行人交通微观仿真模型一览表　　　　　　　　　　　表2-6

	名称	概述	原理	优点	缺点
基于元胞	移动效益模型	1985年,GIPP和Marksj提出	将行人移动的范围划分为等距的网格模型。模型中每一个单元被赋予一个"权",称为"占用支出";行人的每一步移动会产生间接收益,称为行人的"移动收益";行人移动过程中二者互相平衡,形成移动效益。模型的核心就是行人在行走时根据移动效益来选择路径,确保每一步移动的效益局部最优	运用移动效益的概念解决人的路径选择行为,具有简单、直观的优点。模型试图用网格的形式描述行人的移动环境,并用网格内一定的数值代表移动效用,为以后的大多数离散模型提供了思路	参数的选择主观;对行人的性质描述单一,不能有效体现不同行人的微观行为的差异性;不能有效区分网格是被行人占用还是被建筑物占用;无法表现出大规模拥挤情况下行人行进和停止交替出现的现象;模型的核心是移动的局部效益非整个出行效益最优
	元胞自动机模型	CA模型源自人工智能领域的模拟算法,最早是由Von Neuman和Ulam提出的。1998年由Victor J. Blue等人应用于行人交通流的模拟	在均匀一致的网格上由有限状态的元胞构成的离散动力学系统。行人行走的道路被抽象成网格,行人被看作在网格之间移动的元胞,移动过程与车辆的行进相类比,分为换道和变速2个过程。行人移动规则根据行人周围网格状态变化的组合来设置	模型本身易于实现,运算速度快,效率高。通过模型建立的仿真系统能够在不同密度条件下反映正常、拥堵、高峰的行人流,具有通用性。通过使用规则来定义人的行为,操作简单	行为规则过于简单,难以真实再现人们经验观察所认识的所有群体行为特征和自组织临界现象。模型中的所有个体决策顺序是事先确定的。存在同步决策问题,存在换道速率问题,模型中换道没有处理速度问题,因此展现在面前的是状态之间的演变
基于力学	引力模型	1985年	将每个行人及其移动空间中的物体假定为具有磁性的粒子。磁力模型中行人和障碍物被赋予正极,而行人的目的地被赋予负极,按照"同性相斥、异性吸引"的原理,行人在引力作用下向目的地运动,并因排斥力避让其他的行人和障碍物	借助万有引力定律对行人疏散的过程进行描述,模型比较简单,且容易理解,而且通过改变磁场大小可以直接控制流量和密度,具有可控性	移动是基于固定路径的,不利于模型扩展;模型中的参数给定比较随意,很难验证其正确性和合理性;参数只能提供可视化图形,无法给出更多的结论
	气体动力学模型	1993年Hoogendoom等将交通工程理论中关于车辆的相关模型引入行人研究得到的连续型微观仿真模型	该模型以中观层次的视角,将速度概率分布相近的一群人看作研究对象,以气体动力学理论为基础,建立行人移动动态方程	行人的移动过程在模型中被划分为连续和非连续过程,不同过程还有细分,比较符合实际。"相空间密度"概念具有通用性,在多维度交通流的研究中均可以应用	模型参数较多,相当复杂,可实现性较差,且由于模型建立在中观层次,所得出的结论缺乏经验数据支持

续表

	名称	概述	原理	优点	缺点
基于力学	社会力模型	SF模型是2005年由物理学家Helbing等人提出的一种连续型微观仿真模型	行人的行动受自身驱动力影响而不是由外力决定。这些驱动力称为"社会力",包括:为了保持自身期望速度而形成的向前的动力,与障碍物或者其他行人保持一定距离的相斥力,因好奇外部环境而产生的吸引力	使行人表现出一定的反应能力,能够成功再现行人交通中的很多复杂现象,如自组织现象。准确性高,避让的法则比基于网格的模型更精确	计算量很大,随着行人数量的增加,运算速度会几何级数下降。无法正确解决行人的碰撞问题,对于避免碰撞的描述还不太成熟。行人与障碍物对行人的反作用力计算方法尚不成熟,无法适用于复杂环境下的建模
	排队网络模型	Lovas.GG等人为了研究紧急情况下的行人拥挤行为提出的模型	为了反映在火灾等情况下行人求生逃逸的情况,模型中将行人所处的环境用"节点"和连接节点的"边"组成的网络G(UE)表示	排队网络将行人所处的环境用"节点"和"边"抽象表示。将复杂情况精简更加有利于模型的实际应用	行人移动过程很模糊,对于其中发生的碰撞以及行人之间的相互协作问题无法体现;对于复杂的建筑和设施布局的不同带来的行人移动变化未作考虑;"先进先出"的排队策略未必适合于行人系统

资料来源:根据李得伟,2007;刘丰之,2010等相关资料整理。

2. 行人仿真模拟软件——技术方面

1996年,英国学者斯蒂尔(Keith Still)教授开发了LEGION软件并将其成功应用在温布利球场的观众疏散研究上,标志着行人仿真技术的正式兴起。[①] 随后几十年,相关软件的开发项目层出不穷,目前国际上已经广为人知的就有22种之多,比如SimWalk、MicroPedsi、SimPed等。不足之处是这些软件主要是针对大型公共场所人群的紧急集散问题而研发的,直接应用于铁路客运枢纽的换乘客流的模拟研究难免会有缺陷。目前从世界范围来看还没有出现一套专门的用于高速铁路客运枢纽客流组织评价的成熟的仿真模拟平台,不同的研究机构往往采用不同的软件。在中国铁路枢纽客流模拟实际应用中比较常见的商业软件主要有LEGION和VISSIM两种。

1)VISSIM

VISSIM是由德国PTV公司开发出来的基于德国学者维德曼(Wiedemann)的心理—物理车辆跟驰模型(psycho-physicalcar-ofllowingmodel)的微观交通仿真软件。该系统由车辆定义模块、车速分布模块、车辆跟驰模块、驾驶行为模块、车道变换模块、交通量定义模块、动态分配模块、车辆感应式相位控制模块等组成。[②] 其模拟结果以三维动画和数据形式输出,是交通微观仿真研究里非常经典的一款软件。它不仅能对各种不同级别和功能的道路进行模型仿真,而且通过使用其路段连接系统可对一些具有复杂几何道路条件的典型路段进行模拟,因此经常用来评估市政交通场站的几何设计和交通组织。从以上的介绍我们也可以

[①] 刘启钢.大型铁路客运站客流组织仿真技术研究[J].铁道运输与经济,2010(10):37-40.
[②] 陆锪.大型综合交通枢纽站换乘客流组织动态仿真与评价方法的研究[D].北京:北京交通大学,2008.

看出 VISSIM 软件的主要功能并不在于对客运枢纽行人的换乘组织进行仿真研究。但是一方面由于这款软件实现了对人的仿真，因而可以对乘客在枢纽内的整个流动过程进行模拟；另一方面，还可以借助该软件对道路交通的模拟研究枢纽内人流与车流的相互影响。[①] 因此目前常常被商业公司用来进行客运枢纽换乘组织的仿真模拟。

2）LEGION

LEGION 是 1996 年由英国教授斯蒂尔开发的基于社会力模型的行人微观仿真模拟软件，也是最早投入商业使用的以公共场所行人紧急疏散研究为目标的仿真评价系统。它包括建模、模拟和分析 3 个模块。该系统用二维的实体模拟行人，模拟结果以数据和图表两种形式输出，数据包括人流密度、排队长度、疏散时间、步行时间、步行速度等，图表包括行人活动区域的人流密度分布、人流最大密度的持续时间分布和空间利用率等[②]。目前也常被应用于铁路客运枢纽的客流组织仿真模拟评价中。

2.4.4.3　仿真模拟评价标准

目前常见的客流仿真模拟的评价标准多以服务水平（LOS）来表示，在北京南站、上海虹桥高铁枢纽站的客流模拟中都采用了这个标准。LOS 是反应换乘过程中旅客的舒适程度的一种质量标准，通常包括与他人的距离（私人空间）、理想的步行速度以及理想的步行方向（方便性）等指标。服务水平的概念运用在设计中是为了决定空间供给水平，使得站场设施的使用者及营运者的良好预期和投资成本之间得以平衡。LOS 针对移动的客流和排队等待的客流有不同的标准，虽然不同运动状态下的人流在空间需求上是不同的，但在舒适程度上的要求是相同的，只是前者的空间需求在同等服务水平上要相对较高。

在客运枢纽行人仿真模拟结果分析中常用的 LOS 等级评价标准有两套，分别是：美国学者弗鲁因提出的 Fruin 服务等级和 HCM2000 给出的行人交通服务水平标准。高铁客运枢纽步行服务设施的服务等级一般应达到 D 级以上。

1. Fruin 服务等级

"Fruin 服务阈限等级"表示拥堵程度的等级，这是一个常用的拥堵程度指针标准，通过不同的颜色来显示行人的密度。1971 年，美国学者弗鲁因在其博士论文《行人规划与设计》中，详细研究了行人速度、流量、密度、行人占有空间等特征要素及其相互关系，提出了人行道服务水平划分建议值，也就是"Fruin 服务阈限等级"，而后就形成了人行道服务的规范，见表 2-7，包括人均占有面积、行人流量等多个指标。

2. HCM2000 行人交通服务水平标准

HCM2000 是美国通行能力手册给出的行人交通服务水平标准，其依据也是弗鲁因博士的研究。主要根据仿真模拟输出的行人占有空间、流率和速度等指标评价铁路客运枢纽各部分的服务水平，见表 2-8、表 2-9。

---

① 王建聪，高利平等. 城市公共交通枢纽换乘组织仿真研究 [J]. 交通运输系统工程与信息，2006（12）:96-102.
② 曾红艳. 人员紧急疏散模型的研究及仿真分析 [J]. 科学技术与工程，2010（10）: 60-62.

Fruin 服务阈限等级标准　　　　　　　　　　　　　　　　　　　　　　　表 2-7

服务区域	服务等级	人流特征描述	占有面积 (m²/人)	行人流量 [人/(min·m²)]
排队区域	Los A	自由流	>1.21	
	Los B	排队人流，不会互相干扰	0.93～1.21	
	Los C	排队人流移动速度受到限制，相互有些干扰	0.65～0.93	
	Los D	站立没有和他人身体接触，排队人流移动速度受到限制；在有行人反向和横穿时严重地感到不方便	0.28～0.65	
	Los E	偶然有身体接触，排队人流移动速度受到限制；想要反方向走或横穿特别困难	0.19～0.28	
	Los F	无法避免与他人相挤，排队人流移动停止	<0.19	
行走区域	Los A	自由流	>3.26	<23
	Los B	行人步行速度和超越行动不受限制，行人反向和横穿时感到细微的不方便	2.33～3.26	23～33
	Los C	行人步行速度和超越行动受微弱限制，行人反向和横穿时感到不方便	1.40～2.33	33～49
	Los D	行人步行速度和超越行动受到限制，在有行人反向和横穿时严重地感到不方便	0.93～1.40	49～66
	Los E	步行速度受到限制，想要反方向走或横穿特别困难	0.47～0.93	66～82
	Los F	完全不可能移动	<0.46	>82

HCM2000 行人交通服务水平标准——行走区域服务水平　　　　　　　表 2-8

服务水平等级	占有空间 m²/人	流率人/(min·m)	描述	图像
Los A	>5.6	≤16	行人沿希望路径行走，不因他人的影响而改变自己的行动。自由选择步行速度，行人之间不会发生冲突	
Los B	3.7～5.6	16～23	行人有充足的空间可自由选择步行速度，超越他人，避免穿行冲突。此时，行人开始觉察到其他行人的影响，选择路径时，也感到其他人的存在	
Los C	2.2～3.7	23～33	行人有足够空间采用正常步行速度和在原来流线上绕越他人，反向或横向穿叉行走产生轻微冲突，人均空间和流率有所减少	
Los D	1.4～2.2	33～49	步行速度和绕越他人的自由度受限，穿叉或反向人流产生冲突的概率很大，需要经常更改位置和步行速度。该等级行人之间存在一定接触和干扰，但行人流的总体水平处于适中范围内	
Los E	0.75～1.4	49～75	正常步速受到限制，需要频频调整步速。在该级服务水平的低限，只能拖步前行。空间很小，不能超越慢行者。穿叉和反向行走十分困难。设计流量接近人行道通行能力，伴有人流阻塞和中断	

续表

服务水平等级	占有空间 m²/人	流率人/(min·m)	描述	图像
Los F	≤ 0.75	流率不定	行人步速严重受限,只能拖步前进,与他人频繁接触,不可能穿叉和反向行走。行人流突变不稳定,人均空间具有排队的特点	

资料来源:Highway Capacity Manual 2000.

HCM2000 行人交通服务水平标准——排队区域的服务水平　　　　表 2-9

服务水平等级	占有空间 m²/人	描述	图像
Los A	> 1.2	可以站立和自由穿过排队区,而不干扰队内其他人	
Los B	0.9 ~ 1.2	可以站立和不干扰队内他人作有限穿行	
Los C	0.6 ~ 0.9	可以站立,因干扰队内他人而限制穿过排队区,这种密度在行人感到舒服的范围内	
Los D	0.3 ~ 0.6	站立可以不接触他人,在队内穿行很困难,只能随着人群向前移动。在这种密度,行人长时间等待,不舒服	
Los E	0.2 ~ 0.3	站立时不可避免地接触他人,在队内行进已不可能。排队只能坚持很短时间,否则会感到极不舒服	
Los F	≤ 0.2	队内所有人都站着,人靠人,这种密度,使人极不舒服,在队内不能行动。在这种情况下,长时间拥挤,人群中产生潜在恐慌	

资料来源:Highway Capacity Manual 2000.

2.4.4.4 仿真模拟评估流程

1. 客流仿真模拟的主要内容

以交通接驳规划方案评价为目的的客流仿真模拟的内容主要包括：交通设施场站与枢纽的衔接换乘客流模拟，以及站房与站场之间的进出站客流模拟两大部分。前者又可以分为轨道交通站与客站之间的客流换乘组织模拟，公交汽车上落客区与枢纽客流换乘的模拟，出租车和私家车落客区与站房之间的客流模拟等。

2. 客流仿真模拟的技术路线

高铁客运枢纽客流仿真模拟的技术路线包括基础资料采集、建模及仿真、数据输出与分析处理、方案评估及优化四部分，如图 2-14 所示。

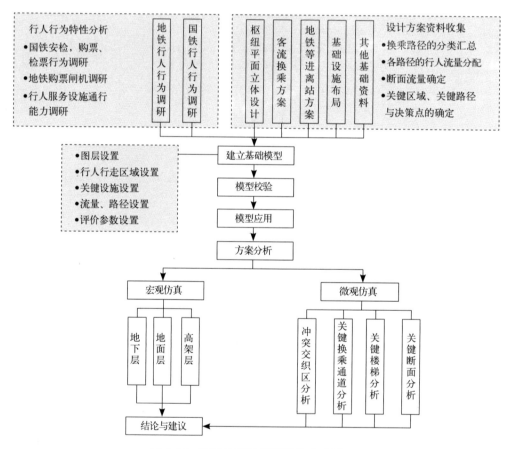

图 2-14 客流仿真模拟评价技术路线图

1）枢纽行人出行特征调研

枢纽行人出行特征调研的目的是给客流模拟模型的建立提供可靠数据。根据行人进出铁路客运枢纽的行为流线（图 2-15），相关数据采集应包括进站、购票、安检、候车、上车检票、下车验票、离开车站几部分。

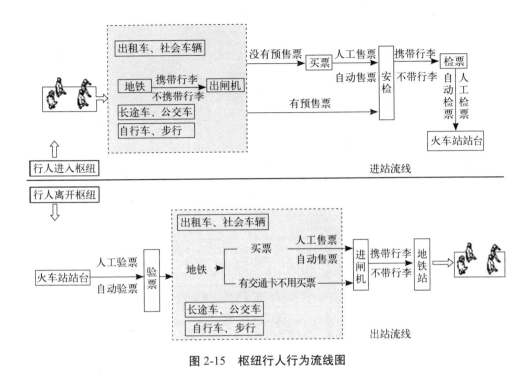

图 2-15 枢纽行人行为流线图

(1) 国铁部分调研数据：

安检：安检过程中携带行李的旅客比例、未带行李的旅客比例，携带行李的乘客通过安检平均耗时、未携带行李的平均耗时，安检设施平均通行能力。

进站检票（出站验票）：进站时人工检票平均耗时、通行能力，自动检票平均耗时、通行能力。

购票：人工售票平均耗时、服务能力，自动售票平均耗时、服务能力。动车组的购票方式统计显示提前预订的比例，现场购票的比例，其他方式的比例。

铁路候车：乘客候车时间统计，平均候车时间，候车乘客男女性比例，携带行李的比例、不带行李的比例。

出租车到达（离开）：出租车平均下客时间，下客区通行能力。

楼梯（自动扶梯）通行能力：上行楼梯通行能力，下行楼梯通行能力。

(2) 地铁部分调研数据：

进出地铁闸机：携带行李的乘客比例，通过闸机平均耗时；未携带行李的乘客比例，通过闸机平均耗时；通行能力。

买票：行人持卡比例。人工售票平均耗时，服务能力；自动售票平均耗时，服务能力。

楼梯（自动扶梯）通行能力：上行楼梯通行能力、下行楼梯通行能力。

2) 仿真分析系统设计

将已有的铁路、地铁等客流量预测结果按照不同交通方式分担率预测分配到客运枢纽的初步设计方案中去，建立枢纽型人仿真方案与分析系统，如图 2-16 所示。

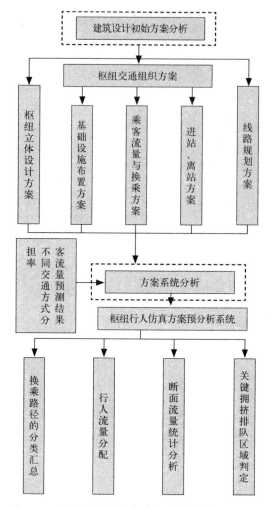

图 2-16　枢纽规划设计方案初步分析内容及指标

3) 模型的建立、评价分析与方案优化

按照图 2-17 所示建模流程对高架层、站台层、地下层分别建模。将模拟所得数据与 Fruin 服务等级对比，得到测评模拟结论。按照枢纽服务设施水平应在 D 级及以上的要求，对设计方案进行优化调整。使其功能最优化，服务能力达到最佳水平。

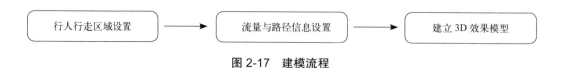

图 2-17　建模流程

第三章
高铁客运枢纽与周边用地开发的一体化建设

高铁客运枢纽是城市综合客运交通网络的重要节点，是城市客流集散和中转换乘的平台。作为多交通方式的衔接和换乘场所，高铁客运枢纽也是城市公共空间的重要组成部分，因此具有交通节点和城市场所的双重特性。国际经验表明，交通枢纽的建设和良好运转与其周边用地开发有直接而密切的联系，两者相互影响，相互支撑，主要表现在：一方面，凭借其优越的可达性能够带动枢纽周边地区土地升值和产业集聚，诱导人口及就业岗位在枢纽周边分布，从而形成新的城市或区域中心；另一方面，枢纽周边高密度的混合功能土地开发和大量积聚的人口带来充足的客流，确保枢纽的正常运营，枢纽与周边用地的一体化设计能够提供多种换乘空间设计的可能性，实现更多市民靠近公共交通，方便利用公共交通，确保多种交通方式的便捷换乘和客流的高效集散。因此，应在考虑两者关系的基础上因地制宜地做好高铁客运枢纽的规划和建设。

3.1 一体化开发建设的相关理论

3.1.1 TOD 模式

TOD（Transit-Oriented Development）是以公共交通为导向的一种城市空间拓展模式和规划设计理念，它强调社区"多样性"(Diversity)，强调功能上的"多样性"并服务于"多样性"的人群，即由公共交通系统联系一系列功能混合、紧凑发展的活动区，活动区的半径控制在 400～800m(5～15min 步行时间)以内。发展 TOD 模式可以减少城市的无序蔓延，满足居民出行需求，优化交通系统，提高交通效率，保障交通协调发展，是实现城市土地利用和交通系统互动的重要途径，是城市土地利用与交通系统一体化规划的重要技术手段。当前，TOD 模式已成为在市场导向和政府干预结合下中国探索现代化公共交通系统支持下的城市土地开发的重要模式。

典型的 TOD 模式包括核心区和次级区两部分。核心区是指以公共交通枢纽为中心的周边约 400～800m 半径的空间范围，该范围主要由以下几种用地功能组成：公共交通枢纽、核心商业区(Commercial Core)、办公区、开放空间(Open Space)和住宅区。核心区呈现出多功能、高密度的用地特征。其布局模式一般是紧邻公共交通枢纽布置多种用途的核心商业区，其规模应当由市场需求调查结果决定（鼓励商住混合建筑）；同时紧邻公交枢纽布置办公区，以减轻居住与就业岗位分离带来的大量"钟摆式"通勤交通的压力，强调居住与就业岗位的平衡布局；在各项功能用地之间布置相应的公园、广场、绿地等开放空间，既创造了高品质的生态环境，为人们提供良好的交往空间，又保证自行车和人行通道与公共交通枢纽之间的便捷联系。核心区以外的地带被称为"次级区域"(Secondary Area)，旨在为更大范围的人口服务，也有利于核心商业区的发展以及增加公交枢纽的服务人口（图 3-1）。

第三章 高铁客运枢纽与周边用地开发的一体化建设

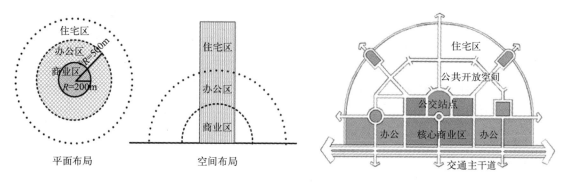

图 3-1 站点 TOD 发展模式

TOD 模式的特点可以概括为以下几方面：①土地的混合开发利用；②高强度的土地开发；③完善的公共设施设置；④高质量的步行环境；⑤对小汽车不排斥。

TOD 模式应符合以下 4 个原则：

(1) 高密度原则：较高土地开发强度，合理路网密度。

(2) 多样化原则：土地混合使用，交通方式多元化，住宅类型多样化。

(3) 舒适性原则：创造宜人的空间环境，塑造魅力公共开发空间。

(4) 可识别原则：营造地区特色，建立清晰的标识系统。

3.1.2 节点—场所理论

"节点—场所"理论的含义是指大型高铁客站既是有多种功能的城市场所，又是城市综合交通运输网（高铁、国铁、轨道交通、公交线路、自行车道和步行系统）上的节点。①

1996 年贝尔托利尼对高铁枢纽地区的交通运输节点和城市功能场所的双重属性进行了研究。贝尔托利尼提出了节点价值 (Node Value) 和场所价值 (Piace Value) 的概念用以描述枢纽本身及其周边城市功能的开发特征，并建立了两者相互作用和影响的边际效益模型——贝尔托利尼橄榄球模型，如图 3-2 所示。节点属性是指高铁枢纽本

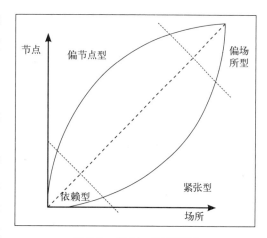

图 3-2 节点—场所模型

身作为重要的交通基础设施所具有的交通集散和转换的能力，它的价值通过日交通量来衡量。场所属性是指高铁枢纽利用其交通可达性带动和促进周边地区城市发展的能力，其价值通过开发地区的城市功能承载量来衡量。借助"节点—场所模型"，贝尔托利尼将高铁枢

---

① L. Bertolini, & T. Spit, Cities on the rails-the Redevelopmen of Railway Station Areas[M].London：E&FN Spon, 1998; L. Bertolini, & T. Spit. Herontwikkeling van stationslocaties in internationaal perspectief [J] . Rooilijn, 1997, 30(8): 268-274.

纽地区分为5种类型[①]：

(1) 可达型。节点价值和场所价值趋于平衡，两种功能属性相互支持，在模型中的位置以点划线标识。

(2) 依赖型。这类站只有很少的交通设施，以及少量的咖啡馆、餐馆、旅馆商业和住宅。运转状况不太乐观。

(3) 紧张型。车站地区存在过多的交通设施和其他功能，各种设施相互争夺空间资源形成恶性竞争，引起冲突和混乱。

(4) 偏节点型。这类车站的交通节点功能非常发达，周边地区的城市开发量却很少，具有孕育新的城市功能的潜力。

(5) 偏场所型。这种站区的城市开发非常活跃，大量的城市功能在此集聚，但是交通设施相对较少。这种站区具有发展新的交通设施的潜力。

贝尔托利尼认为良好的可达性能够吸引城市功能的集聚，反之适度密集的城市功能又会带来充足的客流，因此只有当节点价值和场所价值达到平衡状态时高铁枢纽及其周边城市开发才会实现良性互动与发展。尽管存在许多量化问题，但由于贝尔托利尼模型清楚地反映了枢纽地区的发展潜力，因此目前该模型仍然是政府部门制定相关发展政策的主要依据。

3.2 一体化规划设计范围

1998～2002年，舒茨（Schutz）、波尔（Pol）等人曾以大量高铁枢纽站区开发案例为基础，对高铁枢纽的影响范围和层次进行研究，提出以高铁车站的可达性为区分标准的站区空间圈层发展结构模型。第一圈层即核心圈层(primary development zones)，指高铁枢纽周边步行5～10 min的范围，是高铁车站的直接影响区。由于土地和房地产升值很快，第一圈层适合开发高等级的商务、办公、居住等功能，故多采用高密度开发模式。第二圈层(secondary development zones)指高铁枢纽周边步行10～15 min的范围，是高铁车站的间接影响区。作为第一圈层功能的拓展和补充，第二圈层物业价值和开发密度较低，城市开发功能以商务办公为主。第三圈层(tertiary development zones)指高铁枢纽周边步行超过15 min的范围，受高铁车站影响不明显，外缘基本与城市普通发展区融为一体。据此，一体化规划设计范围主要为第一、二圈层。

从轨道交通车站的距离、所处自然环境条件等方面，量化统计东京、首尔、中国香港的一体化规划设计范围（表3-1）。案例的一体化建设范围基本均处于枢纽周边步行5～10 min的范围，具体受到车站密度和自然环境等条件的约束。城市中心区由于车站密度高，

[①] L, Bertolini. Nodes and Places: Complexities of Railway Station Redevelopment[J]. European Planning Studies, 1996, 4(3):331-345.

一体化建设范围差距不大，一般介于 500～600m 的半径范围。而位于城市郊区的车站，由于所在地区的地理环境、规划目标不同，各枢纽周围用地开发范围存在较大差异。

东京、首尔、中国香港、新加坡城市交通枢纽一体化建设范围　　　表 3-1

城市	城市中心区（m）	城市郊区（m）
东京[1]	650	1500
新加坡[2]	500～600	750～1000
首尔[3]	600	1000
中国香港[4]	500	700

资料来源：1.东京都市整备局网站(http://www.toshiseibi.metro.tokyo.jp/)；
2.新加坡2008年Master Plan以及现场调研数据的整理；
3.首尔发展研究中心2007年报告：交通支撑下的社区模式发展现状(Developing Transit-Supportive Neighborhood Model in Seoul[R]. Seoul Development Institute,2007)；
4.香港规划署网站(http://www.pland.gov.hk/).

中国城市正处于大规模的新城建设阶段，是实现交通与用地一体化建设的最佳时期，故应在更大尺度上考虑交通与土地使用的一体化。目前，很多高铁车站及新机场周边的新区建设已经不是简单的交通枢纽及其周围土地使用的一体化建设，而是高铁新城和空港新城的一体化建设问题。针对中国大城市枢纽周边建设情况给出如下意见：

（1）枢纽半径 200 m 为核心影响范围，该范围内城市对外综合交通枢纽要重点进行各种交通的衔接规划设计，实现枢纽内各种交通方式的一体化换乘；

（2）位于城市中心区的枢纽，可根据枢纽间距的不同，将 500～1000 m 的步行范围作为一体化用地建设的主要控制范围；

（3）位于城市郊区的枢纽，结合周边自然环境具体考虑，当周边道路通达性较好时，一体化建设范围可以扩大到 1500m；

（4）枢纽要因地制宜，结合各自的区位条件、地理位置等综合因素确定开发范围。

3.3　一体化建设的空间布局模式

根据枢纽种类不同，周边用地一体化建设的空间布局可以归纳为以下 3 种模式：

3.3.1　水平开发模式

适用于大型城市对外综合交通枢纽，例如高铁客运枢纽。由于客流量巨大，枢纽一般作为城市地标独立建设，周边一定范围内以高铁枢纽为核心进行混合功能的土地开发，一般以枢纽为中心由内向外依次采用"商业—商务—住宅用地"的圈层布局模式，如图 3-3（a）所示。典型案例有日本新宿铁路枢纽地区开发，GMP 为慕尼黑 21 世纪城市发展计划提供的代表德国铁路公司的设计原则的铁路车站及枢纽地区开发方案等。

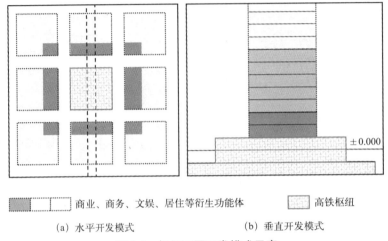

图 3-3 枢纽不同开发模式示意

新宿站位于东京市中心以西约 15 km 处，汇集 9 条铁路线和近 50 条公共汽车线。新宿站站房本身无引人注目的大型建筑，枢纽内不同交通场站采用立体布局模式，地面广场是组织公共交通和社会车辆的空间，地下一层作为各种交通方式的换乘空间和组织步行人流的空间，地下二层为社会停车场。站房利用地下空间开发与周边城市开发用地紧密联系，结合周边大型商场与购物中心在枢纽周边 2km^2 范围内布置了 8 个城市铁路出入口和 43 个地铁出入口（图 3-4），实现了交通与建筑群体的一体化。

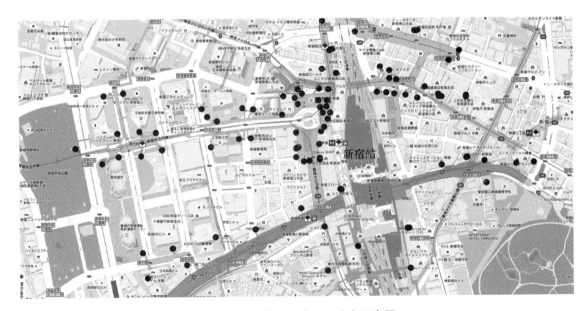

图 3-4 新宿站地下出入口分布示意图

3.3.2 垂直开发模式

又称上盖物业模式，适合经济发达并且建设用地紧张的国家或地区，普遍应用于各类枢纽，是中国香港和日本轨道交通枢纽常见的开发模式。该模式将交通枢纽与其他城市功能体通过组合形成新型城市综合体，一般最下层布置车站，上方依次布置商业、商务、住宅等空间，如图 3-3（b）所示。这种模式的特点是：交通枢纽的形态被弱化；复合城市功能体的建筑面积一般远远超过场站的建筑面积，例如日本京都站的车站建筑面积与综合体总面积之比达 1∶20。其他代表案例包括香港九龙站、龙山 KTX 高速铁路车站、日本新横滨站、德国柏林中央车站等。

新横滨客站是日本国内"立体城市规划制度"的第三例实践者，新建的客站大厦将车站及其附属服务和商业设施整合成一个整体（图 3-5）。原广司设计的京都高铁车站（1997）是一座地上 16 层，地下 3 层，总建筑面积 240000m²，包含商业、文化、展示、住宿和停车等多项功能的巨型交通枢纽型城市综合体，是京都的标志性建筑。

香港九龙站位于香港九龙岛，建设用地总面积 13.4hm²，总建筑面积 109.02 万 m²，是集多条城市轨道和公交线路的联系香港新机场与中心区的综合客运枢纽。枢纽站作为城市综合体建筑来处理，通过布置垂直交通、换乘管道来衔接各个层面的交通流线。该枢纽站分为地上 4 层群楼、若干高层建筑和地下 3 层交通设施。交通设施包括铁路、地铁、公交和社会车辆等各类交通。通过高架平台上盖物业综合开发，以商住楼为主，含部分商场、酒店和办公建筑；裙楼屋顶布置花园和步行系统，为市民提供舒适的公共活动空间（图 3-6）。

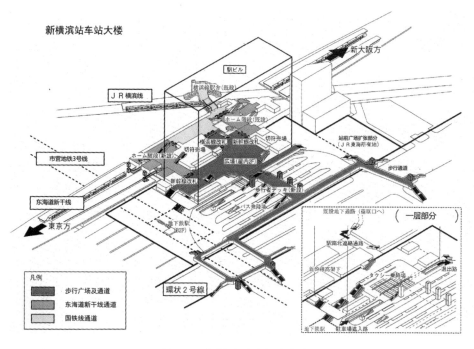

图 3-5 新横滨城市综合体布局

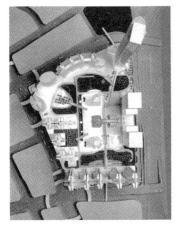
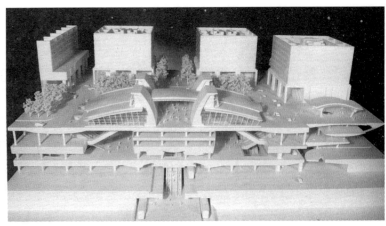

图 3-6　香港九龙站城市综合

首尔的龙山 KTX 高速铁路车站综合体的开发集数码、购物、娱乐、文化、餐饮、交通等功能于一体,成功推动了站区经济的发展,起到良好的带动和示范作用(图 3-7)。[①]

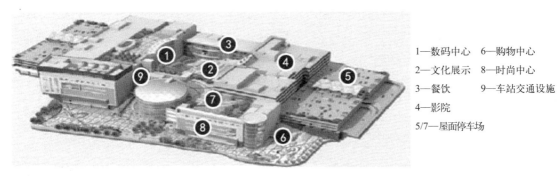

1—数码中心　6—购物中心
2—文化展示　8—时尚中心
3—餐饮　　　9—车站交通设施
4—影院
5/7—屋面停车场

图 3-7　韩国龙山(Yongsan)站综合体透视图和总平面

3.3.3　混合开发模式

混合开发模式是上述 2 种模式的组合,兼具水平开发和垂直开发两种模式的特征。这种开发模式的优点是能够给城市带来长期的环境效益和经济效益,同时其建设成本也是 3 种模式中最大的。巴黎拉德芳斯综合交通枢纽地区开发和阿姆斯特丹 Zudias 站区开发计划是混合开发的典型案例。阿姆斯特丹 Zudias 站原本是位于城市南侧的一个小站,20 世纪末由于欧洲高速铁路网的建设而升级成为国际高速列车的终点站。由于区域地位大幅提升,政府决定对 Zudias 站进行升级改造以带动城市发展,1998 年,议

---

① Dong-Chun Shin, Recent Experience of and Prospects for High-Speed Rail in Korea:Implications of a Transport System and Regional Development from a Global Perspective,Working Paper 2005-02[D].Berkeley:University of California at Berkeley,2005.

会通过了 Zudias 地区的总体规划（图 3-8）。为了保证城市空间的连续性，解决铁路的阻隔问题，规划最终选择将 14km² 内的铁路基础设施沉入地下，释放出大量的地面空间进行商务、办公、住宅、公园绿地等项目的开发。预计到 2018 年，上盖区域的建设总量将会达到 300 万 m²，这种建设量基本与法国拉德芳斯新区持平，对荷兰来说将是史无前例的。

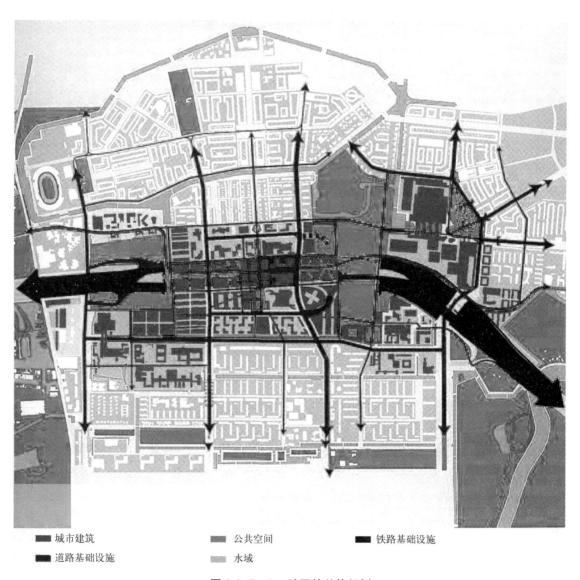

■ 城市建筑　　　■ 公共空间　　　■ 铁路基础设施
■ 道路基础设施　　■ 水域

图 3-8 Zudias 地区的总体规划

目前，中国高铁车站等大型城市对外综合交通枢纽地区大多采用水平开发模式。垂直开发模式与混合开发模式体现土地集约化和混合功能开发的特点，随着中国城市轨道交通建设的不断推进，应成为城市轨道交通枢纽开发的首选模式。

3.4 一体化建设用地性质

3.4.1 案例经验借鉴

东京、新加坡等案例城市枢纽周边用地具有如下特点：

(1) 枢纽周边的用地性质一般以交通、商务、商业、居住和配套生活服务设施等用地为主。

(2) 在规划设计中注重不同功能的建筑和用地在水平和垂直方向上的混合开发。

(3) 不同级别、不同区位的枢纽在用地性质的比例分配上差别较大。随着枢纽所在区域城市功能级别的降低，商业与商务用地比例下降，居住用地比例升高。具体而言，在城市综合交通枢纽地区、片区综合交通枢纽地区以及片区综合交通枢纽地区强调商业与办公的混合；在一般综合交通枢纽地区、城市普通站，商业与住宅的比例较高。

因此，在实际建设中，应根据枢纽规模性质、地块位置等因素统筹考虑，因地制宜地进行规划设计。

3.4.2 用地配置类型

针对不同区位的高铁枢纽提出相应的用地性质开发指导建议：

1. 位于城市新开发地区

枢纽周边开发以交通用地为主，200m 核心范围内优先建设交通保障设施（如集散广场、交通接驳场站和换乘设施等）。土地开发类型按重要性由内而外依次为交通设施、商业、商务、居住。枢纽周边保证一定面积的广场绿地等开敞空间，确保人流集散、交通组织和防灾功能，展现城市门户形象，彰显城市特色，体现建筑艺术。

2. 位于城市商业或商务中心

建议枢纽周边开发以商业和商务为主，商业以金融商贸、综合商业、公寓酒店、娱乐、餐饮等业态为主。开发与城市中心相匹配的公共开放空间，供乘客换乘和休闲活动。枢纽 200 m 范围内建议开发集零售商业、商务、餐饮娱乐、文化休闲等功能于一体的城市综合体，鼓励不同功能空间和用地性质在水平和垂直空间上的混合开发。

应高度强调多种交通方式的无缝衔接，开放式设计，明快便捷的人流组织，良好的方向感和场所可识别性，通过站前广场与城市道路系统的顺畅连接，突出地面层作为综合枢纽的主体层，体现绿色和景观。

用地配置上在保证交通功能的基础上以商业办公为主体。

3. 位于城市片区中心

具有引导城市中心区功能转移的作用，应加强商务和商业开发，包括针对本区域产业的特色商务、金融保险、文化传媒和零售商业；同时配备完善的生活服务设施。配备片区级公共开放空间,为乘客中转换乘、片区内出行服务。

用地配置上在保证交通功能的基础上以商业商务为主体。

3.5 一体化用地开发强度

可达性良好的城市交通枢纽具有影响城市活动空间分布的能力,随之带来的集聚效应能够拉动周边地区土地升值、产业更新,形成新的增长极;引导城市空间结构由单中心向多中心转变,从而解决城市由于过度开发引起的市区规模过大、地价飞涨、交通拥堵、基础设施短缺、环境恶化等状况;分解单中心城市生长过程中产生的集聚压力,实现城市的均衡、可持续发展。日本、中国香港、新加坡等许多枢纽周边都已经实现高强度集约化开发。

日本东京地区高铁枢纽周边用地开发往往融合商业、商务和休闲娱乐等多种功能,新宿、涩谷、池袋等综合交通枢纽周边已经成为东京最具活力和商业价值的地区,其中东京站、新宿站等综合枢纽周边建筑容积率都超过了10。在东京都最新一轮的开发计划中,日本政府对东京站周边的CBD地区(大手町—丸之内—有乐町)进行了高强度开发规划,在1.2km^{2}的范围内容纳就业人数23.1万人,商业办公的容积率都在7.9以上。

日本新横滨站是横滨市城市副中心,客流量20万人/天,连接JR东海道新干线、JR横滨线、横滨市营地铁3号线和4条公共汽车线路,是各种交通方式聚集的中央枢纽(图3-9)。为充分利用枢纽周边土地,车站设施与建筑物采取一体化建设模式,形成集车站、宾馆、店铺于一体的城市综合体。站区开发以办公、居住、商务为主。枢纽周边集中了横滨国际综合竞技场等大型游客集散场所、王子酒店等宾馆以及商业商务设施,总建筑面积达10.6万m^2,站区周边平均容积率超过7(图3-10)。香港九龙新客站站区周边平均容积率7.8,其中商业开发地块容积率达到8以上,整个站区新城建筑面积22万m^2,支持5万人的居住与生活,是机场交通走廊上人气鼎盛、经济繁荣的核心区域。

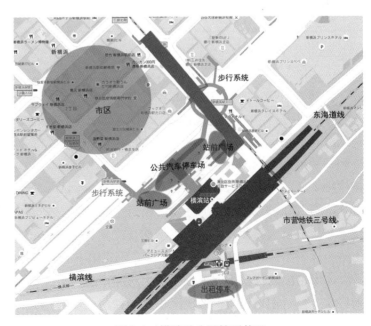

图3-9 横滨站交通接驳状况

图 3-10　横滨站周边地区一体化开发建设情况

考虑中国开发建设的实际情况，本书采用控制容积率下限以提升一体化建设范围内用地开发强度的方法，给出枢纽周边开发强度下限的建议（表 3-2）。

枢纽周边开发强度下限　　　　　　　　表 3-2

城市对外综合交通枢纽	容积率控制下限		
	平均	商业、商务	居住
位于城市新开发地区	2.5～3.5	5.0～6.0	2.0～2.5
位于城市商务中心	3.5～4.0	5.0～6.0	3.0
位于城市片区中心	2.5～3.0	4.5～5.5	3.0

开发强度根据枢纽的功能等级不同依次减小。对不同性质的用地应当根据区位和所处车站功能级别不同因地制宜，进行分类分区控制。比如商业和商务用地的开发强度高于居住用地。居住用地开发在适度提高容积率的基础上要考虑确保良好的日照间距和建筑朝向要求，营造舒适宜居的空间环境。所有枢纽的开发强度上限不应突破各地的城乡规划管理技术规定的最大值要求，位于老城历史文化街区的枢纽开发不应超过相关限高要求，可考虑结合风貌保护的要求开展专项研究，确定适宜的开发强度和方式。

本书给出的仅仅是一个参考值，实际中具体开发强度方案应结合地方城乡规划管理技术规定，在对用地性质、地块区位、与枢纽的集散能力等因素综合权衡的基础上确定相关指导建议值。

3.6 一体化开发模式

市场主导模式下的铁路客运枢纽与土地利用一体化开发是以开发商为主体，开发商负责一体化的规划设计、投融资、施工建设，最后获取开发收益，而政府不参与具体的开发建设，只负责制定开发标准以及一体化的监督工作。

以日本为例，在土地开发商取得铁路枢纽周边地块的土地所有权或使用权后，开发商必须根据政府公开的待开发地区土地性质、容积率、开发高度限制等各项区域开发标准，制定待开发地块的开发方案，然后交由区级政府判断是否需要开发许可，在确定需要许可证后征得其他相关机构的同意，最后开发商提交开发许可申请书，政府办发开发许可证，具体流程如图 3-11 所示。

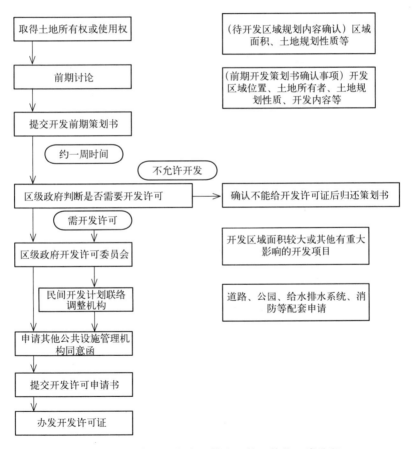

图 3-11　日本市场化主导模式下的一体化开发流程

日本铁路所有线路均由各私有铁路公司独立经营，各铁路公司以铁路经营为基础，并通过房地产投资等其他方式提高自身营利能力。

香港市场化主导模式下的一体化开发与日本有所不同，香港铁路建设的审批程序如下所示：
(1) 香港铁路有限公司进行评估及客流预测。
(2) 政府安排香港铁路有限公司对地铁线进行建设、融资和运营，以总承包的方式批给港铁公司在车站上部及其邻近范围进行物业开发的权利。
(3) 与政府规划部门协商确定车站物业开发的主要内容和设计方案后，港铁将总体布局规划提交到城市规划委员会审批。
(4) 获批后，港铁与政府土地部门商讨补地价及获取批地，同时招标符合资格的发展商并签订发展合同，由发展商对整个项目全资建设。
(5) 项目竣工时，以协商中商定的比例分配利润。

香港的这种模式可同时发挥政府和企业的优势，并基本兼顾规划统筹和投资吸引的要求，既解决了铁路建设的融资问题，也有利于促进铁路枢纽与周边土地一体化的协调发展（表3-3、表3-4）。

香港铁路建设不同阶段的主体、内容 表3-3

阶段	铁路综合开发	操作主体	承担工作
前期规划阶段	铁路规划	香港铁路有限公司	制定总纲规划蓝图
	预测收益	香港铁路有限公司	预测客流及物业收益
	取得土地	香港政府、香港铁路有限公司	对土地及物业进行规划
	审批蓝图、取得蓝线	香港政府、香港铁路有限公司	审批蓝图，取得蓝线
物业发展阶段	制定发展计划	香港铁路有限公司	根据市场情况，制定计划
	公开招标	香港铁路有限公司、开发商	根据规划建设指标、利润分成等方面公开招标确定开发商
	物业开发	开发商	物业详细规划、设计、策划、建设
物业经营阶段	物业利润分成、移交	开发商、香港铁路有限公司	物业销售、利润分成、物业移交
	物业经营、管理	香港铁路有限公司	持有物业良好经营、高效物业管理

香港铁路建设利益分配 表3-4

利益体	角色	获得权益	承担责任
香港铁路有限公司	经营土地主体	1. 客流带来的票务收益 2. 商场等经营性物业出租收益 3. 物业管理收益 4. 物业开发收益分成（包括房产开发的利润和土地增值的收益）	1. 沿线物业规划 2. 量化预测客流及物业收益 3. 根据市场情况，制定计划 4. 公开招标开发商 5. 持有物业良好经营、高效物业管理
香港政府	土地出让方	1. 地价收入（地铁建设前的土地价值） 2. 财政压力的缓解 3. 开发的经营物业作为"税源"带来的收益 4. 轨道交通网络形成带来经济、社会、生态效益	1. 铁路新线建设规划 2. 审批蓝图，并出让土地给香港铁路有限公司
开发商	物业投资、建设方	1. 铁路开发相对较低风险，带来的机会收益 2. 项目融资，转投其他项目开发收益 3. 物业开发收益分成（包括房产开发的利润和土地增值的收益）	1. 提出招标书申请、取得开发权 2. 物业详细规划、设计、策划、建设 3. 物业销售、利润分成、物业移交

3.7 一体化建设工作流程

一体化建设是一个涉及机制、法规、用地、规划、设计、实施等众多方面的复杂系统工程。为保证一体化建设实现预期目标，建议遵循特定的框架流程进行操作（图 3-12）。该流程包括以下 10 个步骤：

（1）建立一体化建设组织与决策机构。需成立一个专门的职能部门进行决策、监管和控制，全方位地协调枢纽建设及各项土地开发活动。针对城市对外综合交通枢纽要成立统一的枢纽投资建设法人、统一的运营主体，运营管理部门提前介入，完善运营管理机制，统一管理枢纽内部多元化服务主体，协调内外交通方式的运行时间。

（2）引导建立枢纽一体化建设全过程的协调保障机制。着力解决规划衔接、建设用地等问题。协调各部门合作，对城市枢纽与周边土地开发的全过程进行监督指导，保障一体化建设中各环节的顺利实施。

（3）一体化建设规划。首先，根据上层规划需求进行枢纽的功能定位。其次，确定一体化建设范围和开发强度，需进行用地需求分析和交通需求特性分析。最后，确定用地开发模式和规划核心方案。

（4）取得一体化建设的土地开发权。建议政府实行分层、分片区土地供给政策，即商业开发用地的出让部分采用招拍挂形式，枢纽部分采用土地划拨形式。可引进设计方案竞赛优胜者取得开发权的欧洲经验，以保证开发质量、品位、特色符合总体规划要求。应建立立体土地地籍管理体系，完善相关法律，明确分层土地产权，保证分层土地出让依法实施。采取特许经营、土地年租金等方式，使综合交通枢纽与城市土地开发的一体化建设具备法律保障和可操作性。

（5）一体化建设组织与决策机构根据要求确定开发模式和开发主体。现有市场土地开发模式包括自行开发、出让土地及合作开发。不论哪种模式，开发主体必须是一个建立可持续的开发、投资、建设、运营、管理模式的团队。

（6）进行一体化设计方案招投标。采取多家设计公司竞标的方式确保最优方案的产生。设计方案应结合多方面进行综合考虑，包括不同交通方式的换乘方案，TOD 模式下各类建筑的开发强度，区域交通系统方案，城市综合体设计及建筑设计方案，生态景观设计方案以及公共基础设施设计方案等。

（7）方案论证与完善。设计方案完成后，经由专家论证，结合相关部门和公众参与的评价、讨论，给出建设性意见和改良方案，设计方根据论证意见进行多次合理化改进，使一体化设计方案更加完善。

（8）经过多次研究、论证和完善，最终得到最优设计方案。

（9）确定高铁客运枢纽和周边土地一体化设计的实施方案。

（10）将实施方案上报政府职能部门进行审批，通过即可进行工程实施。

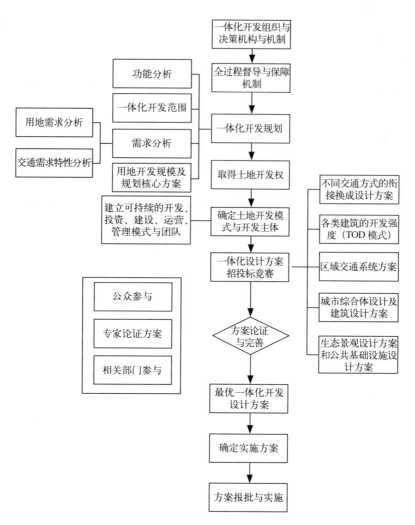

图 3-12　枢纽与周边用地开发一体化建设流程

当前，中国正处于提高城市品位，塑造城市特色，实现公交导向的城市开发，建设绿色交通系统，从而实现宜居城市、幸福城市的生活目标的关键时刻。实现高铁枢纽与周边用地一体化建设的需求日益紧迫。本章在分析借鉴国外经验的基础上，提出一体化建设的规划设计思路和方法。在实际建设过程中，规划设计人员可根据具体的项目特点，进一步深入研究，形成切实可行的规划实施方案，不断推进公交主导的高铁枢纽与周边用地一体化建设的理论与方法体系的建立和完善。

第四章
高铁客运枢纽与城市对外交通系统的一体化衔接

随着中国综合运输体系建设的快速推进,原来各自相对独立的客运交通方式,正朝着有机结合的一体化综合客运交通系统的方向发展。高铁枢纽与城市对外交通系统的一体化衔接力求充分发挥多种客运交通方式联合运输的优势,缩短不同对外交通之间的换乘时间,降低换乘成本,最终实现综合运输体系整体利益的最大化。

城市对外交通方式通常包括铁路、公路、航空和水运4个组成部分。根据现代综合运输体系框架研究[1]中对我国未来水运交通功能作出的界定:"水路主要以大宗货物运输以及外贸货物运输为主,水上客运将演变为以旅游和陆岛客运为主",未来水路运输客运业务范围很小,加上在选址方面的局限性,因此本章主要关注高铁与公路,高铁与其他铁路,高铁与航空之间的一体化接驳设计。

4.1 高铁枢纽与公路客运的一体化衔接

4.1.1 高铁与公路客运的协同发展途径

过去很长一段时间,公路客运借助基础设施优先发展方面的优势,在与铁路客运的竞争中一直占据先机。高速铁路发展起来以后,这种状况有了明显的转变。随着城际高铁的开通,大量中长途客流迅速向铁路转移,相同线路的公路客运量受到严重冲击,城际间公路客运业务额明显下降:2009 年,福建高速公路的短期业绩出现下滑,同比降 9.8%[2];杭州—上海段动车组运营以来,杭州长途客运的客流量下滑了 10% 左右;2010 年,随着"和谐号"、"蓝箭号"动车组的先后开行,成南、成遂、成渝高速公路的客流量迅速流失,其中,成渝大巴的旅客流失量甚至达到了 50%[3];温福动车组通车后,福州、宁德往北线的公路客运量下降了 70% ~ 80%,部分线路甚至停运;2013 年,高铁开通不到 1 个月时间,上虞发往杭州、上海、宁波的长途汽车实载率同比下降 20%[4]。

面对高速铁路的竞争,公路需要在综合客运交通体系中重新合理定位,充分发挥自己在基础性、衔接性和多样性方面的重要作用。在客运业务方面回归中、短途客运市场的优势领域,与中、长途高速铁路运输形成优势互补的协作关系,实现综合运输网络的整体效益最大化。具体来说,与高铁衔接的公路客运,可以充分利用自身网络覆盖面大,机动灵活的特点,将业务网点调整到省内高铁没有覆盖的城市和小城镇地区,一方面成为高铁线网的补充和延伸,在满足旅客出行的完整性和多样性需求的同时,扩大高铁的服务范围;同时,还可以给高铁带来更多的客流,进一步扩大高速铁路的出行优势。比如,

---

[1] 国家发展改革委员会综合运输研究所.我国现在综合运输体系框架和公路水路交通发展优势研究[R]. 2003.
[2] 高铁开通福建高速短期业绩出现下滑同比降 9.8%[EB/OL]. 2010-08-25.http://www.chinadaily.com.cn/dfpd/fujian/2010-08-25/content_761150_2. html.
[3] 成南高速客运票下月起降价 21 元 [EB/OL].2009-10-29.http://www.17u.net/news/newsinfo_225689.html.
[4] 高铁冲击,公路客运如何突围 [EB/OL].2013-07-26.http://synews.zjol.com.cn/synews/system/2013/07/26/016705789.shtml.

南京南站公路客运站定位于服务都市圈 200km 范围内的区域，避免设置与南站国铁竞争或冲突的公路客运线路，从而使该公路客运站成为了南京南站铁路枢纽在公路客运上的有益补充。

4.1.2 高铁枢纽与长途客站的一体化衔接布局

4.1.2.1 长途客站的布局原则

（1）最短距离到达快速主干道原则。长途客运主要服务于中长距离出行需求，长途客车疏解的主要原则是使其能快速进入高等级道路（比如高速公路），因此长途客站在枢纽中的布局要尽量靠近高等级的城市道路，或者与之有便捷的联系，方便长途客车进出站。

（2）长途客运站与高铁站房的衔接布局要本着适度集中适度分散的原则，既要考虑减少换乘距离，提高换乘效率，又要避免换乘客流的相互干扰。

（3）适当考虑与城市公交的便捷换乘。

4.1.2.2 一体化衔接布局模式

按照长途客站与高铁站房的相对位置，可以将两者的一体化衔接分为集中式一体化布局和周边式布局两种。

1. 集中式布局

集中式布局适合长途客流分担率较高的枢纽。该模式中，长途客站被放在与市内交通接驳方式同等重要的地位。紧密地围绕站房布置，形成集中式布局。根据与站房的相对位置，具体可以分为以下几种：

1）位于站房内

长途客运站站场直接与高铁站房相结合，布置在一栋建筑内，乘客利用层间的楼梯或自动扶梯在换乘大厅实现与高铁车站的换乘（图 4-1）。以旧金山跨湾站为例，长途车站位于站房内的地上三层，有 24 辆长途汽车的车位；二层是公交汽车层；地面一层是进站大厅；高铁和轨道交通位于地下；所有交通方式通过地下一层的换乘大厅换乘；长途汽车与公共汽车一起通过海湾大桥的专用斜坡通道进出跨湾站（图 4-2）。

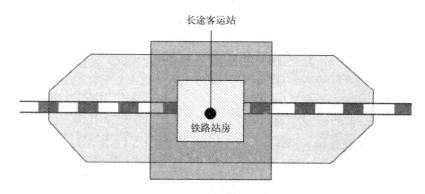

图 4-1 集中式布局模式：位于站房内

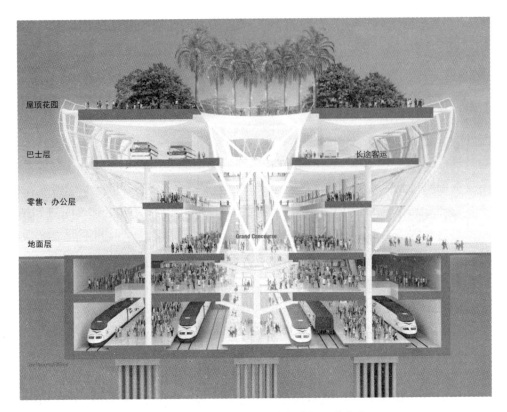

图 4-2　旧金山跨湾站长途客站位于站房内

与站房的一体化布局要求打破铁路和公路运输之间各自独立的运营体制,将两者放到同一个监管网络体系中来,实现不同交通方式之间的联合管理。由于国情的原因,目前为止,国内只在方案讨论阶段出现过这种布局方式。

2) 位于站房下方

长途客运站布置在站台下方的地面层(图 4-3),适合高架铁路客站。以南京南站为例(图 4-4),长途客站位于枢纽地面一层出站大厅西北角,站房出站大厅西侧,紧邻换乘大厅,方便换乘铁路的公路客运旅客快速疏散。设计出发等候大厅位于北侧,分别衔接 5.5m 夹层、地面 0.00m 大厅和地铁站厅,搭乘社会车辆和出租车乘客可以利用 5.5m 夹层进入候车厅,在地铁站厅层,乘客可以不用进入枢纽地面大厅,就在地下直接进出长途客运站,公交乘客和火车站到站旅客可以从与地面大厅相通的通道进入公路客运站。这样的设计,使得不同方式进站的公路客运旅客和火车站旅客立体分离,减少人流在平面的冲突。

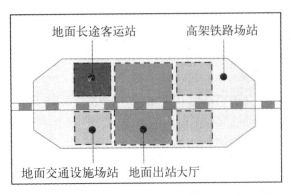

图 4-3　集中式布局模式:位于站房下

第四章　高铁客运枢纽与城市对外交通系统的一体化衔接

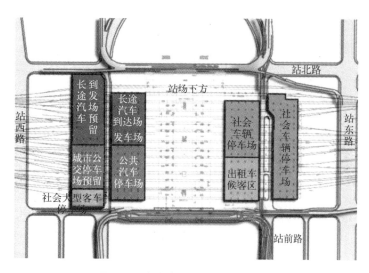

图 4-4　南京南站交通设施布局图

3）位于站前广场

这种布局如图 4-5 所示，包括平面式布局和立体式布局两种。

（1）平面式布局

平面式布局是指长途客站布置在站前广场一侧的地面。以深圳新客站（图 4-6）为例，换乘高铁的乘客可以通过站前广场进入站房，高铁换乘长途的乘客可以从出站大厅经站房内部的换乘通道直接进入长途客站候车。

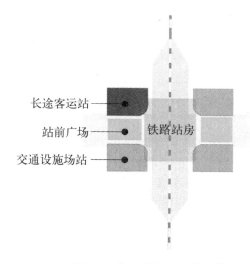

图 4-5　与站前广场相结合模式

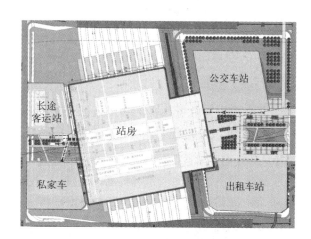

图 4-6　深圳新客站交通设施布局

（2）立体式布局

立体式布局是指长途客站位于站前广场一侧，采用立体停车场的形式或者直接位于广场地下。换乘高铁的乘客可以通过高架车道进入站房,高铁换乘长途的乘客可以通过站房内部的换乘大厅直接进入长途客站候车。

立体停车场案例:建设中的成都新客站的综合交通枢纽道路客运场站位于新客站西广场,前期建设的长途汽车站地上3层,地下2层。乘客下火车以后可以直接在车站内换乘长途汽车、公交或者地铁,也可以非常顺畅地从市区乘坐地铁、公交车、计程车到达成都新客站,然后转乘火车及长途大巴前往其他城市,实现站内零换乘。[①]

广场地下停车场案例:虹桥枢纽站。如图4-7所示,虹桥枢纽长途巴士场站,流线组织采用进、出站立体分离的手法。到达枢纽的长途巴士统一在北侧地上高架层内侧车道边设站落客。离开枢纽的长途巴士结合高铁枢纽站前广场地下布置,均为固定站场,可提供16个长途巴士车位及10个临时蓄车位;并且配备面积约4000m^2的候车厅,可提供旅客候车、售票等服务。

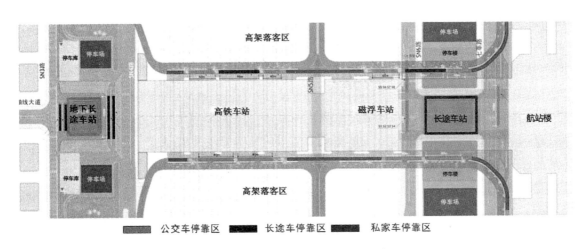

图4-7 虹桥枢纽长途站场布局示意

2. 周边式布局

周边式布局是将长途车场与其他交通接驳设施场站分离开来,单独布置于枢纽一侧(图4-8)或远离枢纽布置(图4-9)。该模式是传统布局方式的一种,普遍适用于大中小型高铁枢纽。

周边式布局的优点是场站独立,长途汽车站的客流与铁路客流之间互不干扰;长途汽车站可以靠近城市干道选址,便于快速进入城市快速高等级道路,及时疏解客流,减轻高铁枢纽的压力。该布局的缺点也十分明显,与铁路之间的换乘距离过长。在中国传统的铁路枢纽中,这种位置关系常常令携带行李的乘客非常尴尬。[②] 新一代高铁枢纽建设中,为了克服这种布局带来的换乘上的不便,实现两种交通的无缝接驳,长途客站应该采取

[①] 成都新客站配套长途客运站开建 [EB/OL]. 2010-03-14. http://www.chengdu.gov.cn/cd-know/detail.jsp?id=311603.
[②] 孙伟,刘亚刚,晁军. 铁路交通与城市交通衔接模式的分析 [J]. 低温建筑技术,2004(4):18.

场站分离的模式：将长途车的整备停车场安排在站房以外地区，站房内提供到、发站点。到站长途车在站房前落客，完成下客后的车辆空驶进入布置在枢纽西北方向的长途客运停车场，后由公路客运调度系统发出空车进入枢纽内的公路客运发车场载客离开。

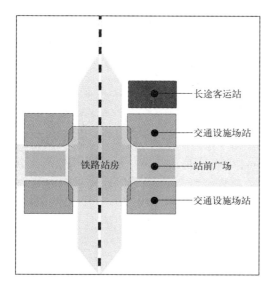

图 4-8　周边式布局模式 1——毗邻

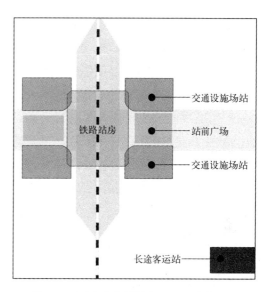

图 4-9　周边式布局模式 2——分离

以上海虹桥枢纽为例，为了满足虹桥枢纽巨大的换乘客流量，长途客站的设计采用场站分离的手法，整备停车场布置在枢纽以外，在枢纽内布置落客站和上客站。到达枢纽的长途巴士站统一布置在北侧地上高架层内侧车道边，均为中途站，停靠供旅客下车。离开枢纽的长途巴士在高铁枢纽站前广场地下设站，广场内设站均为固定站场，可提供 16 个长途巴士车位及 10 个临时蓄车位。与一般上客区不同的是，这个出发站有 4000m^2 的候车厅，可提供旅客候车、售票等服务，相当于一个只有出发功能的小长途客站。

从以上分析可以看出，集中式一体化布局缩短了换乘距离，但是建设成本高，并且要求完善的运营和管理制度。周边式布局长途客站独立于高铁站房之外，选址灵活，不受已有场地条件的制约，建设成本低，运营期间便于管理。实际建设过程中，我们应当因地制宜，根据枢纽的客流情况以及建设条件合理地选择适合的布局模式。

4.1.3　高铁枢纽与长途客站的一体化换乘模式

4.1.3.1　基于换乘设施的换乘模式

根据长途客运场站与高铁客站之间换乘设施不同，我们可以将两者的换乘模式分为广场换乘、高架车道换乘、通道换乘和换乘大厅换乘四种。

（1）广场换乘：既可以服务于进站客流，又可以服务于出站客流，是最常见的换乘方式，广泛应用于大、中、小高铁枢纽中。代表案例有深圳新客站：公路乘客在广场上的落客点下车，进入高铁站房候车;铁路乘客从地下一层出站后,可以先到达地面层,从室外的站前广场到达长途客运的售票及候车大厅。

(2) 高架车道换乘:主要服务于进站客流。适合配建有高架车道的长途客运场站上客点、落客点立体分离的大型、特大型高铁枢纽。代表案例有上海虹桥枢纽:虹桥枢纽长途客流组织采用进、出站立体分离的手法。到达枢纽的长途巴士站统一布置在北侧地上高架层内侧车道边,分别在高铁站房、磁浮车站(航站楼)处各设1站,均为中途站,停靠供旅客下车。每处车站总长90m,可为长途巴士4~5条线路提供服务。

(3) 通道换乘:主要服务于出站客流。当上客站与出站大厅有一定的水平或垂直距离时,可以利用换乘通道将高铁站房与长途客站联系在一起。比如上海南站,铁路乘客从地下一层出站后,通过换乘通道直接从地下到达长途汽车站售票大厅的地下部分,再上地面到达售票候车大厅。反之,长途汽车乘客出站后,也是这两种换乘方式。[①] 通道换乘使旅客不用出站,实现站内换乘,排除了地面流线的干扰,改善换乘环境。需要注意的是需要将换乘距离控制在一定范围之内,避免旅客行走路线过长。

(4) 换乘大厅换乘:集中式布局实现的换乘模式。对规划的前瞻性有较高要求,设计时需要将长途客运站和铁路两种交通方式的场站在规划阶段就一起考虑,集中布置。代表案例有上海虹桥枢纽:离开枢纽的长途巴士在高铁枢纽站前广场地下设站,出站旅客可以直接通过换乘大厅换乘长途车离站。换乘大厅衔接模式实现了高速铁路客运与高速公路客运的零换乘,代表了未来的发展方向,但是造价较高,施工复杂,适合大型、特大型高铁枢纽。

4.1.3.2 基于站场布局的换乘模式

在传统的铁路客站设计中,长途客站远离铁路站房布置,旅客进、出站流线长而迂回,换乘过程中经常会经受日晒雨淋之苦。高铁客运枢纽的建设追求高铁站房与接驳场站的无缝衔接,实现换乘过程的高效便捷和舒适,在这种背景下,以"零换乘"理念为核心指导思想的各种衔接换乘模式越来越丰富。按照长途客运站落客区、上客区与高铁客站衔接的空间位置不同,可以分为以下3种换乘模式:

(1) 纯地上(下)换乘:适合长途客站集中布置在站房内的情况。

(2) 纯地面换乘:适合长途客站的上、落客区都布置在地面上的情况。

(3) 高架落客+地面/下上客:适合长途客运流线组织采用进、出站立体分离的手法,并且设有高架进站车道的枢纽。落客区结合高架车道布置,上客区布置在地面或地下。以虹桥枢纽为例,到达枢纽的长途巴士站统一在北侧地上高架层内侧车道边设站停靠下客。离开枢纽的长途巴士在高铁枢纽站前广场地下设站,出站旅客可以直接通过换乘大厅换乘长途车离站。

---

① 顾保南,黄志华,邱丽丽等.上海南站的综合交通换乘系统[J].城市轨道交通系统研究,2006(8):19-24.

4.1.4 长途客站与市内公交的一体化衔接换乘

除了考虑与铁路的换乘,长途客站与市内公共交通的换乘也不容忽视。相对于铁路来说,公路的集散客流量较小,疏散其集结的客流已经不是公共交通与长途客站衔接的主要功能,进行两者衔接换乘的主要目的是:通过两者的协调衔接实现城市与区域的便利连接,满足经济发展对公路运输的需求,提高公路客运处出行乘客的整体出行速度。[①]

在长途客站与市内公共交通的衔接布局设计中,需要优先考虑的是与地铁和公交的一体化接驳换乘设计。以南京南站为例,南京南站长途客站位于枢纽出站大厅西北角。设计出发等候大厅位于北侧,分别衔接 5.5m 夹层、地面 0.00m 大厅和地铁站厅。由长途换乘社会车辆和出租车乘客可以利用 5.5m 夹层进入候车厅。在地铁站厅层,乘客可以不用进入枢纽地面大厅,就在地下直接进出长途客运。公交乘客可以从与地面大厅相通的通道进入公路客运站。再比如郑州新客站的长途客站设于枢纽东北区,与公交汽车站直接相连,极大地方便长途客流与公交客流的换乘。天津西站枢纽长途客站在选址时曾经有 2 个方案,一个位于枢纽用地的西北角,单独布置,另外一个结合站房周边西南侧布置,与站房形成一体化布局。通过将不同选址与铁路,地铁和公交之间的换乘距离进行对比,发现西北角的选址与铁路和市内公共交通的换乘距离远远大于位于西南角的选址,所以最终确定了布置在西南角的方案。

4.2 高铁枢纽内部铁路间的一体化衔接

4.2.1 高速铁路的运输组织模式分析

4.2.1.1 国外高铁运输组织模式

按照高速铁路与既有常规铁路运营关系的不同,坎波斯(Javier Campos)把世界高速铁路的运输组织方式归纳为 4 种不同类型(图 4-10)[②]:

1. 完全分离式

这是最高级别的开发运营模式。1964 年开始运营的日本新干线就采用这种模式。由于日本传统的线路轮距都很窄,大约 1.067m,容量基本达到极限要求,很难通过改造满足高速列车的运营,只能新建轮距 1.435m 的新干线。这样做的好处是两种线路的组织是完全独立的,能够高效运营。当然在日本也有一些例外,一些新干线达不到最高速度,因为保留了一些窄轨距的路线同时供新干线和普铁使用。以减少对土地的需求和降低开发成本。以日本东京—大阪—博多新干线为例,新干线的轨距是 1.435m,比原有线路轨距多出

---

① 韩印,范海雁. 公共客运系统换乘枢纽规划设计 [M]. 北京:中国铁道出版社,2009:151.
② Javier Campos, Gine's de Rus, Some stylized facts about high-speed rail: A review of HSR experiences around the world[J]. Transport Policy, 2009 (16):19–28.

368mm。两者叠合布置，可以同时运行高速列车和普速列车。另外，在东京和大阪的拥挤地段，为了确保换乘的顺利进行，新干线不得不减速以确保与其他的低速列车时间表相协调。

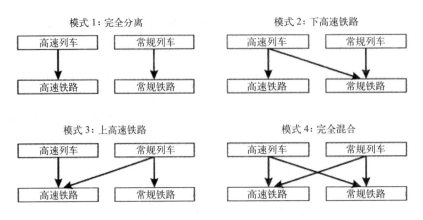

图 4-10 高速铁路运输组织模式分析

2. 下高速铁路式

在修建新的高速线路的同时，将传统新路进行提速改造，使高速列车能够在两种线路上同时运行。这种模式的最大好处是降低成本，1981 年开通的法国的 TGV 高速铁路就是采用这种模式。

3. 上高速铁路式

传统的列车既能在普通线路上运行也能在高速线路上运行。以西班牙的 AVE 为例，跟日本类似，大部分的西班牙铁路的轨距都很窄，而欧洲其他国家采用的都是标准的规矩，为了与国际铁路服务标准相协调，1942 年，西班牙发明了被动摆式列车技术，这种技术能够使传统列车在高速线路上以较高速度运行，降低了提供高铁服务的成本，并且运行不受线路类型制约。

4. 完全混合式

典型案例是德国的 ICE。高速列车偶尔会使用改造提升后的普通铁路，普速货车会在晚上使用高速铁路，从而非常显著地节约了运营成本。

4.2.1.2 国内高铁运输组织模式

中国高铁分为 2 类：第一类，时速 250km 以上的高铁客运专线完全新建，并且与既有线平行，以缓解干线交通压力，实现客货分线，大幅提高铁路运输能力；对于本线内部各主要经济据点间具备客流条件的，适当开行动车组城际高速列车；另一类是针对一部分有条件的既有铁路（客货共线）进行改造，使其时速达到 200~250km，充分利用既有铁路扩大高速动车组的覆盖面。至 2020 年，全国 70% 以上的省会及主要大、中城市都会被高速铁路网覆盖。

在中国，从基础设施建设的前瞻性和先进性、铁路路网构成、运输市场需求等方面综合考虑，高速铁路运输组织模式采用上高速铁路式，也就是说在高速铁路内部将长期采取跨线旅客列车和本线旅客列车共线运行的模式[①]，既承担本线的高速客流又承担跨线的中长途客流，实现不同速度的列车共线匹配运行模式。该模式既解决了普铁运能严重不足的问题，又提高了高铁的利用率，同时减少了跨线乘客的换乘次数。

4.2.2 中国高铁与其他铁路换乘的必要性分析

未来，中国铁路客流运输基本以高速为主。但是当前看来，中国铁路客流成分复杂，高等级的商务、旅游流与低等级的民工、学生流将长期并存。为了满足旅客多样化的特性需求，针对不同客流成分开行不同等级和种类的旅客列车是非常必要的。

中国高铁与其他铁路之间的换乘主要有两种情况：①服务区间有互补性的高速与普速线路之间换乘。主要是受高速铁路网的限制，必须换乘，否则无法到达目的地。比如北京—乌鲁木齐，这种客流一般可以选择乘坐普速列车从北京直接到达乌鲁木齐，但是出于速度或舒适等原因，优先选择了先乘高速到达兰州然后再换乘普速列车。②高速之间的换乘。典型的案例是经火车站口岸通关的客流一般都要换乘，比如京广深港线路通车后，除了直达列车，进入内地的香港乘客都需要先在深圳新客站下车办理入境手续后再换乘相应列车出发。

4.2.3 高铁与其他铁路站场的一体化衔接布局

图 4-11 显示了铁路站场之间的几种空间布局模式。根据站场之间的空间关系不同，高速铁路与其他铁路的一体化衔接大体可以分为平面并列式布局和立体叠合式布局两大类。为了便于描述，我们假定枢纽站场由 A（黄色）与 B（蓝色）两组类型站场组成，A 代表高速铁路（如京沪高铁）站场，B 代表既有线站场（它既可以代表高速城际铁路站场、高铁之外其他时速在 200km 以上的客运专线站场或普速站场的其中之一，也可以是任意几种的组合）。

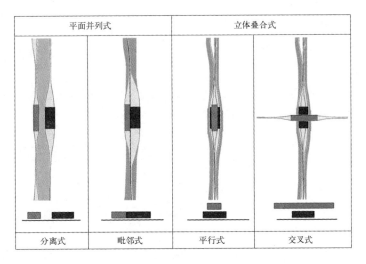

图 4-11　不同类型铁路站场布局模式示意

---

① 兰. 京沪高速铁路客运站站址选择有关问题探讨 [J]. 铁道工程学报，2009（12）：96-101.

平面并列式布局是一种传统的布局手法，具有造价低，对环境影响小，不同类型的站场之间可以分期施工，运营管理简单等优点。立体叠合式布局造价高，施工技术复杂，但是这种立体化的布局模式在节约土地，减少列车行驶里程和降低运营成本等方面具有明显的优势。下面我们将结合实例逐一进行分析研究。

4.2.3.1　平面分离式布局

平面分离式是指车场 A 与车场 B 的水平投影平行，并且离开一定距离布局的方式。平面分离式布局适合以下 2 种情况：

1. 站房分别设置从而形成两个独立的车站

当在原有火车站房旁边单独新建高铁车站时，可以采用这种方法，两者之间的换乘可以通过地下换乘层实现。以佛罗伦萨地下高速站为例，为了配合新的高速铁路网络的建设，意大利政府制定了一系列的车站重建和新建计划，佛罗伦萨地下高速站（Florence Station）就是计划中的新站之一。这个由福斯特及其合伙人事务所 2003 年设计的位于博洛尼亚—佛罗伦萨高速线上的方案，将建在老站圣玛丽亚诺韦拉（Santa Maria Novella）旁边（图 4-12）。新车站的站台层位于地下 25m，由 2 条地下线路组成。车站室内空间是一个 454m 长 52m 宽的单一体量，采用类似箱形基础的结构技术。乘客从地面经过自动扶梯或电梯到达站台。地面层的街道上能够看到站台上的轨道和来往的列车。地面上的拱形玻璃屋顶，唤起人们对 19 世纪传统火车站的回忆。巨大的站内空间自然光倾泻而来，人们能够看到蓝天，感受到城市的气息，传达出经典的浪漫。为了节能并且减少运营成本，采用了感光元件收集太阳能等先进的节能技术措施。为了与车站所处地区的文化氛围相协调，车站使用许多当地的传统建筑材料，如一种华丽的绿白相间的大理石。这个车站设计使用先进的理念和技术创造出传统韵味，

图 4-12　佛罗伦萨地下高速站

资料来源：http://www.archicentral.com

堪称现代铁路客站的典范。[①]

2. 站房设在两组场站中间形成一个站

这种做法适合两种情况。第一种是在已有机场枢纽旁边单独新建高铁站房的情况。法兰克福机场是欧洲成功开展空铁联运的枢纽之一，目前与机场衔接的铁路分为区域铁路(Regional bahnhof)和长途高速铁路两种。区域铁路火车站建成于 20 世纪 70 年代中期，位于 1 号航站楼地下一层，旅客可于此乘坐每 15min 一趟的火车 (S8/S9) 前往法兰克福市内的中央火车站。2003 年机场引入了科隆—莱茵的高速铁路，高铁客站设在航站楼与高速公路之间，通过连廊与航站楼相通，每天都有多班次高速火车（ICE 或 IC）前往德国境内或欧洲内陆的主要城市，如汉堡、汉诺威、科隆、柏林、慕尼黑、斯图加特等（图 4-13）。

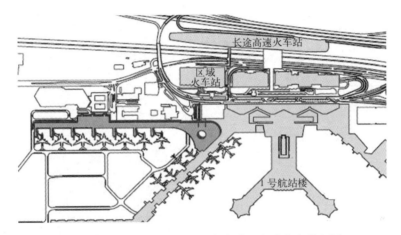

图 4-13 法兰克福机场区域火车站、高速火车站布局

此外，理论上将站房布置在 2 组铁路站场之间，形成一个高铁枢纽的设计手法在是可行的（图 4-14）。这种模式的优点是轨道交通和公交站点等交通设施可以布置在 2 组站场之间，换乘距离均衡，换乘方便。缺点是不仅占地多而且 2 个场站会在枢纽内形成 2 个交通核，整体关系不够紧凑。

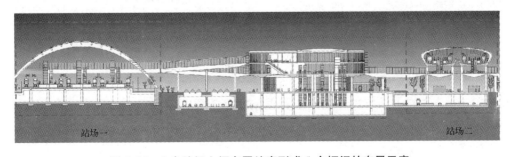

图 4-14 2 个站场之间布置站房形成 1 个枢纽的布局示意

---

① http://www.archicentral.com/florence-tav-station-florence-italy-foster-partners-22310/comment-page-1/.

4.2.3.2 平面毗邻式布局

平面毗邻式是指车场 A 与车场 B 在同一个平面内平行毗邻排列的布局模式。这是世界各国火车站普遍采用的传统的规划布局模式。目前中国规划新建的高铁枢纽基本都采用这种布局模式。表 4-1 统计了中国京沪高速铁路沿线的特大型、大型高铁客站车场布局。

中国京沪高速沿线大型、特大型高铁客站车场布局一览表　　　表 4-1

高铁客站名称	车场布置图
北京南站	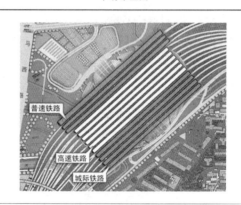
客运车场沿京山线方向布置,车场规模为 13 台 24 线。从北往南依次为普速车场、高速车场、城际车场。其中普速车场内设到发线 5 条,站台 3 座;高速车场内设到发线 12 条,站台 6 座;城际车场内设到发线 7 条,站台 4 座	
天津站	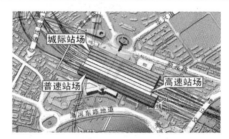
老的天津站车场规模 6 台 15 线,改造后的天津站在原有站场基础上向北扩大,引入京津城际,形成共 10 台 18 线,从北向南依次为京津城际 4 台 7 线、津秦客运专线 3 台 6 线、普速铁路 3 台 5 线	
天津西站	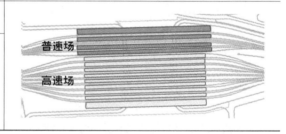
京沪高速采用修建联络线引入天津西站。京沪高速天津西站按照普速车场和高速车场分场设置,其中普速车场位于北侧,设 4 台 7 线(不含津浦正线),高速车场位于南侧,设 9 台 17 线(含津沪联正线)。车站共设 24 条到发线。车场西侧为高普速列车存车场,设存车线 12 条	

4.2.3.3 立体叠合式布局

立体叠合式布局是指不同或相同轴向的场站在空间上上下布置,两者在水平面上的投影全部或部分叠加的布局模式。理论上,根据线路走向的不同,立体叠合式布局又可分为平行式和交叉式两种。

1. 平行式叠合布局

平行式可有效地减少用地,避免站场过大带来的一系列问题,但是由此产生的站型会给客流组织和施工带来一定的困难,工程的风险性较大,因此在实际工程中一般不建议采用。

2. 交叉式叠合布局

交叉式布局在国外尤其是欧洲和日本有不少案例，典型的如德国柏林的 Lehrter Bahnhof 火车站、日本的新大阪火车站等。

柏林的 Lehrter Bahnhof 站是集远程高速列车 ICE、区域快车（RegionExpress-Bahn）、城市快车（S-Bahn）和地铁等多种线路于一体的大型综合交通枢纽。日发送旅客量 30 万人，列车停靠频率 1100 次，是目前欧洲最大的换乘中转站。Lehrter 站规划设计的最大特点就是采用了叠合式站场布局模式：东西向的高速列车和南北向高速列车分别通过高架和地下隧道引入站内，形成地上、地下 2 个交叉的铁路站场（图 4-15）。南北线在地下二层设有 4 个站台，供远程列车、区域快车以及地铁 5 号线停靠。东西线在地上三层设有 3 个站台，远程列车、区域快车以及柏林城市快车使用。它们之间通过 6 部电梯相连接，方便换乘的乘客互不干扰地迅速移动（图 4-16）。[1]

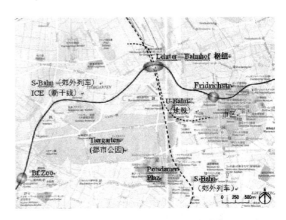

图 4-15　柏林 Lehrter Bahnhof 站线路布局示意图

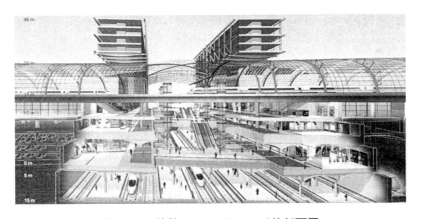

图 4-16　柏林 Lehrter Bahnhof 站剖面图

新大阪站（Shin-Osaka Station）位于大阪北部，是大阪境内区域交通联络的代表性车站。它既是东海道新干线西端的终点站，又是山阳新干线东端的起点站，东海道和山阳新干线的所有列车都会停靠。新大阪站连接的交通线路有：JR 东海道新干线、JR 横滨线和横滨市营地铁 3 号线。新干线车站为高架车站，站台在四楼，4 台 7 线；而普通铁路的站台则在东侧地面，为 4 台 8 线，两者呈立体交叉布局（图 4-17）。

---

[1] Reinharl Alinngs, Alfred Gottwaldt, Flak Jaeger. Berlin Hauptbahnhof [M]. Berlin：Nicolaische Verlagsbuchhandlung, 2006.

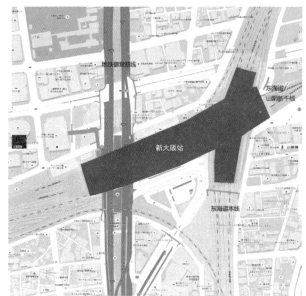

图 4-17 新大阪车站及其周边鸟瞰图（1982 年）

从以上对几种类型布局的分析我们可以看出，平面平行式布局和立体交叉叠合式布局相对其他两种布局具有更好的可实施性，因此在实际工程最常使用。平面平行式布局方式的优点是工程造价低；对周边城市规划和环境布局影响较小；相对于平面分离式占地适中；不同类型的站场之间可以分期施工；铁路线路布置在一个平面上，提供良好的方向感；站房建筑设计和客流组织容易展开，枢纽整体关系容易协调等。缺点是当两组不同轴向的线路相交时，列车需要在枢纽外围经过道岔或者支线调整到同一轴向的路径上进站，因此人为地延长了行驶距离，相应地增加了运营成本。立体交叉叠合式布局的缺点是站区建筑设计的难度大，站房施工技术复杂，工程量大造价高，运营维护难度大，当采用高架和地面的组合方式时，影响城市空间的完整性，但是这种立体化的布局模式在节约土地，缩短乘客进出站步行距离，保障列车沿原有轴向快速通过，减少列车行驶里程和降低运营成本等方面比同等规模的平面平行式具有明显的优势。两种布局的优缺点都十分明显，可以说是各有千秋，因此在实际建设过程中，应当根据不同项目的建设条件，选择最合适的布局方案。

4.2.4 高铁与其他铁路客流的一体化换乘模式

高铁与其他铁路线路之间的换乘组织模式按照换乘设施的不同可以分为站台换乘与站台层换乘两种模式。

4.2.4.1 站台换乘模式

站台换乘类似于地铁换乘，是指中转旅客下车后无需经历出站后重新进站的程序，直接在站台转乘其他车次的模式。站台换乘既可以是不同等级和类型的列车之间的平面换乘，也可以是不同轴向列车的立体换乘，后者可以通过直接连接于两站台间的垂直电梯完成换乘，以减少对站内其他流线的干扰。柏林的 Lehrter Bahnhof 站是典型案例，这个站的每个站台上都设有 3 部垂直电梯，乘客可以利用这些电梯在高架站台层和地下站台层之间直接换乘，不仅避免了与站内流线的穿插干扰，而且减少了站房内部的客流量，方便管理。

站台换乘模式具有换乘距离短的明显优势，但是一般要求在短时间内实现中转换乘，因此实现条件也比较高，主要表现为以下几个方面：

（1）列车实现公交化运行。

（2）列车到发时间有良好的衔接。这不仅要求有好的列车运行图的设计，而且还得保证无论是高速还是常规客车都能按时到发。因为一旦出现延误，就会使大量中转旅客流在站台滞留，对其他旅客乘车造成干扰。

（3）开放式的客流组织管理方式。旅客在不同站台之间可以快速自由往来，转签和买票都可在列车上完成。

（4）标识系统设计要醒目，信息发布要充分和准确，中转旅客可以很容易地识别站台上的换乘信息和标识并快速换乘。

4.2.4.2 换乘层换乘模式

同一个平面内的不同站台之间的换乘可以通过站台下方或上方的换乘层实现。换乘层可以是站台下方的出站大厅，也可以是站台上方的连接桥或者候车大厅。如图 4-18 所示的连接桥方案，电动扶梯平均地设置在站台层上，乘客可以从 1～10 号月台沿扶手电梯往上，经连接桥到达不同的月台与其他国内铁路线路换乘。此外，桥上设置了自动步行系统、电子售票机和人工车票购买柜台，以方便换乘旅客购买车票。

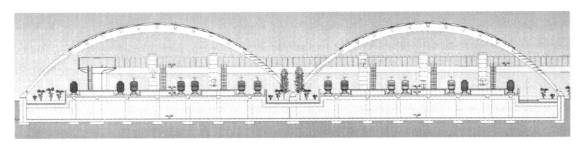

图 4-18 站台上方的连接桥

日本、德国等发达国家的轨道交通已经非常成熟，很多远程列车都实现了公交化，车站采取开放式管理模式，因此站台换乘非常普遍。中国高速铁路网的建设还处在快速发展阶段，很多线路尤其是长途线路没有足够的客运需求，还不具备全面实现公交化运行的条件，再加上封闭式的换乘管理，很难满足同站台换乘需要的条件，所以目前我国车站一般采取换乘层换乘模式。乘客需要先进入换乘层办理转车手续和候车，然后在客运管理人员的引导下重新下站台登车。

为了提高中转客流的换乘效率，在换乘层换乘模式的设计中需要注意以下几个方面的问题。

（1）通过换乘候车厅的布局和换乘流线组织缩短中转客流的换乘距离。

（2）注意列车运行图的设计，组织好中转列车之间到发时间的衔接，缩短旅客中转候车时间。

（3）切实研究换乘旅客的出行特征，注意在细节设计上体现以人为本的理念，提供方便的、人性化的换乘空间设计。比如舒适的候车空间；为远程出行旅客、携带较多的大件行李的旅客提供大空间、大运量的电梯；为老年人、残疾人提供无障碍设计等等。

（4）在现有的设计中充分考虑各种换乘方式的可能性，保证换乘空间的先进性和前瞻性，为日后站体变更提供可能。

4.3 高铁枢纽与航空客运的一体化衔接

4.3.1 高铁和航空：竞争 or 合作？

4.3.1.1 高铁与航空的竞争

航空与铁路都是中长距离运输的主要交通方式，一般来说，由于运输速度、服务对象和服务水平等条件的明显差异，航空与常规铁路之间基本没有交集，因此不存在竞争。但是，随着高速铁路的兴起，这种局面已经改变。由于两者在目标客户群和服务水平上相差不大，因此在一定出行距离内两者形成了激烈的竞争。

在亚洲，世界最早开始商业运营的日本新干线开通后，对国内航线造成毁灭性打击，导致东京—大阪、东京—名古屋等航线纷纷停飞，很多中小航空公司倒闭。台湾地区高铁2007年台北—高雄、高雄—台南线路开通后，该线上的航空份额分别下降了50%和52%。在欧洲，跟踪调查显示，20世纪80年代到21世纪初的30多年的时间里，高速铁路对一些飞行距离600km左右的中途航班产生了明显的负面影响。以法国为例，20世纪80年代巴黎—里昂高铁开通过后，航空份额下降10%；2001年巴黎—马赛开通高铁以后，航空市场份额下降30%多；2005年，巴黎—伦敦的高铁抢占了70%的市场份额。德国汉诺威—法兰克福的ICE和巴黎—伦敦—布鲁塞尔的欧洲之星（TGV）开通以后，抢占了大量客流份额，一些城市之间如汉诺威—柏林、汉诺威—纽伦堡这些线路上的航班甚至完全被取消了。

新加坡开锐管理咨询有限公司在对欧洲大型枢纽机场进行了10年的跟踪调查后发现，影响客运市场占有率的因素主要包括时间、票价、安全性和服务质量几个方面，其中起关键作用的是铁路与航空的时间差（图4-19），时间差越短，高铁的竞争力越强[1]。根据德国

---

[1] 高铁对我国民航业的影响及应对策略分析 [EB/OL]. 2010-05-09.

汉莎的分析，半径600km以内，也就是航程在1小时以内的距离，航空将会遭遇高铁的激烈竞争；火车旅程在2小时以内，铁路票价比航空票价低，动车发车频率与航班持平的话，铁路将会占有极大优势。其他的研究则表明，在3小时范围以内的距离高速铁路都非常有竞争力。近年来国内对高速铁路与民航竞争关系进行的相关研究也表明：半径500km的范围，高铁对航空将产生颠覆性的影响，大多数航线都会取消；500～800km以内范围区为铁路优势区域，30%～40%的航空客流会被高铁抢走；半径800～1300km范围为铁路与民航竞争区域，15%～20%航空客流会流向高铁；半径1300km以上范围为民航优势区。

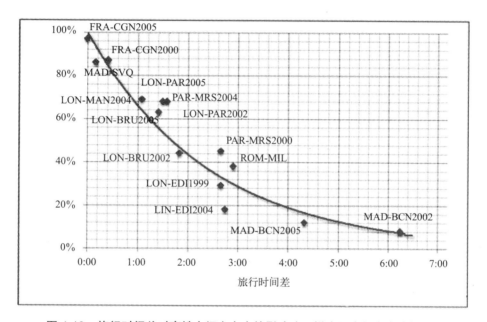

图4-19　旅行时间差对高铁市场占有率的影响（开锐客运市场占有率模型）

这主要是因为与航空相比，高速铁路有以下三方面的竞争优势，从而在中短距离旅客运输上，比飞机更具吸引力：

（1）对于出发点和目的地都位于市区的旅行，铁路枢纽具有绝对位置优势。大多高铁客站位于城市中心区，可达性好，乘客可以直达目的地，大大降低了旅行的时间成本。而机场往往位于郊区，乘客从市中心到达机场，到达目的地后再离开机场到市区至少需要2次换乘，再加上安检和登机，有时这些附加时间比旅途本身飞行的时间还多，使得飞机的速度优势大打折扣。

（2）与航空运输相比高速铁路具有低能耗、污染小的环境优势，符合人类社会可持续发展的需要，因此非常有生命力。

（3）高铁安全性能更可靠，也更舒适。

4.3.1.2　高铁与航空的合作

面对铁路的竞争和机场本身业务扩展的需要，越来越多的机场和航空公司把注意力转移到寻求铁路合作上,希望通过合作获得经济上的更大利益,实现双赢,空铁联运就在这个基础上产生了。广义来说,铁路与航空的联运是一种固定线路的铁路服务,铁路通过在机场或其附近设置途经站或者终点站,航空公司的乘客可以坐火车到达机场或者从机场离开。目前,世界各地有100多个机场具有某种形式的空铁合作模式。广义的空铁联运的种类很多,按交通工具不同包括电车、轻轨、地铁、常规铁路和高铁;按照与机场衔接铁路的运输距离分类可以分为长途列车和短途列车,长途列车又可以分为高速铁路和常规铁路两种,本地连接又可以分为常规铁路、地铁和轻轨等,本地连接往往是常规铁路的支线服务。欧洲的空铁联运情况见表4-2。

欧洲地区空铁联运统计表   表4-2

空铁联运类型	机场数量	机场名称
与长途铁路的连接		
高速铁路	6	斯德哥尔摩(ARN)、巴黎戴高乐机场(CDG)、科隆(CGN)、杜塞尔多夫(DUS)、法兰克福机场(FRA)、里昂(LYS)
常规铁路	7	阿姆斯特丹(AMS)、伯明翰(BHX)、哥本哈根(CPH)、莱比锡(LEJ)、曼彻斯特(MAN)、南安普敦(SOU)、柏林舍讷菲尔德(SXF)
区域铁路连接/市域轨道连接		
市域铁路	19	西班牙马拉加机场(AGP)、巴塞罗那(BCN)、英国贝尔法斯特(BHD)、布鲁塞尔(BRU)、德累斯顿(DRS)、罗马菲乌米奇诺(FCO)、腓特烈港(FDH)、格拉茨(GRZ)、汉诺威(HAJ)、伦敦盖特威克(LGW)、伦敦希思罗(LHR)、伦敦卢顿(LTN)、慕尼黑(MUC)、米兰马尔彭萨(MXP)、格拉斯哥普雷斯蒂克(PIK)、比萨(PSA)、伦敦斯坦斯特德(STN)、斯图加特(STR)、维也纳(VIE)
地铁	5	巴黎奥利机场(ORY)、伦敦希思罗机场(LHR)、马德里巴拉哈斯(MAD)、纽卡斯尔(NCL)、纽伦堡(NUE)
轻轨或者电车	3	伦敦城市机场(LCY)、不来梅机场(BRE)、德国埃森机场(ESS)

资料来源:European Commission (2003).

本书将主要围绕高速铁路与枢纽机场的一体化衔接展开研究。为了便于描述,文中如果没有特别指明,引号注明的"空铁联运"都是指代"航空+高铁"的联合运输模式。

4.3.2 "航空+高铁"联运模式概述

4.3.2.1 "航空+高铁"联运的内涵

"航空+高铁"联运模式是高铁与大型枢纽机场之间的一种高度整合的运输方式,该模式以交通基础设施的一体化接驳、运输信息的实时共享和行李托运的一体化服务为基础,是空铁联运的高级形式。

常规铁路与航空的合作中,铁路仅仅被看作是到达机场的一种交通方式,主要以机场快线的形式服务于机场,具体做法是从位于城市中心的火车站开辟专线引入机场,用于城市中心区与机场的直接联系,属于短途接驳业务,如伦敦希思罗机场快线、香港机场快线等。而在高铁与航空的一体化联运中,铁路与航空是合作+部分取代的关系,因为支线高铁除了可以作为机场快线满足中心城市与枢纽机场的交通接驳需求外,更主要的是作为一种中、长距离运输工具,在大型枢纽机场取代原来的支线航班,成为H&S(辐射中转)模式的组成部分。

Hub and Spoke,又叫作"轴辐式网络",是一种通过小机场将旅客送往枢纽机场,再通过枢纽机场中转换乘长途航班的运输组织模式。由于该模式与其他模式相比能够更大程度提高干线运输的满载率,降低运输成本[①],因而在目前国际枢纽机场普遍采用。如图4-20所示,以枢纽机场到目的地机场段运输为例,在常规的H&S模式中,航空公司使用大量的小型飞机作为枢纽机场和小机场之间的连接航班。高铁与航空联运模式下,高铁会取代支线航班,形成"飞机+高铁"的新型H&S网络模型。

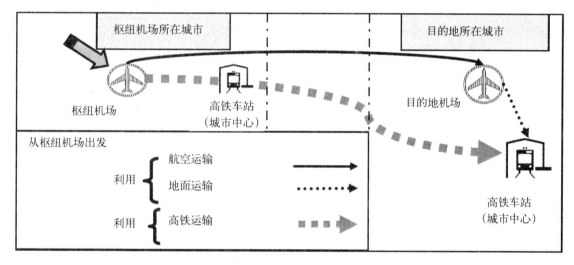

图4-20 "空铁联运"路线比较示意图

4.3.2.2 "航空+高铁"联运的条件

航空与高铁的H&S联运要具备以下4个条件:

(1)与高铁接驳的机场应该是枢纽机场,比如法兰克福机场、巴黎戴高乐机场、阿姆斯特丹机场等。这主要是因为对小型机场来说一方面没有足够的客流来平衡"空铁联运"的投资,另一方面很多小机场缺乏与枢纽机场接驳的国际服务或者洲际服务,因此实施"空铁联运"的必要性不大。

(2)高铁客站与枢纽机场航站楼之间实现一体化无缝衔接,缩短换乘距离,减少旅客换乘行走时间。

---

① 丁琳琳.放松管制与完善民航运输的轴辐式网络[J].哈尔滨商业大学学报(社会科学版),2008(5):118-120.

(3) 实施"空铁联运"的高铁车站必须与大量的目的地城市有直接的、高频次的联系[①]。这要求与机场衔接的车站是高铁干线上的枢纽站,有通往四面八方的列车经过,而不是终点站或者某条分支铁路上的车站。

(4) 支线高铁拥有与支线航空相似的服务水平,并能够提供比支线航空更加有竞争力的旅行时间。支线高铁的优势在于旅客可以从机场直接到达城市中心,省去了乘坐支线航班时从目的地机场到市中心,以及在目的地机场换乘市内轨道交通的时间。但是这种时间优势主要存在于一定运输距离内,研究表明,H&S 模式下,800km 以内是高铁取代航空的合理距离。如表 4-3 所示,城市之间距离越长,航空线路和高铁线路两者的时间差越小,高铁的时间优势也就越不明显。

伦敦希思罗机场接入欧洲高速铁路网后的旅程时间估算对比　　　　表 4-3

目的地	时间(min)	
	航空线路	高铁线路
曼彻斯特	140	77
利兹/布拉德福特	135	75
布鲁塞尔	150	96
纽卡斯尔	145	107
巴黎	145	122
科隆	155	146
格拉斯哥	160	156
阿姆斯特丹	150	147
爱丁堡	155	154
杜塞尔多夫	155	156

来源:根据 Moshe Givoni(2006)中相关资料整理而成。

4.3.2.3 "航空+高铁"联运的优势与挑战

从目前航空和高铁联合运输的情况来看,两者合作的优势主要体现在:

(1) 降低机场运营成本。对采用 H&S(辐射中转)运输组织方式的大型枢纽机场来说,使用短途航班的小型飞机起飞和降落消耗更多的燃料,因此成本反而比一般的大型飞机还昂贵。以高速列车取代经济性不好的小型支线飞机,作为长途航班的接驳工具,能够减少机场运营费用。

(2) 增加机场容量。随着各大机场客运量的增加,很多国际机场都面临增加容量的压力,面对激烈竞争,以高速铁路连接取代支线航班连接,减少支线航班数量,缓解机场容量不

---

① Moshe Givoni, David Banister. Airline and railway integration[J]. Transport Policy, 2006 (13): 386–397.

足问题,似乎也是一种行之有效的增容办法。研究表明,如果机场与高铁路网有良好的整合,那么一个车站在扩充机场容量方面与新建一条跑道的效果是一样的。[①] 以伦敦希思罗机场为例,修一条新的跑道和第六航站楼的费用大约 44 亿欧元,与高铁联网设施需要 42 亿欧元,哪一种方式更有助于扩充机场容量呢?如果仅仅是修了一条支线与欧洲之星的 CTRL 线[②] 联系,修建新的跑道会比"空铁联运"增加更多容量。如果新建线路能够被纳入欧洲高铁网,成为高铁干线的一部分,未来英国的南北和东西高铁干线都从机场站经过,那么"空铁联运"增加的机场容量与新建跑道将达到同样的效果。

(3) 扩大机场的辐射范围。与公路相比,高速铁路可以极大地缩短地区之间的旅行时间,变相地拉近机场与周边城市之间的空间距离,大大增强外围城市的可达性,从而扩大了枢纽机场的客流辐射范围。另一方面,机场与高铁联网能够扩大航空公司的经济腹地,将原来没有支线航班接驳的地区也纳入到自己的辐射范围,开拓更大的潜在市场,给旅客提供更多的出行机会。以法兰克福机场为例(图 4-21),实施"空铁联运"后,机场周边 100～300km 的本地旅客数量明显增加,不断扩大的市场资源对机场的市场定位产生了深远的影响;同时机场的枢纽功能得到进一步强化。[③]

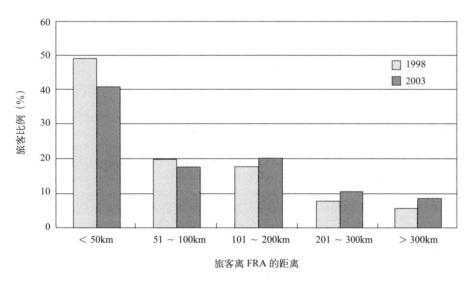

图 4-21 法兰克福机场本地客流量变化图

(4) 增加客流。一方面,机场辐射范围扩大可以吸引更多的航空客流,另一方面,中短途航班的部分客流转移到高速铁路上来,增加了铁路客流。

---

① Moshe Givoni, Benefits to airlines from using high-speed train services on routs from a hub airport[J]. *Aerlines Magazine e-zine edition*, Issue 34.
② "海峡隧道连接铁路"(Channel Tunnel Rail Link, CTRL)计划将连接伦敦和欧洲各港口城市。该项目为英国近百年来规划的第一个主要高速轨道连接项目。包括 2 条平行隧道,穿越泰晤士河(Thames)下面,到达伦敦东部.
③ 吴念祖. 虹桥综合枢纽旅客联运研究[M]. 上海:上海科技出版社,2010.

(5)改变进出机场的地面交通模式,提高了与机场接驳的公共交通的比例。与其他地面运输方式相比,高速铁路更加可靠,从而逐步吸引更多的乘客使用,由此提高了与机场接驳的公共交通的比例,降低了私家车的比例,改善了机场周边道路交通的紧张状况。法兰克福机场自1999年开通高速列车后,旅客进出法兰克福机场的交通模式所占比重发生很大变化,2015年乘坐高速和长途列车的乘客比例达到30%。

(6)完善综合交通运输网络的建设,推进区域综合交通一体化发展战略。首先高铁与枢纽机场实现联运后,中等距离运输市场由高速铁路承担,机场可以充分发挥自己在长距离运输方面的优势,集中精力开拓长途(比如国际)客运市场,从而能够充分发挥两者的运输优势,拓展各自的辐射圈。其次,基础设施一体化衔接可以降低联运成本,提高换乘效率,实现中、长途运输的高效衔接。巴黎戴高乐机场 TGV 高速铁路引入后,国内中、短程旅客可直接利用高铁到枢纽机场换乘国际或者远程航班,大大提高了换乘效率,吸引更多客流,从而实现综合运输系统整体效益的最大化。

虽然"空铁联运"是一种非常有发展前景的联合运输模式,但是"空铁联运"的前期投资巨大,尤其是将铁路线整合到已经建好的机场时。因此实施前必须进行全面的成本效益分析,以确保"空铁联运"在经济上的成功运营。以伦敦希思罗机场为例,莫什·格沃尼(Moshe Givoni)在希斯罗机场与高速铁路网实现联运的可行性研究中指出,"空铁联运"的投资主要包括建设新车站的费用和修建高速铁路的费用两部分。如果修建从希斯罗到巴黎或者到布鲁塞尔的高速铁路,至少需要修建30km的新高速线与欧洲高速铁路网相连,加上新建希斯罗机场站,总费用大约需要38亿欧元,如果再加上预算之外的旧车站的改造费用,可能会达到42亿欧元[①],这对机场管理者和航空运营商来说,是一笔非常昂贵的费用。

4.3.3 基于"空铁联运"的一体化衔接布局

基础设施的一体化衔接是"空铁联运"系统正常运转的物质基础。它主要包括高速铁路网与机场的直接衔接和高铁站房与航站楼的无缝衔接两部分。

4.3.3.1 高速铁路网与机场的衔接

世界上有代表性的空铁联运案例大多集中在欧洲,这主要得益于其广泛的高速铁路网的建设和发达的航空运输业,如法兰克福机场、巴黎戴高乐机场、阿姆斯特丹斯希普霍尔机场都与欧洲高速铁路网有良好的衔接(表4-4、图4-22)。

中国的高铁客运专线主要包括国家级高铁干线和城际铁路网两部分。高铁干线主要用于长距离的大城市之间的联系,如京沪高速、京广高速等,形成南北或东西贯通的交通主动脉;城际铁路如京津城际铁路、昌九城际铁路、沪宁城际高速铁路等,主要服务人口稠密的都市圈内部交通需求,满足城市群内部中心城市之间的直接联系,属于短途线

---

① Moshe Givoni, David Banister. Airline and railway integration[J]. Transport Policy, 2006(13): 386–397.

欧洲枢纽机场与高铁网的衔接情况　　　　　　　　　　　　　表 4-4

机场及高铁线路名称	始发和终到站	设计时速（km/h）
法兰克福机场：城际高速线	斯图加特站—法兰克福机场站	330
巴黎戴高乐机场：Thalys 大力士高速	布鲁塞尔米蒂车站—巴黎戴高乐机场站	233
阿姆斯特丹斯希普霍尔机场：Thalys 大力士高速、菲拉（Fyra）高速线、Benelux 高速线	斯希普霍尔站—柏林中央火车站； 阿姆斯特丹中央车站—鹿特丹中央车站； 阿姆斯特丹中央车站—布鲁塞尔 midi/zuid 站； 阿姆斯特丹中央车站—巴黎北站	300

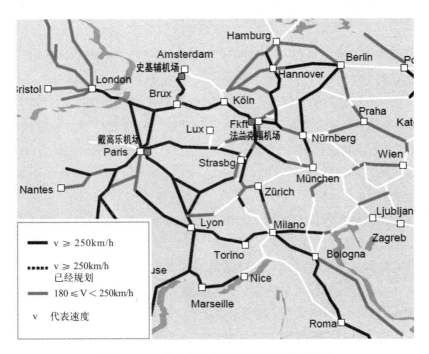

图 4-22　三大机场与欧洲高铁网的衔接情况

路。当前中国正处于高铁客运网和国际枢纽机场建设的关键时期，地方政府正在充分利用这个机会考虑枢纽机场与高速铁路网直接衔接的可行性，为高铁与航空之间实施联运合作提供条件。2010 年 7 月，上海虹桥枢纽机场实现了与京沪高速铁路，沪杭、沪宁城际铁路的一体化衔接，成为国家高铁干线上的重要节点，这是世界首例大型枢纽机场与特大型高铁枢纽整合设计的案例；2010 年 12 月，海南东环高铁美兰站接入海口美兰机场；2015 年 9 月，贵阳龙洞堡机场高铁站开通，龙洞堡国际机场也成为集铁路、航空、客运等紧密衔接的现代化交通枢纽，实现了"空地一体化"换乘。当前，北京首都机场和首都第二机场也正在规划通过城际铁路联络并在远期接入国家高铁干线网，这些都为中国空铁联运业务的实施提供了基础。

4.3.3.2 高铁站与航站楼的一体化衔接

航站楼与高铁客站的整合设计是"空铁联运"的特征之一,如果没有两者的一体化衔接,会大大降低"空铁联运"的吸引力。以伯明翰机场国际火车站区或柏林舍讷菲尔德机场的火车站为例,即使有免费的机场大巴接送,愿意使用这种航空联运的服务的乘客依然很少,据统计只有10%伯明翰乘客在出发或到达后使用该服务。此外,对于规模较大的一些枢纽机场,可以考虑设置几个站点,以满足不同航站楼出发的乘客的换乘要求,缩短换乘距离。这点可以参照斯德哥尔摩的阿兰达快线以及希思罗机场快线,这2条快线都在各自的机场布置了2个站点以服务于不同的终端站。

根据航站楼与高铁车站的相对空间位置不同,可以分为毗邻式和叠合式两种。

1. 毗邻式

毗邻式是指高铁站房与航站楼在同一水平面上的投影完全不重叠,相邻布局的模式。高铁站可以位于地下也可以位于地上,两者通过换乘通道或大厅直接相连。毗邻式布局模式是大型机场枢纽中最常用的布局方式。它的优点主要有:高铁车站和航站楼各自独立设计,功能互不干扰;建设条件相对宽松,也便于日后铁路站场规模的扩大;航站楼和高铁站可以分期施工,适合车站和航站楼不同步建设的情况。典型案例有里昂机场、法兰克福机场和虹桥枢纽机场。

1) 法兰克福机场

法兰克福是德国最大的门户机场,连接世界110多个国家的航线,也是欧洲第二大枢纽机场,中转客流占客流总量的一半左右。

法兰克福机场位于国家铁路网和高速铁路网的节点上,交通区位非常优越。它的"空铁联运"设施分为长途站和区域站两部分。区域铁路火车站位于1号航站楼地下一层,旅客可于此乘坐每15min一趟的火车(S8/S9)前往法兰克福市区和法兰克福火车总站;高速铁路客站位于航站楼与高速公路之间,与航站楼平行布置并通过连廊相通,每天都有多班次高速火车(ICE或IC),前往德国境内或欧洲内陆的主要城市,如汉堡、汉诺威、科隆、柏林、慕尼黑、斯图加特等(图4-23、图4-24)。如果乘客由火车换乘飞机,在到达高铁站台后,根据航站指示牌,由扶梯上楼,经联系高铁车站和航站楼的步行通道前往航站楼。在通道内,德国汉莎航空公司设有值机柜台,乘客可以直接在这里办理托运,换取登机牌。在通道的底部,航站楼指示牌指出2个方向,分别通往1号、2号航站楼,航站楼内设有自助值机和人工柜台帮助乘客办理相关登机手续(图4-25)。

2) 巴黎戴高乐机场

巴黎戴高乐机场(CDG)是欧洲第一大机场,与巴黎郊区铁路网以及TGV高速铁路网相连。机场的TGV高速火车站位于2号航站楼的2D/2C和2F/2E之间(图4-26),主要给2号航站楼起飞的旅客提供高速铁路和机场快线轨道交通服务。每小时可提供3~4班列车次前往巴黎市区。法国国营铁路公司提供从巴黎戴高乐机场前往多处法国火车站的列车服务,包括昂热(Angers)、阿维尼翁、波尔多、勒芒(Le Mans)、里尔、里昂、马赛、蒙

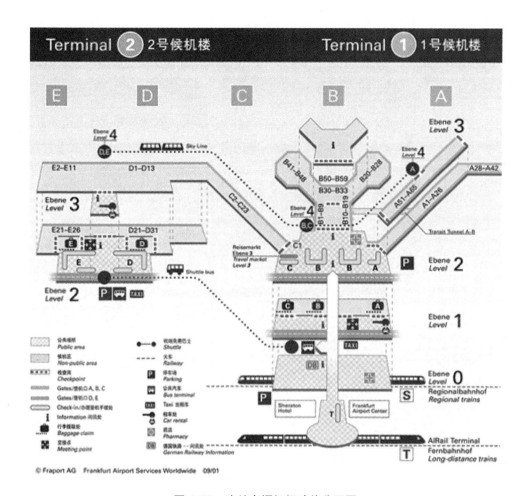

图 4-23 法兰克福机场功能分区图

图 4-24 法兰克福机场高速火车站布局图

图 4-25 高铁站与航站楼之间的步行通道

彼利埃、南特、尼姆、普瓦捷（Poitiers）、雷恩（Rennes）、图卢兹（Toulouse）、图尔、瓦朗斯（Valence）等。①

---

① Charles de Gaulle Airport [EB/OL]. http://en.wikipedia.org/wiki/Paris-Charles_de_Gaulle_Airport.

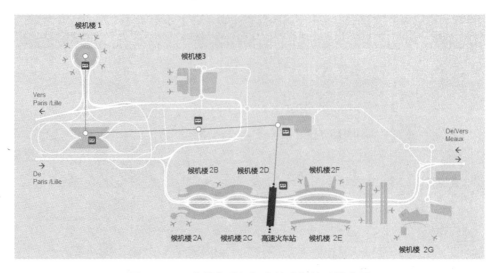

图 4-26　巴黎戴高乐机场高铁站与航站楼布局

图 4-27　里昂机场高铁站与航站楼布局

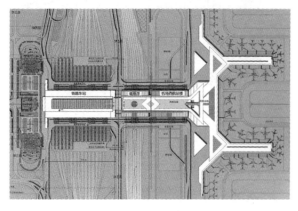

图 4-28　虹桥枢纽布局图

3）里昂机场火车站

TGV 里昂机场火车站铁路车站设到发线 4 条，中间正线 2 条，允许高速列车以 300km/h 的速度通过。该高铁客站与里昂机场平行布置，通过检查和分类行李的行包隧道和从机场的 SNCF 大厅到客运站的旅客自动步道和步行长廊紧密联系为一体（图 4-27），旅客换乘火车和飞机非常方便。

4）虹桥枢纽机场

虹桥综合枢纽立足长三角，是定位于面向全国的、区域性的大型综合交通枢纽。它坐落在虹桥机场西侧，属闵行区华漕镇，距市中心（人民广场）13.5km，占地 26.26km²，汇集了高速铁路、高速磁悬浮、航空、长途客运汽车四种模式，远期年旅客吞吐量可达 3000 万人次。

虹桥综合交通枢纽建筑综合体由西至东分别是服务与铁路的西交通中心、高铁客站、磁悬浮、服务于磁悬浮和机场的东交通中心以及虹桥机场西航站楼（图 4-28）。铁路线路、磁悬浮线路与机场跑道三者平行，并与城市地面标高一致。综合枢纽采用"一字形"布局。铁路、磁悬浮和机场航站楼的客流组织均采用上进下出的模式，三者在-9.5m地下层和12m高架层2个层面上实现了人行系统的贯通，在高架层实现了车流的贯通（图4-29）。

图4-29 虹桥枢纽三大换乘层面示意图

2. 叠合式

叠合式是指高铁车站与航站楼在空间布置上上下叠合，两者在同一水平面上的投影完全或者部分重叠的布局模式。该模式中车站常布置于航站楼下方。乘客利用垂直交通设施实现了不同交通方式之间的层间换乘，减少旅客的走行距离，改善了换乘环境，充分体现"绿色换乘"的理念。缺点：下部结构受上部结构的制约，施工难度大，车站规模受限，适合规模不大的高铁车站或市内轨道交通车站。代表案例有科隆/波恩机场、斯希普霍尔机场、贵阳龙洞堡国际机场等。

1）科隆/波恩机场

科隆/波恩机场是德国第六大机场，也是德国第二大货物机场。1992年，墨菲·杨事务所赫尔姆特（Helmut Jahn）主持设计的总体规划方案在科隆/波恩机场为改扩建举行的国际设计竞赛中胜出，随后赫尔姆特又负责了机场新火车站和2号航站楼的单体设计，并已于2004年投入使用。

科隆/波恩机场火车站位于科隆—法兰克福高速铁路（ICE）的机场循环线上，主要服务于高速列车、地铁和部分本地常规列车。车站横穿2号航站楼和未来的3号航站楼地下层，与2号和3号航站楼采用叠合式布局，平行于1号航站楼，2号和3号航站楼直接通过地下一层的换乘大厅与车站换乘（图4-30）。为了尽量保护环境，赫尔姆特将整个车站放入地下18m的隧道中，并在2号航站楼和未来的3号航站楼之间设计了一条400m长的玻璃拱顶引入自然光线（图4-31）。

图4-30 科隆/波恩机场功能布局图

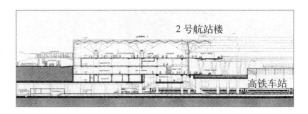

图4-31 高铁站与航站楼相对空间位置示意

2）斯希普霍尔机场

阿姆斯特丹近郊的斯希普霍尔机场，是欧洲排名第 4 大客运和第 3 大货运及世界排名第 9 大客运和第 15 大货运机场，曾多次被评为欧洲最佳机场。2009 年，荷兰政府正式启用高速线路连接阿姆斯特丹中央火车站、斯希普霍尔机场和鹿特丹中央车站，把德国 ICE 引进斯希普霍尔机场，ICE 斯希普霍尔机场站位于机场航站楼下方，通过一层的斯希普霍尔广场，乘客不用出机场就可以乘坐电梯直接到地下 ICE 车站大厅（图 4-32）。在这里每隔 10 多分钟就有一列从荷兰连接欧洲柏林、布鲁塞尔和巴黎的国际列车进出。

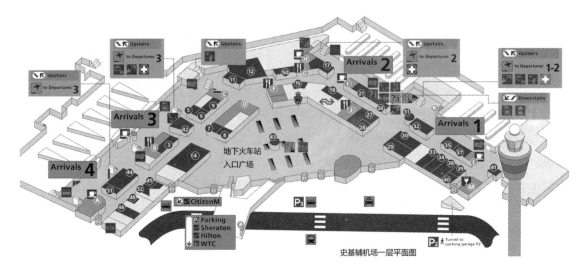

图 4-32　斯希普霍尔机场火车站入口示意

3）贵阳龙洞堡国际机场

贵阳龙洞堡国际机场是我国西南地区一个重要的航空枢纽，也是集铁路、航空、客运等紧密衔接的现代化综合交通枢纽。机场候机楼建筑面积约 34000m^2，可满足年旅客吞吐量 500 万人次，高峰每小时 2000 人次的进出港需要。龙洞堡机场高铁站是白云至龙里北客运专线的重要站点，2015 年 9 月开通运营后，每天有 12 趟开往贵阳北、从江、桂林北、广州南等方向的动车组列车途经。

龙洞堡高铁站是地下站，位于龙洞堡国际机场二期扩建航站楼西侧广场，与机场地下停车场结合设计建造。由于地形因素制约，该站为地下站，地下二层为国铁与轻轨共用站厅层，地下三层是轻轨站台层，地下四层是高铁站台层，乘客可以方便地在航站楼和高铁站之间换乘。

4.3.4　基于"空铁联运"的一体化换乘模式

基于"空铁联运"的高铁与航空的换乘可以分为普通值机模式和"零米支线飞行"模式两种。

4.3.4.1 普通值机模式

普通值机模式就是乘客利用与机场接驳的高铁进入机场，然后正常值机、安检、托运和登机。这是目前大多数"空铁联运"的机场普遍使用的换乘模式。它只实现了"空铁联运"的第一个层次，即实现了基础设施的良好接驳，还没有实现一体化"空铁联运"服务。

4.3.4.2 "零米支线飞行"模式

"零米支线飞行"模式是指机场和航空公司为旅客提供的铁路和航空之间的多式联运服务。这种模式以高速铁路的开通（提供有竞争力的旅行时间），机场与高速铁路网的整合以及一体化的基础设施衔接为先决条件；以机场、航空公司和铁路管理部门的协调合作为必要条件，以提供一体化的服务——比如一票联程和行李托运——为主要特征，是目前为止最先进的"空铁联运"服务形式。

"零米支线飞行"模式本质上是基于"空铁联运"的一种新型"H&S"网络模型。它是由航空公司选择一定数量的火车站和列车班次，由铁路管理部门给这些指定的火车站设定IATA代码，实行代码共享。以铁路运输替代小型航空运输作为在支线上的直线飞行，在铁路和远程飞行之间换乘的旅客被视为中转旅客，换乘之间无需再办理任何手续，而且行李实现自助转运。在这个过程中，航空公司和机场需要提供联程票务系统、旅客信息和引导系统，火车站应配备行李输送系统，以及提供相互协调的飞机和列车航班时刻表。[①]

法兰克福机场是目前世界上第一座成功推出该项业务的机场。以汉莎航空公司推出的AIRail服务为例，汉莎航空公司与法兰克福机场和德国铁路管理局三方通力合作，分别于2001年和2003年开通了法兰克福机场—斯图加特以及法兰克福机场—科隆的AIRail服务。科隆站每天有15趟列车发往法兰克福机场，斯图加特有7趟，给乘客提供了更大的选择范围并且减少了等候时间。汉莎的乘客可以在科隆火车站与斯图加特火车站办理远程值机手续和行李托运业务。乘客根据购买机票的类型享受相应的铁路服务：头等商务舱的旅客享受一等座，经济舱乘客享受二等座，乘高铁到达机场后可直接登机。行李同时随列车送往FRA机场，旅客只需要在目的地机场直接提取即可。此外，选择该业务的旅客还可以获赠累计达4000英里的航空里程，比普通支线航空服务优惠多达4倍。[②] 高效的运输时间，换乘设施的无缝衔接，良好的服务和优惠的馈赠活动，吸引了大量客流，目前每年约有170000乘客使用这项服务，占到汉莎航空公司总业务量的10%左右。目前，除了汉莎航空的航线外，汉莎航空已与27条其他公司的航线有AIRail协议，这些航线上的乘客也可以享受AIRail服务。

"零米支线飞行"模式是非常有吸引力的换乘模式，也是一项跨行业、跨区域、跨企业的系统工程。由于涉及不同的运营主体，因此在联运设施和信息建设，旅行安全保障，成本和利益分摊等方面都比较复杂。比如，远程值机和行李托运需要在火车站设置一定的值

---

① 吴念祖. 虹桥综合交通枢纽旅客联运研究 [M]. 上海：上海科技出版社，2010.
② Andreas Eichinger und Andreas Knorr, Potential and Limitations of Air-rail Links –A General Overview, Materialien des Wissenschaftsschwerpunktes, Globalisierung der Weltwirtschaft ", Bd. 34, September 2004.

机和行李处理设施,并与火车站协调功能空间布局;行李托运虽然由列车完成,但要按照航空运输的安全标准来执行,这些都增加了运营成本。此外一票联程还涉及铁路、航空公司和机场的收益分配问题等等。因此大面积的复制推广难度很大。

近年来又出现了很多简化版的零米支线业务,比如德国铁路股份公司与美国航空公司(AA)签订的"代码共享协议"业务,规定凭借 AA 的航班号可以享受从法兰克福机场与德国国内 15 个城市的直达 ICE 服务。虽然代码共享可以比 AIRail 提供更多的目的地,但是由于不提供一体化行李托运服务,因此对乘客的吸引力不如后者。可以看出行李的数量对乘客前往机场的交通方式的选择有很重要的影响。

上海虹桥枢纽机场是中国第一个实施空铁联运的机场,也是最有条件和可能实现"零米支线飞行"的枢纽。2012 年 4 月,上海铁路局与中国东方航空集团公司在沪签署战略合作协议,同时上海铁路局还与中国东方航空股份有限公司签订了"空铁联运"产品合作协议,初步拉开了空铁双向衔接联运服务的序幕。

作为上海航空枢纽战略的重要组成部分,虹桥机场的发展定位是以长三角地区为经济腹地,最终形成以国内点对点运营为主,国内至国内中转为辅的基本格局,航线范围辐射中国所有重要城市和地区。以高速干线铁路、城际铁路为基础的"空铁联运"服务将成为虹桥机场与整个长三角地区之间主要联运方式之一。虹桥机场前期规划研究中确定的空铁换乘模式分为远程值机和普通值机两种。异地值机模式又可分为以下 3 种服务类型:①只办票不提供行李托运服务的服务类型;②办票并且提供行李托运业务,但必须按照规定的时间提前托运的服务类型;③办票和行李托运同时进行的服务类型。规划已经初步选定位于沪宁和沪杭通道上的 8 个主要城市:南京、镇江、常州、无锡、苏州、昆山、嘉兴和杭州作为长三角地区的首批远程值机试点。[1] 具体选用哪种方式,则根据不同值机点的市场实际需要,以及经济、技术条件等因素综合来定。

需要注意的是,中国的"空铁联运"不是一个单纯的市场行为,目前还是以行政主导为主,很多障碍的解除需要依托行政体制层面的支撑,需要中国民航局、中国铁路总公司以及省、市等各级政府部门的协调和配合。因此,尽管虹桥枢纽具备了更加完善的"空铁联运"基础设施条件,但是与法兰克福机场的"零米支线飞行"服务相比仍然将会有不小差距,主要表现为:

1. 短期内无法实现行李的同步托运

与法兰克福机场不同,虹桥枢纽行李托运不采用高铁列车运输,而是选择通过高速公路辅助运输。公路、高铁的运输时间不同,行李和人无法实现同步托运,所以目前考虑的解决办法有两种:一种是将行李提前托运,确保与乘客同时到达机场,也就是上面提到的②类服务。另一种是远程值机时,可以同时进行行李托运,也就是③类服务,但是需要行李托运商根据乘客机票的登机时间确定能否在此之前将行李送到飞机上,超出时间限制之

---

[1] 吴念祖.虹桥综合交通枢纽旅客联运研究[M].上海:上海科技出版社,2010.

外的行李,不办理托运业务。

2. 短期内无法实现代码共享和一票联程业务

代码共享、一票联程是法兰克福机场的"零米支线飞行"业务的典型特征。从表4-5中我们可以看出,对于法兰克福机场来说,首先,"空铁联运"由汉莎航空公司主导,汉莎航空是法兰克福机场的基地航空公司,拥有绝大部分的市场份额,因此铁路部门只需要汉莎一个航空公司的代码就可以支撑起AIRail成功运转所需要的客流量。其次,联运站点只有科隆和斯图加特2个车站。再次,联运业务类型单纯,只有"零米支线飞行"。再加上成熟的联运信息服务,因此容易实现一票联程。与FRA相比,上海虹桥枢纽的"空铁联运"模式由机场主导,众多航空公司参与,涉及长三角地区众多的联运站点和多种类型的值机方式,千头万绪,非常复杂,加上中国体制特点,很难实现一票联程。目前研究的主要解决办法是虹桥枢纽运营后可能实行多票联运,远期考虑电子客票。

法兰克福机场与虹桥机场空铁联运特征比较　　　　　　　　　　表 4-5

机场名称	联运业务推行主体	参加联运的航空公司	远程值机车站	共享代码	服务类型
法兰克福机场	汉莎航空公司	1个	2个(科隆与斯图加特)	1个	1种"零米支线飞行"
上海虹桥机场	机场	众多	初步确定8个,以后还会增加(南京、镇江、常州、无锡、苏州、昆山、嘉兴、杭州)	多个	3种及以上

"空铁联运"在中国刚刚起步,它的发展将会是一项长期的复杂工作。因此在实际操作中,应当由易到难,逐步完善服务内容;由点到面,逐渐扩大服务范围;由单一服务模式向多元服务模式转化,提高空铁联运服务水平;由行政为主导向市场为主导转化;由以社会效益驱动向经济、社会效益并重转化,最终形成理想的具有中国特色的"空铁联运"换乘服务模式。

第五章
高铁客运枢纽与城市综合交通系统的一体化衔接

在"绿色换乘"理念下,高铁与城市综合交通的衔接目标是构建以轨道交通为骨干,常规公交为主体,出租为辅助,社会车辆为补充的一体化绿色接驳换乘体系。从而既可以充分发挥高铁枢纽作为城市内、外交通转化节点的优势,通过区域交通网与城市内部公共交通网络之间的一体化衔接实现城市客流高效、便捷、安全有序的集散;又可以充分发挥高铁枢纽作为城市群与城市单元之间物质和能量交换场所的优势,实现资源要素在区域和城市之间的有效转化,带动站区周边乃至整个城市的可持续发展。

本章重点关注和讨论的问题主要包括与轨道交通的一体化衔接、与常规公交的一体化衔接、与出租的一体化衔接和与私家车的衔接四部分内容。

5.1 高铁枢纽与轨道交通的一体化衔接

5.1.1 城市轨道交通概述

5.1.1.1 相关概念界定

城市轨道交通系统是指在市域范围内,借助特定轨道运行的一种快速城市公共交通系统。广义来讲它包括地铁、轻轨、磁悬浮、有轨电车、磁悬浮等一切符合定义特征的公共交通工具。狭义则根据各个国家和地区的标准及命名习惯的差异而不同。

城市轨道交通系统主要是指地铁(Rapid Rail Transit)[①]和轻轨 LRT(Light Rapid Transit),两者的主要特征及差别见表 5-1 所列。

地铁与轻轨的对比   表 5-1

	地铁	轻轨
运量	大运量轨道交通 地铁的单向最大高峰小时客流量为 3~7 万人次	中运量轨道交通 轻轨的单向最大高峰小时客流量为 1~3 万人次
车辆	车辆的轴重一般 13t 以上;一般的额定载客量为 310 人/辆(超员为 410 人/辆),列车编组一般 4~10 辆,大多数城市 6~8 辆	车辆轴重一般小于 13t;一般额定载客量是 202 人/辆(超员为 224 人/辆),列车编组 4 辆以下
线路平面曲线半径	$R > 300m$	$200m > R > 100m$
使用范围	当今世界大城市中心区最主要的交通方式	中等规模城市,西欧北美地区的中小城市被广泛采用
具体形式	按照空间位置可以分为地下、地面和高架 3 种形式。城市中心区采用地下隧道形式,造价昂贵;城市外围区和郊区可以布设为地面和高架形式	按照空间位置可以分为地下、地面和高架 3 种形式。城市中心区采用地下隧道形式,城市外围区可以采用地面和高架形式

[①] 地铁在许多城市被称为大容量快速交通(Mass Rapid Transit)或快速轨道交通系统(Rapid Transit System),德国城市一般称为 U-bahn,伦敦称作 Under-ground,纽约地铁称作 Subway,巴黎称作 Metro,中国台湾又称为"捷运"系统,以区别于铁路地下段。

5.1.1.2 起源及发展

世界上最早的城市轨道交通系统可以追溯1860年的伦敦大都会地下铁路。距今已经有150年的历史。美国、欧洲、日本等国家和地区由于起步较早，已经形成了完善的轨道交通网络。轨道交通已经成为都市地区人们出行和通勤的主要手段，以日本东京为例，高峰期城市轨道交通客流的分担率能达到总通勤量的90%。

中国城市轨道交通建设由于经济实力和技术水平的限制，起步较晚。从1969年北京建成了中国第一条地铁线，到2000年之前，全国仅有北京、上海、广州，3个城市拥有轨道交通线路。进入21世纪以后，随着中国经济的飞速发展和城市化进程的加快，城市轨道交通也进入快速发展时期。2008年下半年，受国际金融危机的影响，中国及时调整宏观经济政策，提出扩大内需保持经济增长，政府进一步加大基础设施建设力度，各地方政府也纷纷出台政策规划，大批城市开始筹建轨道交通。截至2014年年底，全国22个城市共开通城市轨道交通运营线路长度3173km。其中，地铁2361km，占74.4%；轻轨239km，占7.5%；单轨89km，占2.8%；现代有轨电车141km，占4.4%；磁浮交通30km，占0.9%；市域快轨308km，占9.7%。可以说，中国已经成为全世界最大和增长最快的城市轨道交通建设市场。

5.1.2 高铁枢纽与轨道交通衔接的意义

（1）城市轨道交通具有效率高、安全可靠、运量大且享有专有路权等特点，是大型综合交通枢纽客流集疏运的最理想方式。结合城市轨道线网的中长期规划，将轨道交通引入枢纽并形成紧密的一体化换乘关系是特大型、大型高铁枢纽实现高效运营的关键。根据图5-1所示的大型高铁枢纽的客流分担预测，轨道交通平均客流分担率达到45%，远远高于与枢纽衔接的其他各种交通方式。

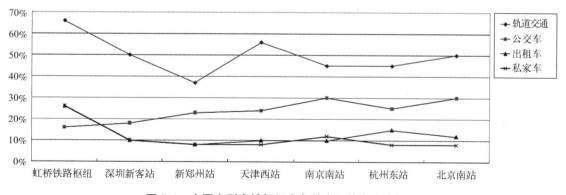

图5-1 中国大型高铁枢纽中各种交通的客流分担图

（2）与城市轨道交通的良好衔接有利于解决站区周边交通拥堵问题。

轨道交通客流分担量越大，通过地下（或空中）集散的客流量就越大，对周边城市地面道路交通的压力也就越小。日本东京站是高效的城市交通换乘枢纽，同时本身又集合了多种功能，形成城市综合体。东京站连接有东海道、东北、常磐、中央等5条旧干线，东北、东海道等2条新干线，以及承担城市交通功能的山手线及丸之内线；日中转客流70万人，上下客流量达200万人。东京站换乘的显著特点是铁路与地铁的公共人流集散空间很大，并且四面开放，火车站设有多个站场出入口通往车站周边的各个街区；圆形进站大厅有多个方向的轨道线换乘入口，通过明确的指示牌迅速将人流从多个入口疏散，集散效率很高，每天吸纳百万人以上的人流还能保持高效运转。由于与市内的轨道交通进行了良好的衔接，巨大的客流能够通过地下迅速地集散，极大地减轻了地面的交通压力，因此东京站周边地面交通秩序良好，道路并不十分拥堵。

(3) 与城市轨道交通的高效衔接符合中国的绿色交通战略，是建设公交都市的重要内容。目前我国已经进入持续城镇化的发展阶段，交通需求总量与交通平均出行距离增大，交通出行结构在迅速变化。城市交通供需矛盾日渐突出，以小汽车为主的交通方式对城市交通供需现状提出更大的挑战。当前，许多大城市把发展以轨道交通为骨干的公共客运系统作为解决城市交通拥堵的长期发展战略，而根据国际案例经验，紧密结合交通需求的空间分布，沿交通走廊建立多层级一体化的公共交通系统，提高公交服务水平，实现不同公交工具之间便捷换乘，是公交系统成功的关键所在。

5.1.3 高铁线路与轨道交通线网的接驳方式

为了便于两者场站的一体化无缝衔接，轨道交通线网与高铁线路的衔接可以采用平行式、交叉式和综合式3种，如图5-2所示。

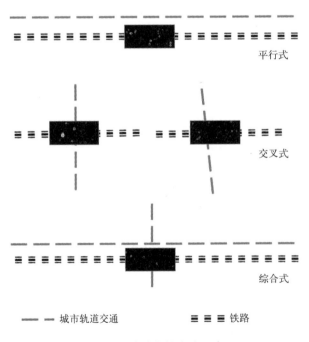

图 5-2 线路衔接方式示意

5.1.3.1 平行接驳方式

平行接驳方式是指城市轨道线路与铁路线路平行引入车站的布局模式。平行式有利于与既有的高铁车站衔接，杭州东站的轨道交通就采用了这种引入方式。

5.1.3.2 交叉接驳方式

交叉接驳方式是指城市轨道交通线路与铁路线路正交或斜交，轨道交通线与铁路相交后或者止于铁路站场，或者穿越铁路站场继续延伸。

5.1.3.3 综合接驳方式

综合接驳方式是指平行式和交叉式的结合，是最常见的衔接方式。在接驳多条轨道线路的大型高铁枢纽中最常使用。上海虹桥枢纽站轨道交通布局采用"两纵三横"结构：2号线、10号线、青浦线分别东西横向进入枢纽，5号线、17号线南北纵向进入枢纽西站。北京南站地铁14号线采用平行接驳，未来的4号线将会垂直接入枢纽。此外苏州站、天津站等都是综合式接驳的典型案例（图5-3）。

 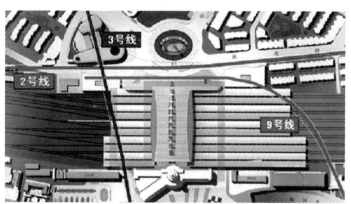

（a）北京南站轨道交通引入　　　　　（b）天津东站轨道交通引入

图5-3　综合接驳方式实例示意

5.1.4 高铁枢纽与城轨站点的一体化衔接布局

传统的轨道交通场站与铁路站房往往采用分离式布局，两者借助广场或者换乘通道联系，换乘距离长，换乘效率低下。为了保证旅客有合理的换乘距离，紧凑的换乘时间和舒适的换乘环境，新建的大型高铁项目的规划设计应尽量实现高铁站房与城轨站点的一体化无缝衔接。

根据高铁枢纽与轨道交通站水平投影的相对空间关系，两者的一体化衔接布局模式大体可以分为以下几种。

5.1.4.1 重合式布局

重合式是指轨道交通车站与高铁站房在空间布置上上下重合，两者在同一水平面上的投影完全重叠的布局模式。重合式布局在国内外的各种大型枢纽中较为常见,应用非常广泛。在中国,多数情况下重合式布局的轨道交通车场位于铁路车场的下方;由于国内高铁站房多采用上进下出或下进下出的进出站模式,因此常结合铁路的出站换乘大厅布置地铁的进出站口,以方便旅客的换乘,减少旅客的走行距离。国外的同站台换乘也属于重合式布局的一种。

1. 优点

地铁与高铁站紧密结合,城轨站厅设在铁路出站大厅正下方,实现了不同交通方式之间的层间垂直换乘。地铁出入口付费区结合出站的换乘大厅设置,乘客无需出站就能通过室内的换乘,减少旅客的走行距离,改善了换乘环境,充分体现"绿色换乘"的理念。

2. 缺点

由于下部结构受上部结构的影响较大,城轨站与高铁站一般采取整体结构设计,因此造价高昂。为了能够减少投资,有效控制工程规模,两项工程建设需要同时进行,彼此工期限制;如果轨道交通与高铁建设不同步的话就要考虑城轨站合理预留问题,需要根据车站的具体情况通过技术经济比较分析制定合理的分期实施计划,施工难度大,工程风险也大。

3. 案例研究

由于代价较高和存在远期不可预见性风险,重合式布局目前主要应用于特大型高铁枢纽建设中。

杭州东站:杭州东站规划引入地铁1号线和4号线,地铁1号线、4号线平行布置,站台层位于地下三层,城轨站厅层位于地下二层,地铁一层结合铁路出站层换乘大厅设置地铁进出站口,实现旅客的"零换乘"。地铁的结构体系与铁路站房主体的结构结合设置(图5-4),节约用地,方便换乘,同时还有效地控制工程规模,减少投资。①

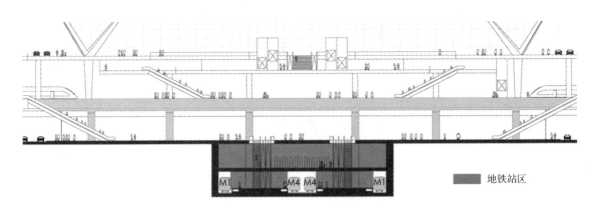

图 5-4 杭州东站车站结构和地铁结构一体化设计

5.1.4.2 半重合式布局

半重合式是指城轨车站与高铁站房在同一水平面上的投影部分重叠的布局模式。

---

① 铁道第三勘察设计院集团有限公司. 杭州东站建筑设计 [R].2008.

1. 优点

半重合式布局的优点与重合式相同,将多条轨道交通集中在一起,方便旅客的集中换乘;城轨车站的进出站口一般结合换乘大厅设置,乘客无需出站就能通过室内换乘。

2. 缺点

(1) 由于半重合式布局轨道车站偏于铁路站房一侧布置,与重合式相比增加了部分换乘旅客的步行距离,因此换乘的均好性和舒适性均受到一定影响,因此在不影响地铁功能的情况下,如何合理地设置地铁的进出站口,为旅客换乘提供便利的条件就成为该布局模式的关键点。

(2) 由于轨道交通车站的主体部分位于铁路站房的下方,因此轨道交通车站的结构体系仍然会受到上部结构的影响,面临与重合式布局相同的问题。

3. 案例研究

上海虹桥枢纽:如图5-5,规划中的地铁西站主体大部分位于高铁客站的站房主入口一侧下方,包括5条城轨线,形成"3+2"的布置形式:其中2号线与10号线由东向西在地下二层横穿枢纽核心区,垂直于铁路车场布置;17号线与5号线南北平行铁路车场布置,由地下三层交于铁路站房西侧,并与2号线及10号线形成换乘。青浦线由西向东从地下二层进入枢纽西侧,与2号线、10号线形成平行换乘。地下一层(-9.5m)换乘通道是整个枢纽的主要换乘核心和客流集散的核心。枢纽地铁西站结合地下一层换乘大通道设置了2个付费区和多个非付费区进出站口(主要供5号线、17号线进出站),以最大限度地满足旅客换乘的需求;同时减少枢纽核心区旅客的集聚。结构上下协调,主柱网上下一致,能够在工程上取得一致,起到减小工程规模的作用。[①]

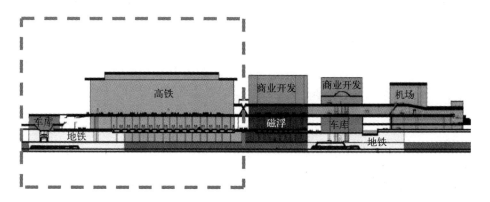

图 5-5 虹桥高铁站房与轨道车站半重合式布局

济南高速西客:济南西站远期规划2条轨道交通进入枢纽,分别为1号线和6号线。考虑轨道采取地面或高架形式时会断裂城市空间,又与高铁站房结构发生冲突,因此将地铁

---

① 铁道第三勘察设计院集团有限公司. 上海虹桥综合交通枢纽建筑设计 [R]. 2008.

埋在地下。为加强地铁与高铁间的联系，创造良好的换乘环境，地铁站位尽量靠近高铁站房。将地铁付费区置于站前广场西侧的地下一层，可实现地铁与高铁乘客的零距离换乘。如图5-6所示，1号线由东至西从地下二层穿过站前广场与高铁站房，地铁车站伸入高铁站房；6号线车站尽量靠近高铁站房，紧临站前高架桥位于东侧，线路下穿1号线，车站位于地下三层。1号线车站与6号线车站中部相交呈十字形换乘，均按岛式车站考虑。①

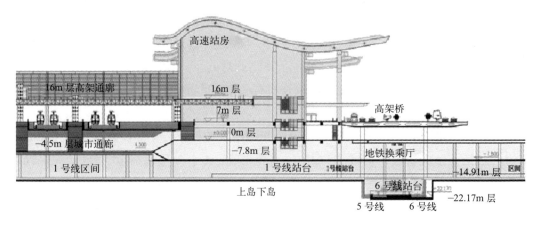

图5-6　地铁换乘厅与站房关系剖面示意

5.1.4.3　并列式布局

并列式是指城轨车站与高铁站房在同一水平面上的投影完全不重叠，两者相邻布局的模式。此时，轨道交通车场可以与铁路车场位于同一层面上也可以位于不同标高层面，但两者仍然是同一建筑的2个部分，在建筑内部直接连通，轨道交通的换乘大厅一般结合铁路站房的进、出站层设置，以满足旅客站内换乘的需求。

1. 优点

施工难度降低，工期灵活，城轨车站和高铁站房可以分期施工。一般情况下，地铁与高铁的建设存在不同步的可能性非常大，由于地铁与高铁隶属于不同的建设单位，建设周期很难协调一致，并列式布局可以很好地解决这个问题，适合轨道交通线网规划和高铁建设不同步的情况。

2. 缺点

并列式占地较大；从换乘角度来讲与重合式相比增加了换乘旅客的步行距离，因此换乘的均好性和舒适性都受到一定影响，因此在不影响地铁功能的情况下，如何合理地设置地铁的进出站口，为旅客换成提供便利的条件就成为该布局模式的关键点。

3. 案例研究

深圳新客站：在建的深圳新客站是典型的并列式布局的高铁枢纽。如图5-7所示，高架

---

① 铁道第三勘察设计院集团有限公司. 济南西客站建筑设计 [R]. 2009.

轨道交通车场与铁路车场平行布置，高架轨道交通的换乘大厅与铁路站房的进站层结合在一起设置，两者在同一标高平面并互相连通，可以直接换乘。

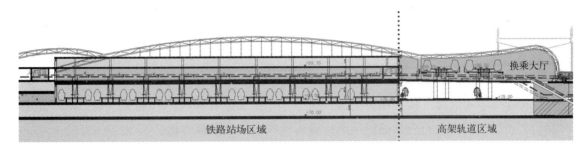

图 5-7　深圳新客站轨道交通与铁路车场并列式布局图

天津站改造：针对沪高速、京津城际、津秦客专等多条高速新线路的导入，为了充分发挥天津站作为枢纽的功能，天津站进行了大规模改建。改建后的天津站地铁 2 号线、3 号线、9 号线集中于天津站后广场设站，形成三站相交的节点换乘。如图 5-8 所示，地铁 2 号线、9 号线线位大致与城际铁路平行，呈东西走向；地铁 3 号线与地铁 2 号线、9 号线斜交于后广场的西侧，横向穿越国铁、城际铁路，大致呈东西走向。轨道交通的进出站厅与改造后的高铁站房地下出站层结合设计，地下一层为 3 条线共用的换乘厅，在 2 号线、9 号线与 3 号线站台之间设换乘夹层，实现换乘客流的单向流动。①

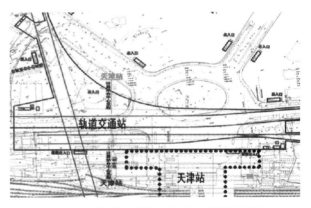

图 5-8　天津站站后集中设站方案总平面图

5.1.5　高铁枢纽与轨道交通的一体化换乘模式

早期轨道交通与铁路客站的换乘模式主要有广场换乘和通道换乘两种。比如北京站就是广场换乘模式，换乘距离长，舒适性差。通道换乘模式常用于分离式布局中，旅客不用上到地面，通过换乘通道就能直接在火车站和城轨站之间穿梭换乘，该模式虽然换乘距离较长，但是换乘环境比广场换乘有所改善，加上分离式布局在实际工程建设中的诸多优势，因此目前仍然有不少使用空间，比如中小型高铁客站或者旧客站改造项目。

为了更好地体现高铁枢纽与轨道交通的一体化换乘，下面主要介绍两种模式。

---

① 铁道第三勘察设计院集团有限公司. 天津站改造设计 [R]. 2007.

5.1.5.1 换乘大厅换乘

换乘大厅换乘模式是指城轨车站通过高铁客站的进、出站大厅与高铁直接换乘。这种换乘方式主要是由自动扶梯、电梯等垂直交通工具在不同标高的层面进行人员输送，快捷、高效，充分利用了当前高铁客站立体化布局的优势，缩短换乘距离，是当前最为便捷的换乘模式，广泛适用于重合式布局、半重合式布局以及并列式布局。

北京南站将整个地铁车站设于高铁站房下进行合建，地下一层既是出站层也是综合换乘大厅，设有城轨站站厅，站厅分为付费区与非付费区，布置有售票亭、自动售票机、补票机、进出站闸机等，4组楼（扶）梯分别通往位于地下二层的4号线站台和位于地下三层的14号站台。出站铁路客流可直接通过换乘厅进入地铁车站，十分方便。

天津西站地区轨道交通预测平均日客运发送量25万人次，根据天津市城市轨道交通建设规划的总体要求，西站地区共有地铁1号线、6号线、8号线通过。为了不影响天津西站周边的景观和交通，将轨道交通车站设计为地下站形式。在地下一层设置6号线、8号线换乘用的站厅层，并与铁路出站厅地下层直接相连，便于铁路旅客与地铁之间的换乘。在地下二层设置6号线站台层，地下三层设置8号线站台层。[①]

深圳新客站采用上进下出的客流组织模式。高架轨道交通的换乘大厅与铁路站房的进站层在同一标高结合设置，两者平面互相连通，可以直接换乘。

5.1.5.2 同站台换乘

同站台换乘模式是指轨道交通和高速铁路两种交通方式在站台的直接换乘。同站台换乘是真正的零距离换乘模式，因为这种方式换乘时间最短（约为1～2.5min），因此非常适合换乘量大的车站，在客流量庞大的中国发展同站台换乘车站具有极大的现实意义。

目前由于我国高速铁路与轨道交通在体制、票制和运营模式等多方面存在很大的差异性，还不具备同台换乘的条件。但是伴随我国高速铁路和轨道交通的不断发展，同站台换乘作为一种理论可行的高效换乘方式，它的实践前景也应该是非常乐观的。

5.2 高铁枢纽与常规公交的一体化衔接

5.2.1 高铁枢纽与常规公交衔接的意义

常规公交是城市公共交通发展战略的重要组成部分，也是高铁客运枢纽的主要接驳方式之一。据统计，至2030年，在一些没有引入轨道交通的中小城市的高铁客站的到发客流集散大部分是靠公共汽电车承担的。以海口火车站为例，公交客流分摊比例高达65%。在大部分以轨道交通集散为主的高铁客运枢纽中，城市公交作为轨道交通的有益补充，客流量分担比例占到了16%～30%（图5-9），高于其他换乘方式，因此在高铁客

---

① 铁道第三勘察设计院集团有限公司. 天津西客站建筑设计 [R]. 2009.

站接驳规划设计中占有非常重要的地位。

本节主要从高铁客站与公交线网的衔接和高铁站房与公交站场的衔接 2 个层面,来研究高铁客运枢纽与城市公交的一体化接驳。

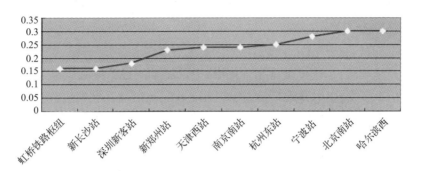

图 5-9　2030 年部分城市公交客流分担比例

5.2.2　高铁枢纽与常规公交衔接的原则

(1) 强化公交优先原则。比如当公共汽车从城市干道进出站区时,应提供公交优先的专用道路或专用标志,以减少公交车进、出站的时间延误。再比如靠近站房主要出、入口的设施设置应优先考虑大容量公共汽车,以缩短公交的换乘距离,使公交有效集散高铁客站的客流。

(2) 以人为本原则。为乘客提供良好、舒适的换乘条件。比如为给旅客提供舒适的候车环境,建议在露天公交停车场增设避雨棚。

(3) 紧凑布局原则。公交场站的设计应与枢纽内其他交通方式通盘考虑,充分利用空间,实现不同交通方式之间的高效换乘。

(4) 布站均衡原则。南北或东西方向的公交站场布局要均衡,保证不同方向的车辆绕行距离最短。

(5) 可持续发展原则。场站规模设置要长远考虑,满足远期高铁客站客流增容发展要求。

5.2.3　高铁枢纽与公交线网的衔接布局

一般来说与铁路枢纽衔接的城市公交线路包括两种:终点站线路与过境线路。按照公交线网与高铁客站之间的不同组合方式,公交场站的布局形态可以分为以下 3 类:

5.2.3.1　集中式布局

站区内的公交路网由始发线路组成,以客站为中心向外成放射状布局,如图 5-10 (a) 所示。集中式布局线网的客运能力很大,乘客换乘距离较短,行走路线组织简单,并且换乘在站内就能完成,对城市道路交通的影响小,因此非常适合客流量较大的大中型高铁客站使用。始发线路多,对应的蓄车场的面积也就大,当建设用地充足时公交首末站可以在站区内集中布置，当建设用地紧张时，也可以采用场站分离的布局，将公交首末站布置在站区以外的附近地区。

5.2.3.2 分散式布局

枢纽内的公交路网由过境线路组成，线网以客站为中心成环状布局，如图 5-10 (b) 所示，是传统铁路客站中常见的布局形式。这种布局的优点是环形网上多为中途站，公交站场直接设在站区外围的城市道路上，市内换乘的乘客不必进入客站广场，对站区干扰少。缺点主要体现在以下三方面：①客运量远小于集中式布局；②对铁路换乘旅客来说步行距离较长，行走路线组织相对复杂；③当换乘量较大时，容易在站点形成局部拥堵，影响城市道路交通。综上所述，目前这种布局模式只适合于换乘客流较小的客运站。

5.2.3.3 复合式布局

站区内的公交线路既有一定数量的始发线路，又有众多的过境线路，构成放射环状复合线网，如图 5-10 (c) 所示。这种布局适合客流规模较大又用地紧张的高铁客运枢纽。需要注意的是始发线路过多，不仅需要大面积的停车场地，而且会给客站的交通组织带来困难；过境线路过多又会造成市内交通对站区的干扰，所以应该根据铁路客流的到发量，适当安排始发线路和过境线路的数量，合理地进行布局。

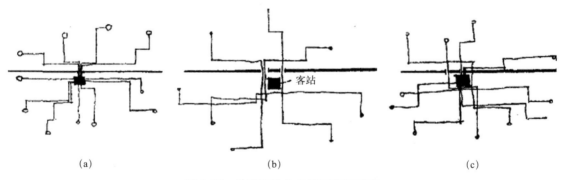

图 5-10 铁路客站公交线网布局形态

高铁客运枢纽客流密集，换乘量大，需要快速有效的疏解客流，所以目前国内大中型高铁客站主要使用第一种或第三种模式。而在这两种模式中，集中式布局是实现"一体化衔接"的基础，所以下面我们将主要针对集中式布局时高铁站房与公交站场的衔接情况进行探讨。

5.2.4 高铁枢纽与公交场站的一体化衔接布局

高铁枢纽中，集中式布局的公交场站主要包括蓄车场、上客站和落客站三部分。

5.2.4.1 蓄车场与高铁枢纽的衔接布局

大中型高铁枢纽中，路边跨湾式停靠站一般无法满足客流量需求，因此需要配备专用的公交蓄车场。

蓄车场可以单独布置，也可以结合上客站集中布置。比如北京南站北广场的地下公交车蓄车场结合载客区设于下沉广场内。

按照蓄车场与铁路站房的相对位置不同可分为以下几种布局:

1. 位于站场下方

站场下方的布局模式是指公交车场布置在站台下方的地面层,适合高架铁路客站,如新郑州站、南京南站(图 5-11)等。

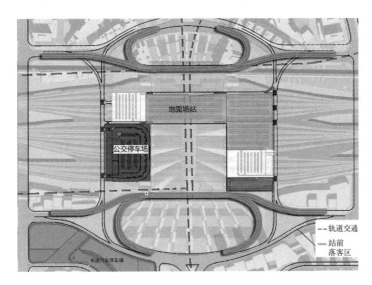

图 5-11　南京南站蓄车场位于站场下方

2. 位于站前广场

这种布局又可以分为平面布局和立体布局两类。

立体布局是特大型、大型高铁客站中常见的布局方式,如北京南站、杭州东站和天津西站等都将公交蓄车场设于步行广场两侧的下沉广场内(图 5-12)。

平面式布局是指蓄车场直接布置在站前广场两侧的地面上,适合中、小型高铁客站使用。济南西站公交蓄车场就布置在站前广场南北两侧的地面上(图 5-13)。

图 5-12　蓄车场结合广场立体式布局

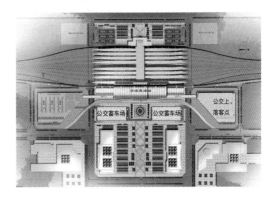

图 5-13　蓄车场结合广场平面式布局

3. 远离站房布置

在枢纽用地紧张的情况下，或者蓄车场面积较大的情况下，可以采取远离站房的布局模式，将蓄车场布置在枢纽附近地区，始发公交车短距离运行到高铁客站载客，以迅速疏散客流。

如图 5-14 所示，上海虹桥综合枢纽在枢纽核心区就采用了公交巴士站、场分离模式布置。分别在交通中心建筑主体（高铁车站、磁浮车站和机场航站楼）南侧和北侧布置巴士（长途、短途和专线）的出发站点；在东、西交通广场布置到达站点，站点均为中途过境站（个别长途巴士除外）[①]；巴士蓄车场和服务设施等均设在核心区外。

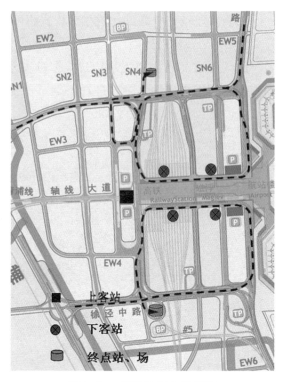

图 5-14 远离站房布局示意

5.2.4.2 公交站与高铁枢纽的衔接布局

传统的铁路客站中铁路与公交都是站外换乘的方式，公交站场集中布置在室外广场上，旅客进、出站路线长而迂回，并且在进行换乘中经常会经受日晒雨淋之苦。目前中国大型高铁客运枢纽中，站房往往采取上进下出或下进下出的客流组织模式，为实现换乘高铁与公交的无缝接驳和零换乘，公交上客站和落客站也往往分开设置：公交的落客站分散布置在各个进站口处，方便始发乘客直接进入站内；上客站则集中布置在出站口附近，以便乘客能够快速离站。以北京南站为例，公交落客站布置在一层进站大厅入口前，乘公交车进站的旅客可以在下车后直接进站；上客站的每个公交站台都与枢纽换乘大厅以楼梯直接相连，离站乘客不用出站就能直接经换乘大厅到达各个公交站台乘车离开，充分体现了"零换乘"的设计理念。衔接设计中注意落客站和上客站面积要充足，提供足够的人车互动界面，确保人流的快速集散。

5.2.5 高铁枢纽与常规公交的一体化换乘模式

5.2.5.1 基于换乘设施的换乘模式

目前，按照城市公交与高铁客站的衔接设施可以分为：高架车道换乘、通道换乘、广场换乘和换乘大厅换乘四种。

1. 高架车道换乘

高架快速集散系统是针对立体分流理念应运而生的快速进站设施。高架车道主要服务

---

① 铁道第三勘察设计院集团有限公司. 上海虹桥综合交通枢纽建筑设计 [R]. 2008.

于进站客流，一般在站房主入口处设有公交落客站。

2. 通道换乘

它的基本特征是通过换乘通道将公交场站与高铁站房相连，乘客换乘不需要出入广场，利用换乘通道即可直接完成。换乘通道多服务于出站客流，衔接换乘大厅和公交上客区。通道的具体形式多种多样，既可以是常见的地下换乘通道，也可以是平台或连廊形式。比如在济南西站的设计中，为方便公交枢纽与高铁的换乘，站房南北两侧各设15m宽连接平台。

3. 广场换乘

这种换乘模式在京沪高铁沿线规模较小的客站如廊坊站、沧州西站非常常见。广场的服务对象则比较灵活，既可以是进站客流，也可以是出站客流。设计时要注意落客区和上客区的平面分离，避免进出站流线交织混合，降低换乘效率。

4. 换乘大厅换乘

当公交和高铁站房联合设站时，公交站场集中布置在铁路客站内，两者通过换乘大厅来衔接，实现零距离换乘。以北京南站为例，位于地下一层的换乘大厅为各种旅客提供了快速换乘的场所，在这里铁路出站旅客可以直接进入南北两侧的公交载客区，每个公交站台都与枢纽地下换乘大厅以楼梯相连，换乘非常方便。

5.2.5.2　基于场站布局的换乘模式

在传统的铁路客站设计中，采用的是公交站远离站房的布局，使得旅客进、出站路线长而迂回，并且在进行换乘中经常会经受日晒雨淋之苦。高速铁路的引入，使得客站的运营模式向通过式转变，客流换乘也要求更加高效便捷和舒适，在这种背景下，以立体分流理念为核心指导思想的各种衔接布局模式应运而生，类型越来越丰富。按照公交站场落客区、上客区与高铁客站衔接的空间位置不同，可以分为以下5种换乘模式：

1. 地面落客＋地下站场载客

公交汽车在站房一层进站大厅前的公交专用道路旁边停靠落客，然后到达位于站前广场下方的集中载客区等候，从地下出站的旅客经过与站场联系的换乘通道或者换乘大厅，可以到达此地直接乘车离开（图5-15），代表案例是北京南站。北京南站南北广场的公交电（汽）车都在站房一层进站大厅前的公交专用道路旁边停靠落客。然后到达位于站前广场下方的集中载客区等候，从地下出站的旅客经过与站场联系的换乘通道，可以到达此地直接乘车离开。

2. 高架车道落客＋地面/地下站场载客

这种模式分为两类，一类以深圳新客站为代表，进站公交车通过专用高架车道与位于二层的高架广场衔接并在进站大厅入口处停靠落客，然后返回地面的公交站场的载客区载客离开。适用于站前广场设在二层，采用上进下出布局模式的站房（图5-16）。另外一类以虹桥枢纽和郑州新客站为代表，进站公交车将在站前高架直接落客，再转入公交调度站停车待发（图5-17）。站前高架内侧设公交专用落客点（图5-18），方便公交乘客快速进站，载客点位于地面层（郑州新客站是高架车站）或地下层（虹桥枢纽）旅客出口处。

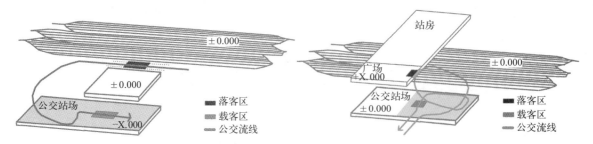

图 5-15 地面落客 + 地下站场载客模式　　图 5-16 高架车道落客 + 地面站场载客模式图

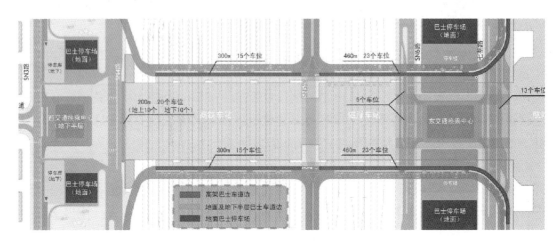

图 5-17 虹桥枢纽公交（巴士）高架车道落客站、地下上客站示意图

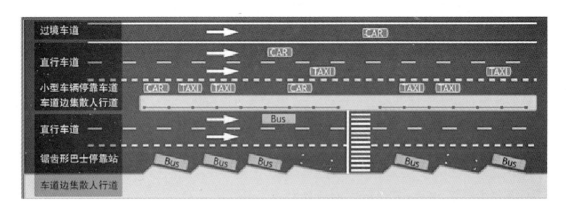

图 5-18 虹桥枢纽公交（巴士）高架车道落客点放大图

3. 地面落客 + 地面载客

适用于采用平面换乘模式的中小规模的高速客站、在老客站基础上改造的上进下出模式的大中型高速客站（图 5-19），以及采用"低（下）进低（下）出"客流组织模式的高架

轨道客站(图5-20)。小客站如廊坊站,枣庄站等,旧客站改造以天津东站为代表,乘客通过地面广场进站,从地下的换乘大厅经过与站场联系的换乘通道,利用垂直交通工具到达地面公交站场的站台换乘出站。对高架铁路车站来说,这种换乘形式的实现要求高铁运营管理方式"公交化",乘客可以从地面直接进入一层站台,采用电子客票乘坐或者先进站上车后买票乘坐,免去从地面上候车大厅之后才能进站的烦琐,这种方式换乘便捷,很有发展潜力,但由于对管理要求较高,所以目前多作为绿色通道换乘方式使用。

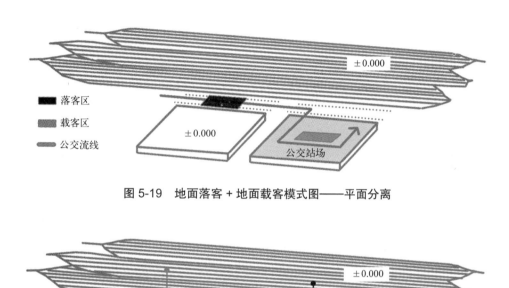

图 5-19　地面落客 + 地面载客模式图——平面分离

图 5-20　地面落客 + 地面载客模式图——高架轨道的情况

4. 纯地上换乘

公交汽车直接进入站房内部二层及以上的楼层衔接(图 5-21),它极大缩小了公交与高铁客站的换乘距离,为乘客节约了站外换乘时间。这种模式多见于国外换乘站中,如美国旧金山的跨湾枢纽是 21 世纪现代化的集轨道交通(高速铁路、普通铁路、通勤铁路)以及长途汽车客运、城市道路交通于一体的综合交通枢纽,公共汽车以及长途汽车可以通过连接海湾大桥和枢纽的专用公交斜坡通道进入跨湾站,分别停靠在地上二层和三层的公交层和长途汽车层,乘客走到中央换乘大厅,可以看见所有设施并很方便地找到出路。[①] 瑞士的库尔(Chur)尽管主要为旅游交通服务,却仍是换乘站点的典型案例,

---

① 邱丽丽,顾宝南. 国外典型综合交通枢纽布局设计实例剖析[J]. 城市轨道交通研究,2006 (3):55.

冬季，这里每天吸纳6000多名乘客，他们乘火车到达，然后在铁路上方二层换乘公共汽车离开，每天有200辆公共汽车从这里出发，在同一个屋顶下换乘，使人们不受恶劣天气的影响。①

5. 纯地下换乘

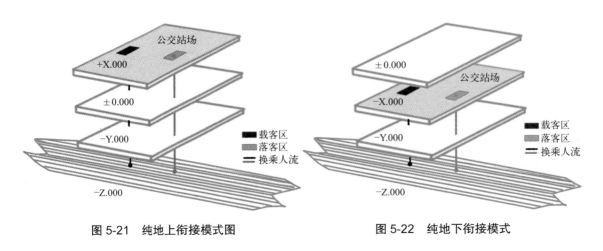

图 5-21　纯地上衔接模式图　　　　　　图 5-22　纯地下衔接模式

当客站主体建筑全部位于地下时，公交落客区和载客区一般都设在地下一层（图 5-22）。如巴黎德芳斯枢纽，该枢纽分为地下4层，地下一层是公交车站层，设置了14条公交线路，公交车进出站道路中央包围的是小汽车停车场，乘客下车后，通过设在地下二层的售票和换乘大厅，换乘位于地下三、四层的轨道交通。再比如中国第一个地下客运枢纽深圳福田站，公交车站也是布置在地下一层。

在第一、二种衔接方式中，公共汽车的上、落客区域的分离和隔绝式运行可以避免乘客进、出站流线交叉和相互干扰，凭借立体分流的优越性，这些模式成为了中国当代大型高铁客运枢纽公交换乘的主流模式。出于工程经济性以及公交车场与周边城市道路的衔接问题的考虑，第三种模式在规模较小的高铁客运站、旧客站改造以及高架轨道车站中有很大的使用空间。第四种和第五种模式属于在站房布局比较特殊的情况酌情选用的对象。

当前中国进入了"高速铁路时代"，许多城市正兴起建设高速铁路客运枢纽的热潮，如何不断地优化高铁客站与城市公交的衔接布局模式，实现两者的一体化接驳和零换乘，将是设计师长期面对的问题。在实际建设中，我们应本着因地制宜的原则，根据每个客站建设环境的不同特点选择最适合的衔接模式，以便充分发挥其运营效益；这对方便乘客出行，提高交通服务水平，最终实现未来城市交通的可持续发展具有重要意义。

---

② Brian Richards. 未来的城市交通 [M]. 潘海啸译. 上海：同济大学出版社，2006：22-23.

5.3 高铁枢纽与出租车的一体化衔接

5.3.1 高铁枢纽与出租车衔接的意义

根据中国几个大型高铁客运枢纽 2030 年的客流量预测（见图 5-1），出租车的客流分担率占到了旅客总数的 8%～26%，排名稳居前三。在虹桥国际综合客运枢纽中，出租车更是以 26% 的客流分担份额远远超过常规公交，这在其他枢纽中是少见的，但并不是偶然的，虹桥国际综合客运枢纽集合了各种先进交通方式，其客流定位比一般的客运枢纽更接近纯高速铁路的客流定位，因此其数据有一定的代表性。高铁客流主要是公务、商务及异地上班族占了大部分份额，还包括小部分份额的旅游客流，旅客的时间观念强，对进出站便捷性要求较高，需要快速从高铁客站疏散到城市的各个角落。出租车是公共交通组成部分，但与轨道交通和常规公交不同，出租车在运输组织模式方面类似于个体运输工具，出租没有发车时间的限制，乘客随到随走，也没有公交的固定线路，通常是直接到达目的地，避免了绕行，减少了换乘时间。出租车体积小，机动灵活，能够在道路状况良好的条件下覆盖大面积的区域拉客，具有可达性高，舒适性好，方便快捷等优点。出租车的运输优势恰恰能满足旅客对效率和舒适的双重需求。虽然出租车在接驳方面存在运量相对较低的缺点，但仍是比私家车更高效的运输工具，因此对其发展应给予一定的鼓励。

5.3.2 高铁枢纽与出租车的衔接原则

（1）合理处理上客站、落客站和蓄车场的布局组合，场站布局要均衡，方便乘客就近换乘，提高换乘效率和舒适度。

（2）场站面积要充足，满足当前客流集散的需求并考虑到日后变化的可能性。

（3）蓄车场选址尽量利用边角地带，提高土地的利用率。

5.3.3 高铁枢纽与出租车场站的一体化衔接布局

出租车的接驳场站主要由落客站、上客站和待车场三大部分组成。

5.3.3.1 站点与高铁枢纽的衔接布局

为了实现无缝接驳和零换乘，出租车的落客站、上客站应当采用分离式布局。分离式布局是指落客站、上客站不在同一地点，落客站与进站口直接相连，上客站与出站口直接相连，缩短了旅客的步行距离，从而能更大限度地方便乘客换乘。分离式布局按照落客站、上客站相对空间位置的不同可分为平面式分离和立体式分离两种情况：

1. 平面分离式

平面分离式是指落客站、上客站在同一标高平面内分开布置的情况。该模式适合于没有高架进站系统的高铁客站，比如天津东站落客站、上客站同时设在地下一层的不同位置。

2. 立体分离式

立体分离式是指落客站、上客站位于不同标高的平面上，该模式普遍适用于设有高架快速集散系统的高铁客站。较常见的模式是落客站设在高架车道上的进站口处，上客站位于地下或地面出站口。

5.3.3.2 待车场与高铁枢纽的衔接布局

待车场是指出租车进入载客区之前的排队等候区域。待车场可以结合上客站布置，如南京南站、济南西站和天津西站等；规模较大时可以远离高铁站房单独布置，如虹桥高铁枢纽；规模较小时也可以不设。待车场的规模要根据当前及今后一段时间高峰时段列车集中到达时的出租客流分担率来确定，在充分满足当前需求的情况下应当考虑到远期的增容需要。

高铁客站出租待车场主要起等候作用，没有存放功能，因而形式比较简单，车场内部布局以线式停车为主。根据所需待车场的规模，其形式大体可以分为点式、线式和面式3种：

1. 点式待车场

待车场规模较小，只设几个等待车位，适合以轨道接驳集散客流为主，并且出租车场站的规模受到相应的限制的车站。如深圳福田枢纽汇集了4条地铁，基本上覆盖了深圳市各个方向，福田枢纽客流主要以轨道接驳为主，另外鉴于福田中心区开发密度较大，未来道路交通压力较大，而出租车场站会产生大量的出租车流，因此应限制出租车场站的规模，同时加强交通管理。所以采用了点式待车场布局模式，设置两处出租车接驳场站：一处设置在深南大道南侧绿地下，设置4上4下8个停车位，考虑到该处对深南大道的影响，同时受条件限制，采用即停即走的方式，不提供等候车位。另一对设置在广深港福田站东侧绿地下，设置4上4下8个停车位，提供10个等候车位，与国铁福田站站厅相连，主要服务于广深港客运专线福田站旅客。[①]

2. 线式待车场

这种布局模式以出租车进出站专用车道兼作待车场地，不用单独开辟专门场地蓄车，候客车辆排队进入，如果上客区已停满，后到达的出租车则不得进入，必须离开。实际工程中线式待车场的具体形式种类灵活多样，不一而足。在实际工程中常常将线式待车场环绕其他场站联合布置。如图5-23所示，北京南站中出租车道包围地下小汽车停车场设置，由于车道与站房或广场有较长的接触距离，换乘口的选择和设置就会更加充足，灵活自由，整体布局也更加紧凑有机。因此线式待车场布局模式非常适合有集约用地需求的高铁客站。

3. 面式待车场

适合于需要大面积蓄车场地的独立待车场，可以布置在地下也可以布置在地面（图5-24、图5-25）。其布局按照车辆的停放方式可以分为普通停车布局和车道式停车布局两种。车道式停车布局如图5-25所示，是用护栏将场地分割成几组首尾相连的车道，出租车按顺序在车道上排列等候，每组车道出口处设有电动拦截装置，管理人员根据实际列车的到达情况

---

① 深圳市城市规划设计研究院. 深圳市福田站区综合规划 [R]. 2007.

按秩序将空出租放行至上客区载客离站。

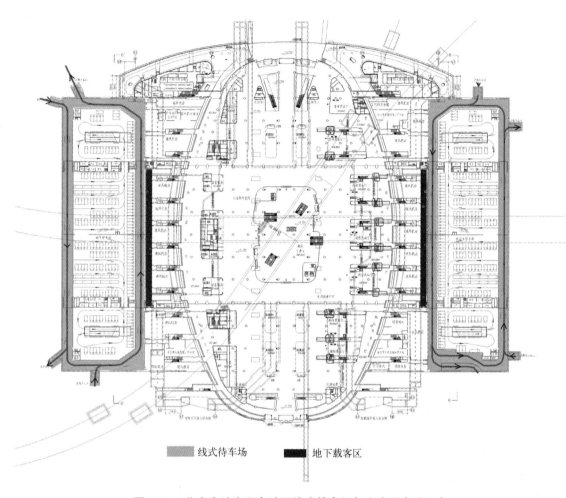

图 5-23 北京南站出租车地下线式待车场与上客区合设示意

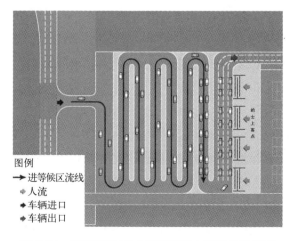

图 5-24 南京南站面式待车场及上客区合设模式

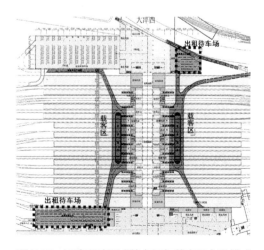

图 5-25 天津西站面式待车场与载客区合设模式

5.3.4 高铁枢纽与出租车的一体化换乘模式

按照出租车场站与高铁站房衔接的空间位置不同，可以分为以下4种换乘模式。

5.3.4.1 纯地面层换乘

纯地面层换乘模式是指出租车上客站、落客站均位于地面。一般与站前广场结合，在站房与城市道路之间结合站前广场开辟专门的场地集中布置。适合规模较小，交通设施及站房采用平面布局的高铁客站，如京沪高铁沿线的廊坊站、枣庄站等。该模式布局要注意：①要注意避免对广场造成分割，形成人流与车流的交叉；②要尽可能地减少出租汽车进出站与道路交通之间的冲突。

5.3.4.2 纯地下层换乘

纯地下层换乘模式是指出租车上客站、落客站均位于地下。常见于地下车站，如深圳福田站；在一些旧站改造项目如天津东站中，由于没有条件设置高架车道，也采用这种换乘模式。上客站设在地下，缩短了从高铁换乘出租的距离，方便了出站旅客；但是在天津东站案例中，落客站也设在地下，乘客需要上到地面的站前广场再进入站房，增加了层间转换，延长了换乘距离。

5.3.4.3 高架落客+地下载客

高架落客+地下载客适合于采用"高进低出"的客流组织方式并设置了高架车道的特大型、大中型高铁枢纽，旅客可以乘坐出租车到设在高架车道进站口处的落客区，下车后可以经过安检通道直接进驻候车大厅候车。出站时，可由地下出站通道经换乘大厅直接到达出站口处的上客区，便捷迅速的乘车离站，实现出租车与铁路之间的零换乘。该模式是中国目前高铁枢纽中普遍使用的换乘模式，如北京南站、上海虹桥枢纽、天津西站等都采用这种模式。

5.3.4.4 高架落客+地面载客

这种情况可以看作是第三种模式的特例。由于场地高差或者高架铁路等方面的原因，高铁客站的站台层设在二层，出站通道设在一层，进站旅客仍然可以从设在高架车道进站口处的落客区直接进站，出站的旅客可以直接从一层的出站通道进入站前广场的出租车上客区乘车离站，从而形成高架落客+地面上客的模式。典型案例有济南西站（高架铁路）、郑州新客站（高架铁路）、深圳新客站，地形高差如图5-26等。

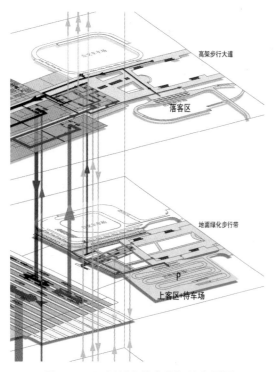

图5-26 深圳新客站出租场站布局图

5.4 高铁枢纽与社会车辆的一体化衔接

社会车辆包括私家车和城市公共交通以外的各种机动车。根据2030年各地高铁综合客运枢纽客流量预测数据统计，社会车辆的客流分担率与出租车基本持平，各占旅客总数的8%～26%，是对外客运枢纽客流实现内外交通换乘的另一类重要的交通方式。处理好社会车辆与高铁的接驳换乘关系到私人交通向公共交通的顺利转变，是能否实现以公共交通为主导的可持续发展的交通模式的一个关键环节。在实际设计中我们应当根据相关政策，对社会车辆的规模作出合理的预测，对社会车辆与高铁枢纽的衔接换乘给予更多的重视，确保高铁枢纽的健康、可持续发展。

5.4.1 高铁枢纽与社会车辆的衔接原则

私家车专属性较强，服务的旅客人数较少，因此停车场需要占用大量的空间。传统的铁路客站小汽车停车场多直接设在地面广场上，占用大量的用地面积，并且对广场环境有很大影响，容易使景观变得单调枯燥，甚至影响步行系统的连续性。大型高铁站点地区的土地价值比较高，尤其是靠近市区的选址，如果将停车场建在地下，或建多层停车场会更加经济。针对这些问题，在高铁枢纽的设计中，我们应遵循集约用地以及与环境相协调的原则，考虑将停车场结合站房及周边建筑和设施联合布置，使其不单独占地；同时采取多种停车方式，鼓励停车向空中和地下发展，包括立体停车场、多层停车库，特别鼓励建设地下停车库，力求减少停车对广场景观和环境的影响。

5.4.2 高铁枢纽与社会车辆停车场的衔接布局

5.4.2.1 结合站前广场布局
结合站前广场布置分为平面布局和立体布局两种。

1. 平面布局

平面布局是指在用地宽裕，交通量较少的中小型高铁客站中，结合站前广场两侧的地面布置方式，如扬州站、廊坊站、天津南站（图5-27）等。

2. 立体布局

在大中型高铁枢纽中，考虑到用地的节约和换乘的紧凑性、舒适性，常将停车场结合站前广场地下、半地下布置。如上海虹桥枢纽高铁站的社会停车场结合站前广场，地下分南北两块布置；杭州东站的社会车辆的停车场位于站前和站后广场下方；济南西站分两部分对称布置在站前广场地下 $-4.000m$ 层（图5-28）。或者地面和地下相结合，形成多层停车场，如深圳新客站采用分块布局，社会车辆停车场结合站房后广场一侧布置，形成2层的立体停车场（图5-29）。

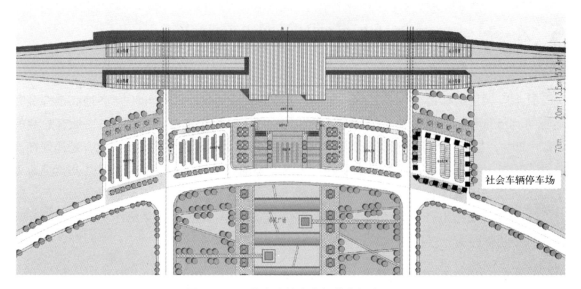

图 5-27　天津南站社会车辆停车场布局

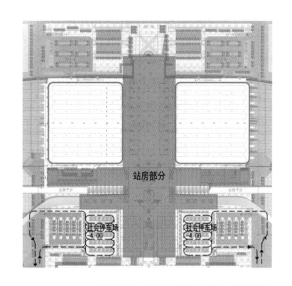

图 5-28　济南西站地下一层平面

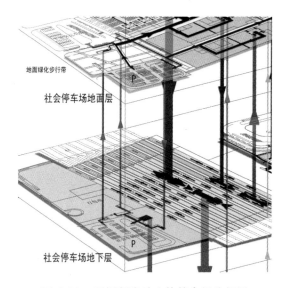

图 5-29　深圳新客站立体停车场分析图

立体式布局的社会停车场往往在地下与站房出站层结合在一起，旅客在站内经出站大厅就能直接到达停车场，换乘社会车辆出站，这种布局不仅能够节约用地，减少对地面环境的影响，而且能够缩短换乘距离，是实现无缝衔接和零换乘的有效途径之一。

5.4.2.2 结合站房布局

结合站房布局可以分为 4 种情况。

1. 结合站房地下空间布局

这种布局模式将场站设施都集中到一栋建筑内，能够极大地节约土地，并且缩短换乘距离，因此在国外大型铁路枢纽中非常常见。例如伦敦滑铁卢国际客运站，地下三层设有大型车库，上、下层之间设有自动扶梯。日本的大阪铁路客运站地下三、四层是停车库，有螺旋形坡道供车辆上下。北京南站的社会车辆停车场也采用了这种与站房一体式的立体化布局，将停车场设在地下一层出站大厅的两翼（图5-30），极大地缩短了换乘距离，是"零换乘"理念的杰出代表作品。虽然这种布局模式造价较高，对施工、防火等都有较高的标准要求，但由于其在无缝接驳方面的显著优势使其在中国大中型客运枢纽的实际建设中有广阔的应用前景。

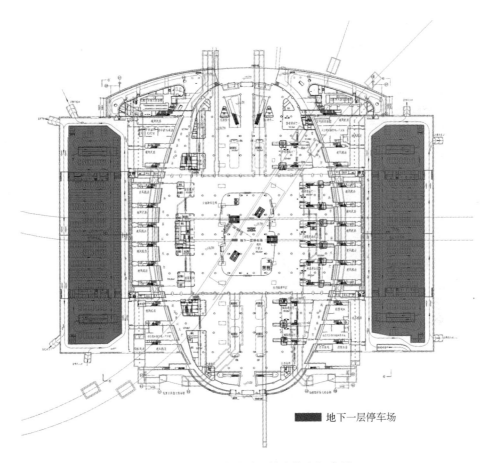

图 5-30　北京南站地下社会停车场布局

2. 结合站房形体的凹凸变化处布局

如图5-31所示，上海虹桥枢纽结合东交通中心南北两侧各布置了服务于航站楼和磁悬浮的立体车库。停车楼主要机动车出入口设置在0m层，每侧停车楼6.6m层也各设有1进1出2个辅助闸机口提供库内车辆进出使用。库内设计有独立的人行系统，人流和车流分开。停车楼主要采用库内集中收费方式，在每层车库的人流必经之处设置集中收费亭，方便旅客缴费。在出口闸机处拟设置3个快捷通过闸机和2个人工收费闸机，方便超时旅客以及未在室内缴费旅客出库。美国旧金山跨湾枢纽，多层停车库就在旁边，乘小轿车到达的旅客，可在停车库存车后，在联合车站内换乘国铁或轨道交通。①

3. 结合高架站场下方的地面层布局

对于上进下出的高架铁路客站，停车场可以结合站场下方的出站层布置。南京南站的设计就采用了这种布局。

4. 结合站房屋顶布局

图5-32是比利时港口城市奥斯坦德2006年车站竞赛方案。该枢纽车站是由原有的火车、电车、公交车站改建而来的。这个方案的主要亮点在于能容纳700辆车的换乘停车场。该停车场位于火车、电车、公交车站台上部的屋面平台上，平台的形状像是起伏的波浪。通过这种方式实现了多种交通方式的一体化换乘，同时这个建筑也成为该区域一个醒目的地标。

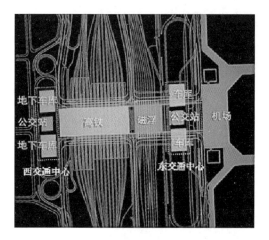

图5-31 虹桥枢纽社会停车库布局

图5-32 比利时奥斯坦德（Ostend）火车站中标方案

5.4.2.3 结合周边建筑布局

结合周边建筑布置是将车站的社会停车场与周边的居住区、商业金融等综合开发地块的停车场联合设置，并通过地下通道与站房的换乘大厅相联系。这样做的优点是既可以减少枢纽的交通压力，又能达到集约用地的目的，同时停车功能将车站与周边更加紧密地联系在了一起，有利于发挥车站枢纽对周围地区发展的带动作用。缺点是换乘距离过长，有可能会造成停车场与站房的分离，无法实现便捷换乘。因此应当根据实际建设中不同建设条件，慎重决定是否选用该布局模式。

我国第一个地下客运枢纽深圳福田站是采用这种方法的典型案例。福田枢纽对社会车辆的接驳以限制为主，鼓励利用地铁进行接驳。社会车辆停车主要利用周边既有停车场，尤其是市民中心前的停车场，枢纽范围只提供小汽车路边停靠站，采用即停即走方式，以减小对

---

① 邱丽丽，顾宝南. 国外典型综合交通枢纽布局设计实例剖析[J]. 城市轨道交通研究, 2006 (3): 55.

中心区道路交通的影响，同时加强交通管理，保障深南大道、益田路等主要道路的通畅。

5.4.3 高铁枢纽与社会车辆的一体化换乘模式

高铁客运枢纽中社会车辆的交通流线组织大体可以分为送站和接站两类：送站车辆有3种流线：①到达—落客—离开；②到达—落客—停车—进站—离开；③到达—停车—进站—离开。接站车辆流线一般是：到达—停车—离开。

根据社会车辆交通流线组织和停车场位置不同分为以下4种换乘模式：

5.4.3.1 纯地下层换乘

纯地下换乘模式适合位于地下的高铁枢纽或者是停车场（库）设在地下，地上没有设置高架车道，并且地面没有足够的车道边可供停靠的高铁枢纽。全地下换乘模式是客站与社会车辆换乘的常见形式。国外的一些客运枢纽，例如伦敦滑铁卢国际客运站和日本的大阪铁路客运站都采用这种换乘模式。

5.4.3.2 纯地面层换乘

纯地面换乘模式是指停车场结合站前广场或站房周边地面布置，常见于我国小型高铁客站的布局中。

5.4.3.3 高架落客+地下载客

该模式是中国目前大中型高铁枢纽中最为常见的衔接换乘方式。适合于进出站采用"高进低出"的人流组织模式并设有高架进站车道的高铁枢纽。以北京南站为例（图5-33），社会车辆停车场位于地下一层两翼。送站的社会车辆可直接行驶到站房周边的高架匝道的落客区，乘客下车后经过安检通道直接进入候车大厅；铁路换乘社会车辆的旅客，可以经设在地下一层的出站大厅直接进入布置在大厅东西两侧的地下停车库乘车出站离开。该模式设计中要注意地下停车场与换乘大厅之间的垂直换乘通道（楼梯）的宽度要与高峰期人流换乘量相配套，并符合公共建建筑防灾疏散要求。调研中发现北京南站有换乘大厅通往停车场的楼梯宽度过于狭窄，经常造成拥堵现象，疏散缓慢，不仅延长了换乘时间，而且位于狭窄的通往地下的空间感受加剧了乘客压抑紧张的情绪，经常见到小孩哭闹的情况。

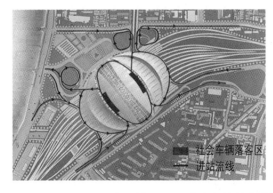 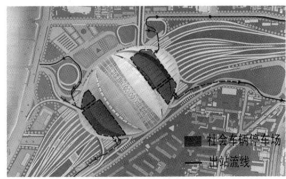

图 5-33 北京南站社会车辆与站房的换乘衔接及流线组织

5.4.3.4 高架落客+地面载客

郑州新客站和济南西站都是高架车站,两者的社会停车场都位于地面层,社会车辆与铁路站房的衔接采取了高架落客+地面接客的模式。以郑州新客站为例,郑州新客站站场分为京广场和徐兰场两部分;京广场进站社会车辆主要沿东风东路进入枢纽区,在西广场站前高架落客,出站车流可快速返回东风路离开枢纽区;徐兰场进站社会车辆主要沿七里河南路进入枢纽区,在东广场站前高架落客,出站车流经由商鼎路离开枢纽区;社会车辆也可以直接前往站南的停车场接送客,并由商鼎路离站。[1]

---

[1] 铁道第三勘察设计院集团有限公司. 郑州新火车站方案[R]. 2007.

第六章
高铁客运枢纽周边集散系统的规划组织

高铁枢纽周边的快速集散交通系统是指枢纽周边的道路基础设施系统。大型高铁客运枢纽的客流量一般有十几到几十万,特大型枢纽甚至有百万以上,这些客流除了一部分通过轨道交通集散外,其余的都通过道路系统来实现。因此高铁枢纽周边集散交通系统的规划组织是提高枢纽的可达性,实现枢纽客流高效集散的基础和前提,是"绿色换乘"的高铁枢纽接驳体系的重要组成部分。高铁枢纽周边集散交通系统可以分为高铁站区外围快速集散系统和高铁站区内部快速集散系统两部分。

6.1 高铁站区外围快速集散系统的组织

高铁站区外围是指高铁站区与周边最近的城市快速路之间的范围(图6-1)。外围快速集散系统组织的内容和目标在于通过城市快速路、主干道、次干道和支路的合理布局,分流过境交通,集散枢纽交通,疏导地区开发交通,避免不同交通之间的冲突和干扰,确保高铁枢纽集疏运活动正常有序的展开。

6.1.1 外围快速集散系统组织原则

1. 有效分离各种交通

外围快速集散系统的组织应当以达到净化站前交通为目标,创造条件分离不同类型的交通,避免过境车流以及地区开发产生的交通对枢纽集散交通造成冲突和干扰,确保

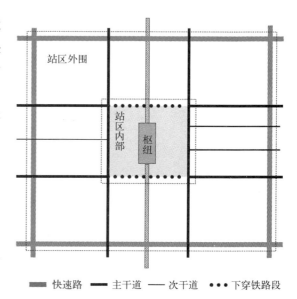

图6-1 高铁站区外围路网组织的典型模式

客流集散效率。具体做法,比如:通过高等级快速路分流过境交通;利用城市主、次干道快速集散高铁枢纽的到发交通;利用次干路和支路有效分散地区开发生成的交通。有承担过境交通的高等级城市道路穿越站区时,应采用地下隧道模式,避免对枢纽内部交通造成干扰。以天津西站为例,城市快速路西青道与站区相交的810m长的路段采用下沉处理,从站前广场地下横穿而过。

2. 与城市的高等级道路形成全互通的整体

与城市高等级道路的良好衔接能够确保枢纽客流高效、顺畅集散。北京南站位于二环与三环之间。上海虹桥站虽位于城市外环线外侧,但南有延安高架延伸线,北有新建的快速路——北翟路,西侧新建华翔路高架,四周均被城市快速路围合,内部进出站道路全部为定向的高架和地下系统,道路体系的能力十分强大。新郑州站在进行周边道路规划时,特意将与枢纽相邻的唯一的一条低等级道路七里河南路整合提升为城市主干道,确保枢纽

四面都与城市快速道相连。

3. 确保枢纽在服务范围内的高可达性

当枢纽定位于服务所在城市时,外围交通组织的重点在于在城市各个主要的功能组团与车站之间建立市区层面的多条便捷高效的集散通道。当枢纽定位于服务城市群地区时,外围交通组织要实现枢纽与周边城市之间的高效联系。以广州新客站为例,作为中国的四大综合交通枢纽之一,该站区定位是服务整个珠三角城市群的"新珠三角城市核心区",因此在外围路网中规划了多条连通番禺区、东莞和佛山的高速公路,大大提高了枢纽在区域层面的可达性,扩大了高铁枢纽的辐射范围,为站区功能定位的实现创造了条件。

4. 级配合理,因地制宜

快速路、主干路,次干路和支路合理搭配,不同等级道路顺畅连接,从高到低构成级配完善的路网系统。不同级别道路的比例和路网的具体密度根据枢纽不同的交通集散需求因地制宜地确定。

5. 适度超前

对于外围交通网的规划,不仅要满足现状客流集散要求,还要考虑到适应未来客流量发展变化,道路容量设计应保持一定的弹性。比如选址城市边缘的高铁枢纽开发初期交通流以集散交通为主,过境交通为辅,远期随着周边发展成为城市次中心区,过境交通比例会持续增加,因此这类枢纽周边路网的规划方案要有充分的弹性,为未来发展留有扩展的余地。

6.1.2 外围快速集散系统组织模式

在站区外围快速集散系统中,承担枢纽集散交通的道路类型及其布局模式将会直接影响到枢纽车流的到发效率。根据承担枢纽集散交通的道路类型不同可以将枢纽外围快速集散系统的组织分为双环模式、半环模式和单环模式3种。

6.1.2.1 双环模式

双环模式是高铁站区外围快速集散系统组织的典型模式,其特点是路网层级分明、级配完善,不同等级道路顺次连接。双环模式路网组织的特征是:以外围高等级城市快速路构筑分流环,分离过境交通和枢纽集散交通;以主干路构筑快速集散环,承担枢纽的到发交通,并与外围快速路之间建立良好的联系;地区开发交通由次干路和支路承担。与铁路相交的城市主干道下穿铁路,联系铁路两边的地区,消除铁路对城市发展的分割现象(图6-2)。

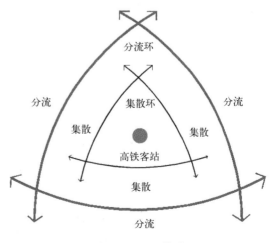

图6-2 双环模式

国内典型案例有杭州东站、郑州新客站等。杭州东站距离市中心 7.5km，位于老城边缘和新城核心开发区之间。站区外围由新风路、下宁路、天城路和新塘路四条城市主干道形成"井"字形疏解主框架，构成枢纽客流的集散环；站区外围由沪杭高速、德胜快速路、艮山快速等多条道路构成过境交通的分流环。这些高等级道路通往 15 个方向，提高了站区的快速可达性。其中三条通往中心城区，保证了与主城区的紧密联系，为站区土地开发提供了强大的交通支持。此外，通往半山、临平等地的公路大大扩大了高铁枢纽的辐射范围，从而吸引更多的客流。[①]

6.1.2.2 半环模式

半环模式的组织特征基本与双环模式相同，区别在于半环模式的高铁站区旁边有快速路通过，这时分流过境交通的分流环组成不变，而枢纽的集散环由城市主干道+快速路共同构成，外围交通组织呈现半环特征，如图 6-3 所示。

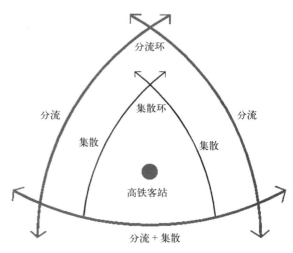

图 6-3 半环模式

国内典型案例有苏州新客站、济南高速西客站、天津西站、深圳新客站等。高铁苏州站位于苏州市中心城区北部，是在原来老客站基础上改建而来的特大型通过式车站。东、南、西、北 4 个方向的重要城市功能组团分别通过不同的市区快速路、主干路与站区联系：人民路主要负责古城区交通流的组织，西部组团如高新区、吴中组团和松陵组团等的客流通过北环西路进出站区；东部组团各园区的客流经北环东路进出站区；北部组团如相城等的客流主要通过人民路和创新路组织进出站区。由此北环辅路、创新路、苏站路和人民路形成站区主要集散环；规划沪宁高速公路、上高路、苏虞张公路、北环快速路以及 312 国道形成车站片区的主要过境通道。这样过境交通和集散交通组织形成半环模式，避免了两者之间的相互干扰。[②]

6.1.2.3 单环模式

单环模式的组织特征是：高铁枢纽车流的集散不再单纯依靠地面主干道，而是由专为枢纽服务的高架快速集散通道承担；高架集散通道一侧与站房连接，另一侧与外围高等级快速环路直接相连，进站车流可以直接从外围高等级快速路进入枢纽；高铁站区外围的快速环路同时承担分流过境交通和集散枢纽交通的职能；由于享有独立的高架集散车道，因此枢纽的车流集散效率大大提高（图 6-4）。

[①] 彭聚才，姚遥. 杭州东站综合交通枢纽规划研究，铁道工程学报，2009（3）：62～66.
[②] 李德芬，李凌岚等，以布局引导客流，充分体现"综合性"、"零换乘"的枢纽规划——苏州火车站综合交通客运枢纽规划[J]. 新理想空间，2008（29）：68.

单环模式适合规模超大、集成度高、换乘频繁的区域级综合性枢纽。这类枢纽一般集合多种对外交通模式，交通组织非常复杂，因此对客流集散效率要求比较高。上海虹桥枢纽是该模式最为典型的案例。

上海虹桥枢纽集合了磁悬浮城际和国内航线的机场以及铁路（高速、普速）3种主要对外交通模式，另有多种市内交通方式，是目前世界上首例将航空主枢纽、铁路（磁浮）主枢纽整合在一体的综合性对外交通枢纽。它的客运量也将是世界上首屈一指的，不含接送客和员工在内，虹

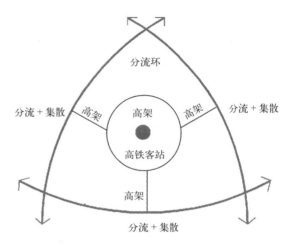

图 6-4 单环模式

桥枢纽仅大交通产生的进、出枢纽客流量平均达 100 万人次 / 天，高铁部分客运量每天相当于新客站春运高峰，枢纽整体客运量相当于世博会客运量，且基本是换乘客流。在外围交通规划中，对于区域车流的组织遵循了以下 3 条原则[①]：①进出枢纽交通分层分流——上海市枢纽车流与常规城市车流分流，长三角枢纽车流与常规省际车流分离，优先确保枢纽车流快速到发。②枢纽交通与开发区车流、过境车流有效隔离——有序高效组织枢纽交通与开发区车流、过境车流，提高运行效率，减少相互之间的干扰。③构建枢纽优先的道路系统——构建长三角专用高速公路系统、中心城通达快速系统、便捷的进出道路快速系统。对于枢纽的集散车流，根据不同来源采取了具体的组织原则，对于市域枢纽交通采取以"网络为主，分层分流，专用为辅"的组织原则，对于长三角枢纽交通则采取"专用为主，分离交通，网络为辅"的组织原则，如图 6-5 所示，最终确定了一纵三横的路网布置，形成枢纽对外的主要客运通道：两环（外环线、中环），五横（A11、A16、A9、A8、北翟路、漕宝路）及两纵（A5、辅快）。上海市政院对整个枢纽的车流进行了模拟，

图 6-5 虹桥枢纽外围交通组织图

---

① 铁道第三勘察设计院集团有限公司.虹桥综合交通枢纽总体交通组织规划[R]. 2007.

结果显示在由北翟路（北）、外环线（东）、沪青平高速公路（南）、华翔路（西，辅助快速路）4条城市快速（高架）路为骨架围合而成的快速环路上将会形成4个主要的车辆快速进出口，这4个进出口负担了枢纽90%的车流（其余10%认为是内部地面产生的车流），根据这一特点，枢纽采用了高架南进南出，北进北出，西广场地面逆时针单向环行道路连接南北的交通组织方式，最终形成了4条快速集散通道——青虹路高架、徐泾中路高架、七莘路高架与外围环线4个快速出入口进行直接连接的单环布局模式。

表6-1对中国高铁站区外围快速集散系统不同组织模式的典型案例进行了统计。

中国高铁站区外围快速集散系统组织模式统计表　　　　表6-1

名称	外围道路的级别	平面图
上海虹桥枢纽	位于城市外环线外侧，南有延安高架延伸线，北有新建的快速路——北翟路，西侧新建华翔路高架	
	单环模式	
北京南站	北京南站位于南二环和南三环之间。站区北侧为南二环路，南侧为南三环路，西侧为马家堡西路，东侧为马家堡东路	
	单环模式	

第六章 高铁客运枢纽周边集散系统的规划组织

续表

名称	外围道路的级别	平面图
南京南站	东西向绕城公路和宏运大道与南北向的机场高速和宁溧路构成站区外围快速环路。站区高架集散系统与外围快速路直接相连	
	单环模式	
郑州新客站	规划提升七里河南路为主干道,与南北向城市主干道博学路和东风东路,东西向主干路商鼎路共同构成站区的疏解通道及客流走廊。107国道穿越站区地下,规划为远期城市快速环线	
	双环模式	
深圳新客站	站场周边留仙大道疏解功能最强,玉龙路、梅龙路次之,3条主干道构成枢纽客流的集散环。快速路福龙路是向全市疏解的首要通道,与梅观高速、南坪快速构成外部分流环	
	半环模式	

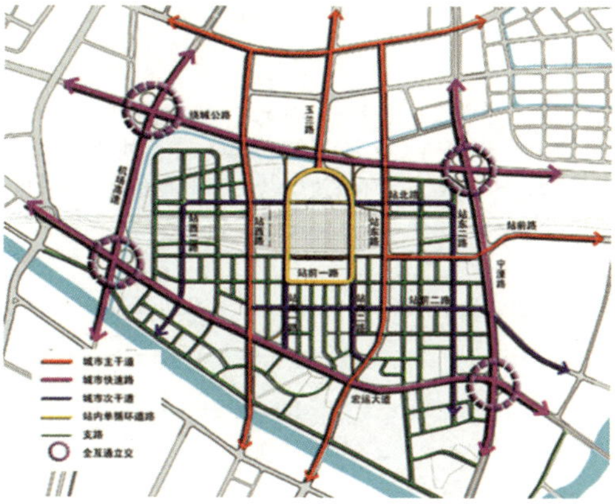

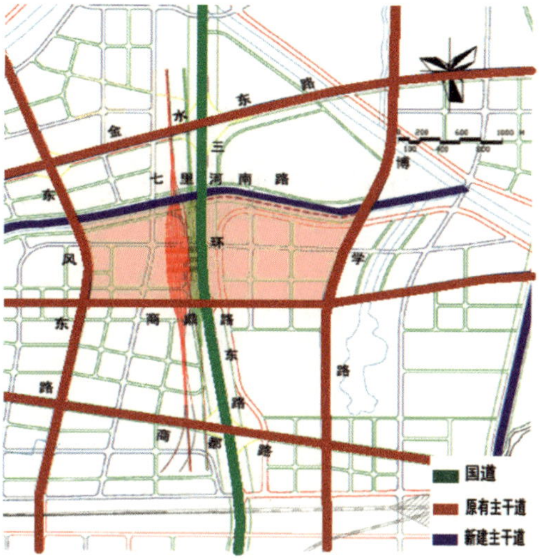

续表

名称	外围道路的级别	平面图
苏州新站	车站周边北环辅路、创新路、苏站路和人民路为主要集散环;规划沪宁高速公路、上高快速路、苏虞张快速路、北环快速路以及312国道为车站片区的主要过境通道	
	半环模式	
济南西站	西起京福高速公路,东至腊山河东侧次干道,南起张庄路西延长线以南200m,北至北园大街西延长线以北200m	
	半环模式	
天津西站	站区南侧为西青道,北侧子牙河南路,西侧为复兴路立交桥,东侧为新河北大街立交桥。其中西青道、复兴路、新河北大街为城市主干路,子牙河南路为城市次干路	
	半环模式	

6.2 高铁站区内部快速集散系统组织

6.2.1 内部快速集散系统的构成

广义的站区内部快速集散系统包括高架进站系统、地面循环路和地下道路三部分。狭义的站区内部的快速集散系统专指高架进站系统。

高架进站系统是近年来受立体分流理念影响而产生的以服务进站车流为主的交通设施，目前广泛应用于中国新建的大型高铁枢纽中。其作用是与"上进下出"的客流组织理念相结合，实现进、出站车流的立体分离。地面循环路是站区快速集散系统的最基本的组成部分。地下道路与高架系统相对应，主要与采用上进下出模式的立体化布局的客站相配套，以服务出站车流为主。

6.2.2 高架进站系统的布局模式

高架进站系统的具体形态千变万化，多种多样，不一而足，大体来说可以分为封闭循环式和开放式两种。

6.2.2.1 封闭循环式布局

封闭循环式高架系统由围绕站房的封闭环形高架车道+放射状的匝道两部分组成。封闭循环式的高架路可以随时调整各方向进出站区的车流，从而有效均衡和缓解四边城市干道的压力。

2006年竣工的上海南站是国内首次使用环形高架进站系统的案例，在实际使用过程中取得了良好的效果。此后，高铁客站示范工程北京南站的设计中也采用了这种模式。如图6-6所示，方案在高架层设有环行车道，并通过不同方向上的匝道与地面道路连接；环形高架车道由环绕铁路站房的主环路+2条侧翼辅助环路组合而成。设计遵循了右侧落客行车的单向流线原则。3个互相咬合的环形高架道路清晰有效地疏导了来自各个方向的车流，层次分明，使车站区域内市政交通流线得以顺畅发展。这一形式很好地结合了南站特殊的建筑造型，同时极大地缩短了旅客步行距离，实现了高铁客站与城市小型机动车的一体化无缝衔接。

6.2.2.2 开放式布局

开放式是高铁客站中最常用的高架组织形式。开放式高架系统的高架车道通常位于站房一侧或两侧，由一条或一对高架车道组成。根据与铁路线的关系，开放式高架系统的布局可以分为跨线式和线侧式两种。

1. 跨线式高架

跨线式高架系统一般位于跨线式高架站房两侧，垂直于铁路布置。跨线式布局的优点在于：高架车道结合站房长边布置，接触面积大，首先，可以设置多个入口，有利于均匀分散进站人流，既避免拥堵，又缩短了旅客的进站流线。其次，有足够多的车道边将不

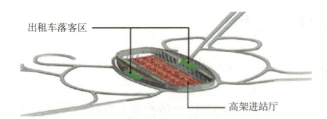
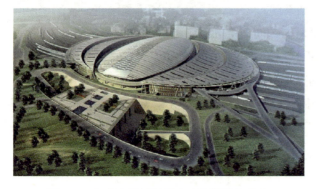

图 6-6 北京南站封闭循环式进站高架系统　　图 6-7 天津西站开放式跨线高架

同交通方式的落客点分区布置,增加了人车互动界面,同时避免了相互干扰,保证了换乘的高效性。再次,跨线高架打破了铁路对站区的分割,将站区两侧联系起来。跨线式的缺点也是显而易见的,一方面,入口过多会增加进站客流安检的难度。另一方面,跨线式高架平台对技术要求较高,造价也远远高于线侧式,因此主要适合大型、特大型枢纽客站,有专家建议对于车场大于10台、客流量大的超大型或大型车站,应当优先选用跨线式高架;对于一些中等规模的高铁客站应当根据自身场地的高差条件谨慎采用,以节省投资。

我国跨线式高架系统的案例非常丰富,有天津西客站、上海虹桥枢纽、成都东客站和杭州东站等。如图6-7所示,天津西站的跨线进站高架系统呈"][" 形布局,西侧高架南上北下,东侧高架北上南下解决出租车和社会车送客问题。虹桥高铁站与天津西站相比集合的客流量更大,流线也更加复杂,为了使进出车流便捷有序,实现高架车流"南进南出、北进北出、西进西出"的组织原则。虹桥枢纽在常用的"][" 形布局基础上,每条跨线高架车道又复合了2个封闭的高架循环圈,从而形成了如图6-8所示的独特跨线式布局。

2. 线侧式高架

线侧式高架布局与铁路线走向平行,结合站房进站层主入口布置。线侧式高架根据高架桥的数量又可以分为单侧式布局和双侧式布局两种。

单侧式高架布局目前广泛应用于国内大中小型线侧式站房中,如南京站、扬州站(图6-9)、昆明站、济南西高速站等。有时在一些跨线式高铁客站由于存在站区两侧客流分布差异较大,或者受建设场地限制等问题,也会采用单侧高架,只在主要集散广场一侧设置

第六章 高铁客运枢纽周边集散系统的规划组织

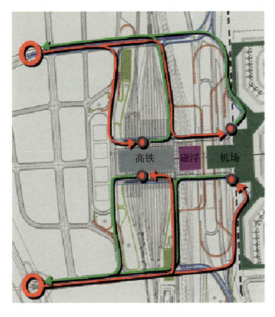

图 6-8 单向循环方式示意图

高架进站系统，如广州新客站、苏州站等。图 6-10 是南京站进站高架鸟瞰图，南京站地下 1 层，地上 3 层，旅客流线采用"高进低出"进出站组织模式，客流高峰期可容纳 1 万人同时候车，是国内最大的线侧式站房，位于地上二层的单侧式高架系统不仅引导车流进站，还担负疏解过境车流的职能，保证了站区交通的单纯性。

双侧式高架普遍适用于前后 2 个广场客流分布均衡的跨线式高架站房。武汉站、广州新客站、郑州新客站等一大批客站都采用了这种高架布局模式。

6.2.3 内部快速集散系统的组织模式

根据高架系统、地面循环路和地下通道三者不同的组合模式，高铁站区内部快速集散系统的组织模式可以分为平面式和立体式两种。

图 6-9 扬州新客站站前单侧式高架

图 6-10 南京站站前单侧式高架

平面式布局的交通组织完全通过地面道路系统完成,是最为常见的传统式交通组织方式。适合于规模较小的高铁客站如廊坊站等。

立体式布局模式是集进站高架、地面循环路和地下出站通道于一体的全方位立体化的快速集散格局。立体式路网的造价远远高于平面式路网,但由于立体布局的快速集散系统具有强大的交通疏解能力,在适应和满足客流量需求变化方面具有更大的弹性,因此目前普遍应用于大中型高铁枢纽的设计中(图6-11)。

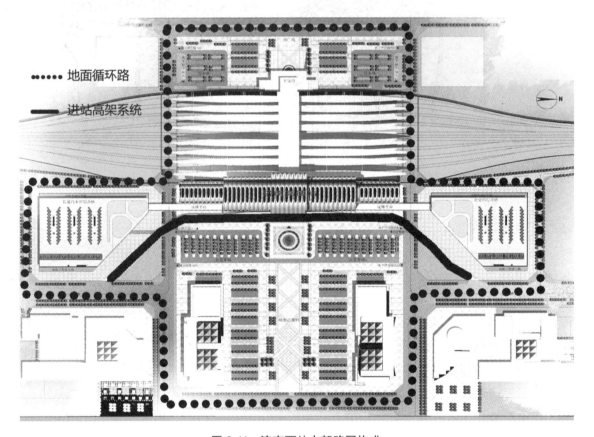

图 6-11　济南西站内部路网构成

6.3　规划组织中的几个要点探讨

6.3.1　关于高架进站路和站区内部地面循环路的组织

高架进站系统一般结合站房出发层布置,在站房入口处设置落客点,乘客下车后能够直接进入出发层候车,极大缩短了进站时间,提高了换乘效率,同时改善了换乘的舒适度。高架集散系统非常适合特大型和大型高铁客站,对于中等规模的客站则要根据地形条件、客运量和所需投资等方面综合比对谨慎决定。

地面循环路是站区快速集散系统的最基本的组成部分。值得一提的是，在实际工程中，将枢纽站体周边设置的地面循环路设计成单向道路系统是非常有利的：①能够有效地保证车站周边道路交通循环的单一性，减少过境交通，使周边地块开发产生的交通和车站到发交通不产生互相干扰；②站区小循环交通组织设计为单项环线设计，可以串联枢纽配套交通设施，集中集散枢纽交通，同时避免不同性质的车站交通在不同方向上的流线交叉，有序地引导各种类型的车站交通进出各自交通设施。

6.3.2 关于内外集散系统接口组织与接口形式

内外快速集散系统的接口设计是枢纽周边快速集散系统组织的一个重要内容，处理不好就会成为道路交通的"瓶颈"，影响整个集散系统功能的发挥，因而应该给予足够的重视。

为了确保接口处交通的连续分流和有序疏散，避免出现瓶颈现象，接口的组织设计应注意以下两方面：①接口的布局应当遵循均衡分散的原则，根据枢纽客流量及集散方向合理确定接口数量，均衡布置接口的位置；②根据接口交通量和衔接道路的形态选择合适的接口形式。

第七章
高铁客运枢纽与城市慢行交通系统的一体化衔接

"慢行交通"是相对于快速和高速交通而言的，有时亦可称为非机动化交通（non-motorizedtransportation），一般情况下，慢行交通是出行速度不大于15km/h的交通方式。慢行交通包括步行及非机动车交通。由于许多大城市的非机动车交通主要是自行车交通，慢行交通的主体就成为步行及自行车交通。步行和自行车不仅是绿色交通系统的重要组成部分，也是城市枢纽重要的集散方式。以东京站为例，其出站客流中，88.7%通过步行疏解，市民从交通枢纽站点下车后，通过步行即可到达单位、学校、商场等目的地，且约90%的步行时间小于10min。因此，枢纽内部及其周边用地要为步行和自行车出行提供安全连续的通行空间，并解决好步行及自行车与公共交通的接驳换乘问题。

7.1 高铁枢纽与步行交通系统的一体化衔接

高铁枢纽与城市步行交通的一体化衔接是指完善枢纽周边的步行系统建构，为行人提供一个连续的、安全的、无障碍的步行空间，从而使旅客能够便捷地到站和离站，使市民能够不受铁路的阻隔，自由地穿行于站区两侧。它包括站区周边步行系统的建构、穿越站区的步行系统建构和站区内部步行系统建构三部分内容。

7.1.1 站区周边步行系统的规划设计

影响人们选择交通方式的因素主要是出行目的和出行距离等，其中又以出行距离最为突出。步行的出行距离极限一般在1km左右，出行时间大约5~10min[1]，超过这个范围，人们就会选择其他的交通方式。本书参照美国俄勒冈州波特兰市的西区MAX轨道交通线上的站点周边步行服务圈的控制标准[2]，将高铁站区周边的范围控制在步行5min，半径400m以内。

站区周边步行系统的建设目的在于加强高铁客站与周边城市用地的联系，增强枢纽的步行可达性，以提升枢纽的集散效率和舒适性并吸引更多的步行客流，减少不必要的机动车出行。按照空间位置不同，站区周边的步行系统可以分为空中连续步道、地面连续步道和地下街3种类型式。

7.1.1.1 空中步行连廊

根据服务对象不同，空中步行连廊可以分为两种类型：

1. 公共空间型

公共空间型的步行连廊一般结合站区周边公共建筑或独立布置，形成一个既服务于市民，又服务于乘客的空中公共步行空间。这种空中步道一端连接车站站厅或广场，另一端穿行于站区周边的建筑群中，形成与地面交通完全分离的连续的步行网络。换乘人流能够

---
[1] 张玉彪.高速铁路车站片区交通衔接规划研究[D].成都：西南交通大学，2007.
[2] Brian Richards.未来的城市交通[M].潘海啸译.上海：同济大学出版社，2006.

在站区周边的公共建筑之间穿行而不受地面交通的干扰,从而实现人车完全分离的交通格局。日本的高铁站以及香港的许多轨道交通站都有这种模式的典型案例。

日本九州转运站站前二层入口步行平台向城市延伸与车站配套公建相连接,从而形成完整的步行系统(图7-1);日本品川站(Shinagawa Station)以客站东口的交通广场为核心,在品川GRAND COMMONS、品川INTER CITY的方向上设置了2层楼高的步行通廊组成的步行专用路网。将来还要和八山人行天桥连接起来,以实现和北品川方面的直接通行。

香港的轨道开发采取"车站+物业"的模式,利用城市步行系统合理连接轨道交通车站辐射范围内的建筑,是该模式成功的重要因素;穿插于上盖物业的有顶过街桥和过街楼等形式的人行设

图7-1 日本九州转运站周边的空中步道

施,使原本松散的上盖物业连成以轨道交通车站为核心的网络型车站复合体;从车站用处的大量人流与路面交通形成良好的分流,减少对原本狭窄路面的交通压力,人们更可以在购物、办公与普通居住建筑间悠闲穿行,感受步行空间的人性关怀,从而减少了人们对机动车的依赖和使用(图7-2)。[①]

图7-2 香港轨道车站附近过街桥

中国深圳新客站站区的步行规划充分考虑了空中步行系统的可能性,如图7-3所示,

---

① 陆锡明. 亚洲城市交通模式[M]. 上海:同济大学出版社,2009:86-88.

规划对车站周边地区立体步行路径作出了具体的引导和控制。尤其是通过几条高架步行连廊，在周边商务办公建筑与高铁客站之间建立起了舒适、便捷的步行联系，将高铁客站周边土地开发的交通联系优势充分体现了出来，为新客站站区能够真正成为具有国际先进水准的综合客运交通枢纽中心和商务、商贸、信息中心创造了条件。

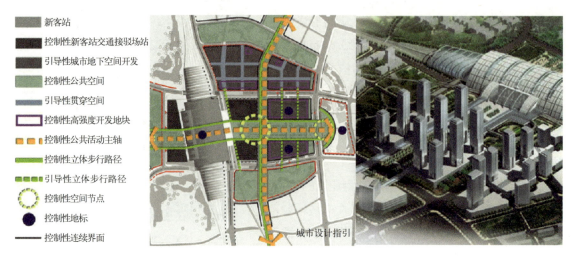

图 7-3　深圳新客站立体步行系统设计指引

2. 专享型

专享型空中步道是专门针对城市重大事件，为了方便火车站与目的地的直接联系而建的步行系统。比如在 2000 年的汉诺威世博会上，建筑师舒尔兹（Schulitz）以及巴黎的 RFR 结构工程师在火车站站台和博览会址之间设计了一条 340m 长的玻璃表皮的高架管状空中步道（中间是自动步道＋普通步道），很好地解决了两者的交通联系问题。

7.1.1.2　地面连续步道

地面连续步道是最基本的步行系统形式，包括各种步行通道、人行道、人行横道、广场、商业步行街等多种类型。

日本东京郊外的住宅新城的商业、办公建筑和居住区都围绕新建的地铁站布置，独立的步行道系统设计成由站点向外放射状，居民可以方便地通过步行或骑车到达车站，从而有效地遏制了小汽车的使用和停车问题。以东京郊外的 Khoku 新城为例，该城拥有 16 万人口，通过地铁与市区联系，Nakagawa 地铁站是新城的 8 个车站之一。站点轨道线的一侧为商业，另一侧为高密度住宅，被称为"社区道路"的专用步行道从车站出口延伸到附近的居住区。[①]

慕尼黑在城市交通上的研究、设计与管理方面具有世界一流水平，被誉为城市交通通畅的典范。1965 年，慕尼黑在"保护环境，回归自然"的口号下，提出了新的交通总体战略，

---

① Brian Richards. 未来的城市交通 [M]. 潘海啸译. 上海：同济大学出版社，2006：100.

将一部分现有地面公交网转移到地下，在地面形成若干大型步行广场和连续的步道，让人们在地面散步、休息，享受自然风光，地下建设一个运转能力极高的轨道交通系统和公路系统，从而形成了第一代的立体交通体系。慕尼黑卡尔广场（Karlsplatz）地下的交通综合体是该模式的典型代表，位于主要步行街 Kaufinger 街的终端，共有地下共 5 层，汇集着来自郊区各个方向的轨道交通 S-bahn、市内地铁和 U-bahn 的车辆，广场周围有与轨道交通配合的地面公交网络，并提供充足的静态交通空间。这种商业步行街与快速轨道交通的结合，不仅缓和了市中心的交通矛盾，也促进了地下空间的开发，在交通和商业上都获得巨大成功。

7.1.1.3 地下步行街

地下步行街是指连接高铁车站和站点周边城市地区的，能提供便捷安全的步行服务的连续的地下步行网络，包括过街地道、地下商业街等。

地下步行空间自诞生之日起就与车站的建设密不可分，欧美早期的地下街都是围绕车站与地铁站等综合交通枢纽的地下开发展开的。在亚洲，日本是最早结合火车站进行地下街开发的国家，1930 年，日本东京上野火车站地下步行通道两侧开设商业柜台形成"地下街之端"；至今，日本的地下街已从单纯的商业性质演变为包含多种城市功能的地下综合体，并形成了一整套庞大的城市地下空间网络，将各个交通枢纽与周边城区在地下连成一个整体。表 7-1 对日本比较有代表性的站区周边地下街开发案例及其特点进行了分析和归纳。

日本火车站站区与地下步行街衔接的成功案例　　　　表 7-1

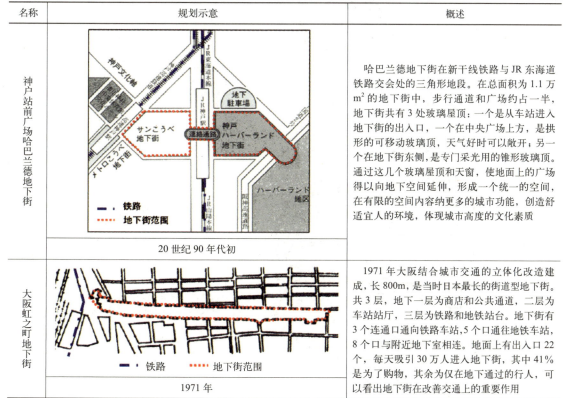

名称	规划示意	概述
神户站前广场哈巴兰德地下街	20 世纪 90 年代初	哈巴兰德地下街在新干线铁路与 JR 东海道铁路交会处的三角形地段。在总面积为 1.1 万 m² 的地下街中，步行通道和广场约占一半，地下街共有 3 处玻璃屋顶：一个是从车站进入地下街的出入口，一个在中央广场上方，是拱形的可移动玻璃顶，天气好时可以敞开；另一个在地下街东侧，是专门采光用的锥形玻璃顶。通过这几个玻璃屋顶和天窗，使地面上的广场得以向地下空间延伸，形成一个统一的空间，在有限的空间内容纳更多的城市功能，创造舒适宜人的环境，体现城市高度的文化素质
大阪虹之町地下街	1971 年	1971 年大阪结合城市交通的立体化改造建成，长 800m，是当时日本最长的街道型地下街。共 3 层，地下一层为商店和公共通道，二层为车站站厅，三层为铁路和地铁站台。地下街有 3 个连通口通向铁路车站，5 个口通往地铁车站，8 个口与附近地下室相连。地面上有出入口 22 个，每天吸引 30 万人进入地下街，其中 41% 是为了购物，其余为仅在地下通过的行人，可以看出地下街在改善交通上的重要作用

续表

名称	规划示意	概述
东京新宿地区结合铁路开发的地下街	1-新宿西口地下街 2-新宿南口地下街 3-新宿东口地下街 4-歌舞伎町地下街 5-靖国路 ——铁路 ┈┈地下街范围 1960～1976年	新宿原是东京的郊区，1885年建成火车站，1923年关东大地震后，居民向西迁移，新宿地区开始发展。战后，人口增长更快，火车站增加到3个（西口、东口、南口），日客流量超过100万人。在这种情况下，1960年成立了"新宿副都心建设公社"，开始全面规划新宿的立体化再开发，并逐步实施。1964年建成东口地下街，1966年建成西口地下街，基本完成了车站西侧地区的改造，又经过10年左右，1975年建成歌舞伎町地下街，1976年建成南口地下街，完成了车站东侧地区的立体化再开发，形成了地下综合体群
横滨车站广场地下街	——铁路 ┈┈地下街范围 1964～1980年	横滨铁路车站日客流量达150万人。20世纪60年代初期，站前交通紧张，停车空间不足，办公空间短缺，于是制定了立体化再开发规划。1974年建成波塔地下街，共2层，设出入口29个，直通地面的17个，1个通车站，7个通周围百货商店，4个通其他地下室。20世纪70年代后期，对横滨站东侧地区也进行了再开发，1980年建成戴蒙得地下街，完成了整个车站地区的立体化改造。由于贯彻了新的建设方针，波塔地下街不再与周围地下室连通，与车站的连接改在地上，出站后经过一段短的玻璃雨棚，就可从宽敞的踏步或自动扶梯进入地下街。这样的处理方式是第一次出现
川崎站前广场阿捷利亚地下街	地下一层平面 0 20 40 50m ——铁路客站 ┈┈ 1981～1986年	阿捷利亚地下街是日本20世纪80年代地下街建设的典型工程，日进出地下街的约有20万人次，年约6300万人次，被当地人赞誉为21世纪川崎市的象征。阿捷利亚地下街的建设与新的国铁车站建筑以及周围的10层左右的新建筑统一规划设计，同时施工。阿捷利亚地下街位于站前广场前方，为2层，广场两侧的每个公共汽车终始站站台和出租汽车站台上各有2部楼梯通向地下街，出站人流可经地下街中的通道直接上到站台，从而比较好地解决了广场上的人车混杂问题

续表

名称	规划示意	概述
东京站前八重洲地下街	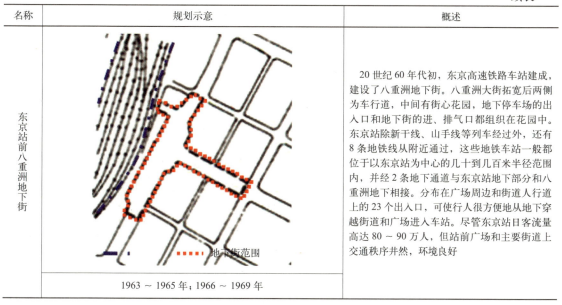 1963～1965 年；1966～1969 年	20 世纪 60 年代初，东京高速铁路车站建成，建设了八重洲地下街。八重洲大街拓宽后两侧为车行道，中间有街心花园，地下停车场的出入口和地下街的进、排气口都组织在花园中。东京站除新干线、山手线等列车经过外，还有 8 条地铁线从附近通过，这些地铁车站一般都位于以东京站为中心的几十到几百米半径范围内，并经 2 条地下通道与东京站地下部分和八重洲地下相接。分布在广场周边和街道人行道上的 23 个出入口，可使行人很方便地从地下穿越街道和广场进入车站。尽管东京站日客流量高达 80～90 万人，但站前广场和主要街道上交通秩序井然，环境良好

由于地下步行街可以在城市空间水平延伸而不受地面传统城市地面分区的阻隔，因此能够在车站与城市其他功能单位之间建立更加直接的联系，从而将大量客流转入地下，既能缓解地面的交通压力，又能避开恶劣的气候条件，为旅客创造舒适的步行环境，同时还能与商业结合，创造可观的经济效益。但是由于地下街开发成本很高，建成后再改动的难度很大，所以站区周边地下街的开发应当结合城市整体地下空间系统的发展战略以及站区周边的土地利用布局一起慎重考虑，确保建成后的成功运营。

在中国，以高铁车站的立体化建设和周边城市发展为契机的步行商业空间的开发已经进入高潮。在建设规划过程中，建设者应当充分借鉴相关案例的成功经验，结合实际情况，论证站区周边开发立体化步行交通系统的可行性，为高铁客站及其周边地区的一体化开发和可持续发展打下良好基础。

7.1.2 穿越站区的步行系统规划设计

"横亘合肥北城区的铁路线，仅仅一路之隔，便让站北与站南呈现出'冰火两重天'的差距。站南商贸繁荣、客流如潮，而站北却相对冷清"，这是传统铁路客站周边的常见景象。铁路穿越市区往往会对城市造成分割，造成铁路线两边区域发展的不均衡，形成站前站后 2 个明显分区，如何消除铁路屏障，实现铁路客站两侧的城市街区整体发展，一直是火车站地区规划建设面临的一个难题。把高铁站区作为城市的一条重要的人行动线的步行公共空间来进行规划，利用高架铁路、铁路下沉、地下通道和高架步道等方式，结合商业、文化展览、公园绿地等功能的开发，实现铁路两边的人流在步行层面的自由流动，是解决问题的有效方法。

7.1.2.1 高架铁路模式

高架铁路是消除分割现象的常见方法。高架铁路在德国、日本和台湾地区都有较多实例。比如柏林 Lehrter 车站的 ICE 就是以高架的形式引入站房二层，保持了枢纽周边地面步行空间的连续性（图 7-4）。20 世纪末期的日本，许多城市都对铁路进行了高架化改造，形成许多高架车站，东京车站是其中的典型代表，图 7-5 中箭头引导部分标识的是东京站站场下方一侧的城市公共步行空间。台湾地区从 2005 年开始，为了配合都市绿色交通的发展，实现车站周边景观和土地实现均好性和同步发展，达到"绿色交通和都市生态景观双相协调"的目标[①]，对台中都会区多条捷运线路和客站进行了高架化改造。铁路高架之后，保证了地面空间的连续性，方便了站区的人流、物流在地表的自由流动，站区两侧的繁华热闹气氛也得以沟通和连续。

中国京沪高速铁路沿线的许多大型客站都是高架形式，比如新郑州站，南京南站等。位于地面层的出站大厅南北通透，保证了沿车站中轴方向行人活动区域的延续性。

将铁路高架化虽然解决了铁道对地面空间的分割问题，其缺点也是显而易见的：①分割城市上部空间，容易对沿线居民造成明显的视线阻隔和压迫感；②采用"上进下出"的客流组织方式的站房高度会比一般的站房高出一层，建筑体量显得非常突兀，容易对城市的整体景观产生较大的影响。这些问题都需要规划设计人员结合具体情况去思考如何巧妙地处理和解决。

图 7-4 柏林 Lehrter 车站 ICE 的高架站台

---

① 谢潮仪，曾正茂等. 重塑绿色交通 [J]. 营建知讯，2007（7）：23-25.

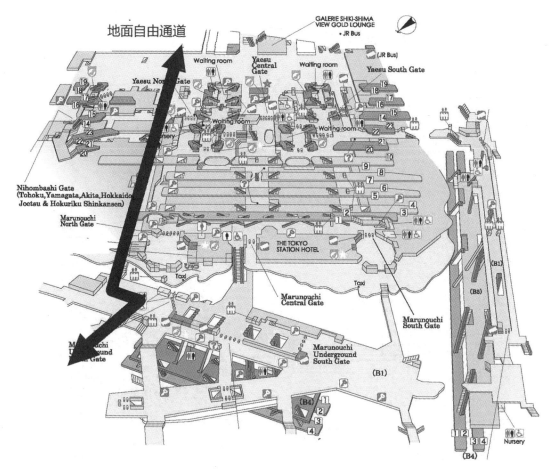

图 7-5　东京站下方联系铁路两侧的地面自由通路

7.1.2.2　铁路下沉模式

铁路下沉模式在几种处理方法中造价是最高的，但是它结合城市开发所带来的长期的经济和环境效益也是显而易见的。

法国巴黎拉德芳斯新区是早期采用人车分层的立体化交通开发模式的典型案例。它将高速铁路、地铁、公路等全部的机动车交通设施布置在地下层，并与城市的交通网络紧密联系形成庞大的交通枢纽；地面层设计成完全的步行区，将人流、车流完全分离开来。这种开发模式下大约有 84% 的工作者采用的交通方式是公交系统或步行，从而成功地确立了公共交通的主导地位。

阿姆斯特丹 Zudias 站原本是位于城市南侧的一个小站，20 世纪末由于欧洲高速铁路网的建设而升级成为国际高速列车的终点站。由于区域地位大幅提升，政府决定对 Zudias 站进行升级改造以带动城市发展，1998 年，议会通过 Zudias 地区的总体规划。为了保证城市空间的连续性，解决铁路的阻隔问题，规划最终选择将 14km^2 内的铁路基础设施沉入地下，释放出大量的地面空间进行商务、办公、住宅、公园绿地等项目的开发（图 7-6）。预计到

2018年，上盖区域的建设总量将会达到300万 m^2，这种建设量基本与法国拉德芳斯新区持平，对荷兰来说将是史无前例的。[1]

图 7-6 Zudias 地区的总体规划

深圳福田站是中国第一个全地下的综合客运枢纽，作为珠三角主要的城际铁路车站，福田站主要承担广—深—港之间高频、高端城际商务客流，与城市交通的接驳换乘主要依靠轨道交通进行。车站选址位于深圳市中心区，受线路敷设方式及周边城市道路、轨道交通、建筑物等的共同制约，车站只能全部位于地下。地面进行上盖物业综合开发，在地面和地下形成完整的步行系统，建成后极大地提高了中心区的吸引力和集聚力，促进了中心区的持续活力。

从长远来看，铁路沉入地下这种方法既从根本上解决了城市被分割的问题，又不会影响地面的自然生态环境，因而是最可持续发展的开发模式。但是这种模式造价高，施工难度大，存在很多技术难题：比如由于建筑覆盖在铁路轨道上，结构、隔声、防震等方面都需要采用先进的技术；如何减轻或避免高速列车进、出地下隧道时由于活塞效应而产生巨大的气压变化，进而对列车和乘客造成的不利影响等等。[2] 尽管如此，凭借其结合城市开发

---

[1] L. Bertolini, T. Spit Cities on the rails - the Redevelopment of Railway Station Areas[M]. London：E&FN Spon, 1998.
[2] 中国工程技术人员已经在高速武广线的建设过程中创造性地解决了这个国际技术难题．

所带来的显而易见的经济和环境效益，地下高速轨道交通仍将成为大城市和高密度、高度城市化地区交通的最佳选择。

7.1.2.3 地下通道模式

利用地下步行通道连接车站前后地区的行人流线，是联系火车站两边区域的传统型处理手法。早在20世纪初修建的美国纽约中央站就采用了地下步行通道模式，随后，伴随商业功能的进入，这种纯粹的步行通道逐渐演变成集交通功能和商业功能为一体的地下商业步行街，并被广泛应用在发达国家铁路客站设计中。如20世纪后期荷兰铁路咨询公司（Holland Railconsult）设计的许多车站都采用了在铁轨下方建造商业步行街的方法，将城市两边联系起来。

近年来伴随着中国各大城市地下空间开发战略的实施，地下通道模式被越来越多地运用到高铁站区的开发和旧火车站改造中去。如图7-7是高铁天津西客站的地下步行通道规划设计图，这条自由通道贯穿整个广场和站房的地下空间，并与站区周边的商业设施联系，通过人流、物流、信息流的自由流动，带动站区周边的整体发展。

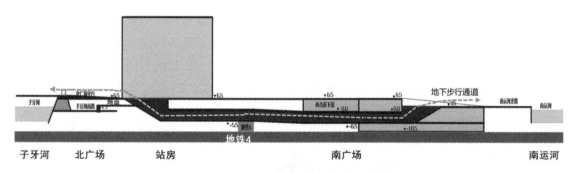

图7-7 天津西客站联系南北广场的地下步行通道

地下步行通道虽然位于站区内部，本质上却是城市公共空间的一部分，在满足交通功能的基础上，要注意地下步行通道环境设计的人性化、特色化和整体化，充分体现其作为城市公共空间的场所精神。

1. 人性化

人性化是指重视使用者的身心感受，给他们创造安全舒适的自然化、多样化、生活化的公共环境。其中自然化就是通过模拟自然、创造自然等手段，将自然元素（绿化、阳光、水）引入地下步通道，拉近地下空间与地面公共空间的距离；多样化就是采用各种空间主题，结合开展不同规模的文化休闲娱乐活动，借由发展类似城市环境的各种场所，让地下环境拥有接近城市环境的多样性变化[①]；生活化体现在利用地下通道人流比较固定的优势，加入新的城市机能，扩大服务范围，除了商业及其所衍生的服务外，还可以提供日常生活的需

---

① 刘皆宜. 城市立体化视角—地下街设计及其理论[M]. 南京：东南大学出版社，2009.

求服务，如自助银行、报摊、邮局和各类服务咨询等，以及快速地提供各种如天气、交通、停车的城市情报，让人们感到这就是一个普通的生活空间。

2. 特色化

沟通站区两边的地下步行通道是外地乘客最容易接触到的城市公共空间之一，因此应注意强化地下步行通道与城市人文和自然地理特色的关系，塑造城市门户的意向。

3. 整体化

整体化包含两方面含义：①重视地面与地下空间的连续性，在设计中将城市地面、地下步行通道，以及地下步行通道周边空间，通过各种标识引导以及各种连续性、关联性的手法让空间连成一个整体。②重视地下街与城市地面活动的关联性，设计中可以通过预留各种活动空间，再现原本发生于地面的城市活动，甚至可以让地下步行通道成为大型城市公共活动场地的延伸，增加人们对两者的整体化印象。

7.1.2.4 高架步道模式

高架步道是指跨越站台上方，将车站两侧的街区连接起来，使市民能够不受铁路的阻隔，自由地穿行于站区两侧的步行空间。人行天桥和高架平台是常见的两种形式。

高架步道可以结合站房内部布置，也可以位于站房外部一侧。结合站房内部布置时一般以线形通道的形式出现，如日本新横滨车站、品川车站（图7-8）。位于站房外部一侧时多与站前广场结合，以高架平台的形式出现，以深圳罗湖口岸车站为例，罗湖口岸车站拥有一个多层立体的城市步行空间系统，由地面广场、下沉广场、高架平台、人行天桥及

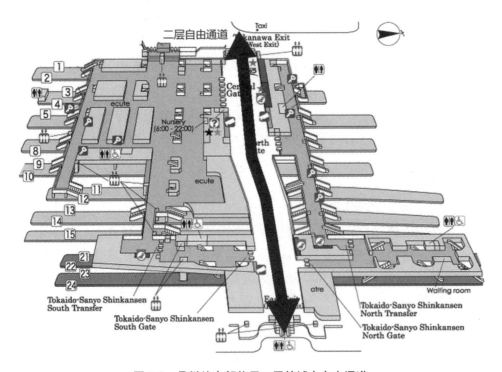

图7-8 品川站内部位于二层的城市自由通道

各类垂直交通和景观设施、绿化、水面等组成。东西向的高架平台横跨站台,将围绕规划区东西两侧连接起来。

高架步道的施工设计简单易行,结合站前广场的立体化设计可以形成层次丰富的步行空间,并且可以实现步行交通与机动车交通的立体分离,不失为一种简单有效的联系方式。

7.1.3 站区内部步行系统的规划设计

高铁站区内部的步行系统是指衔接站房与站区外部步行系统,使行人能够安全地步入站房,中间不会被机动车打断或干扰的一切步行设施。站前步行广场是站区内部步行系统最重要的组成部分。

7.1.3.1 站前广场的演化阶段及其特征

根据中国铁路类型的演变趋势,可以将铁路客站站前广场的发展划分为3个阶段(表7-2):

第一阶段:以普速铁路为主的阶段。这个阶段广场的功能以交通集散为主。与站房衔接的各种交通场站设施在平面上分散布局,各种交通方式与铁路站房的衔接都通过站前广场完成,除此之外,站前广场还要提供一部分机动车停放空间和一定面积的旅客等候空间。

第二阶段:普速与高铁铁路并存阶段。目前中国高铁客站大多数都属于这个阶段。该阶段除了中小型车站的交通场站仍然采用平面分区的布局方式,特大型和大型车站基本都采用了集中式立体化布局,各种机动车交通与站房基本实现立体化无缝接驳。站前广场的交通集散功能减弱,城市广场功能凸显,形成独立的步行广场。

第三阶段:以高速铁路为主阶段。该阶段高铁站区及周边将形成完善的立体步行网络系统,高铁枢纽的集聚效应充分显现,站前广场的吸引周边、联系周边的城市节点功能形成。

在实际进程中,这3个阶段并没有明确的分界,更多的时候是处在从一个阶段向另一个阶段的过渡之中,因此如果同时兼有2个阶段的特征也不足为奇。

中国铁路客站站前广场发展阶段及特征 表 7-2

	第一阶段(普速)	第二阶段(普速+高铁)	第三阶段(高铁)
功能特点	以交通集散功能为主	交通集散功能与城市广场功能并重	交通集散功能+城市广场功能+城市节点功能
形态特征	机动车交通与步行交通在平面混合	机动车交通、步行交通平面和立体分离两种形式并存,步行广场独立出来,步行交通与客站的衔接受到重视,步行环境得到改善	机动车交通与步行交通实现立体分离,步行广场融入周边完善的立体步行网络

7.1.3.2 传统铁路客站站前广场特征

20世纪90年代,我国对于铁路客站站前广场的定义集中表现为以下几种:

"铁路客站必不可少的组成部分,是为乘降铁路列车的旅客换成城市交通和行包邮件的

安全迅速集散，以及各种快慢车辆停放的专用性广场。"——邵毓宾，《现代铁路旅客车站规划设计》，1999

"是铁路客运站与城市交通的结合部，是客流、车流和行包流集散的地点。个别情况下还可作为迎宾集会场所。"——刘其斌，《铁路车站及枢纽》，1997

"客运站站前广场是属于公共交通建筑的集散广场，其特点是人多车多，交通频繁、使用率高，综合性强，是客运站的前沿地带，与城市关系密切。"——曹振熙，《客运站建设技术与设计——汽车站、火车站、港口客运站》，1993

图 7-9 是传统铁路客站站前广场的功能构成分析。结合以上定义可以看出，中国传统型站前广场具有以下特点：

(1) 平面布局为主。
(2) 重基本交通功能，轻环境设计，人性化不足。

传统型站前广场的功能组织以满足铁路客站的基本交通功能为标准，忽视广场的环境设计和服务设施建设：景观单一，基本是清一色大面积铺地；缺乏绿化和座椅、公厕、垃圾箱等人性化的服务设施，导致大量在广场等候的旅客直接坐在地上或者路边，形成脏乱差的局面。

(3) 流线多而复杂。

传统铁路客站站前广场仅交通种类就包括客流、车流和行包流 3 种；另外由于传统型火车站站房功能单一，为旅客服务的商业功能大多布置在广场周边，会吸引大量的客流穿越广场。复杂的交通流线在实际使用中很容易造成混乱。

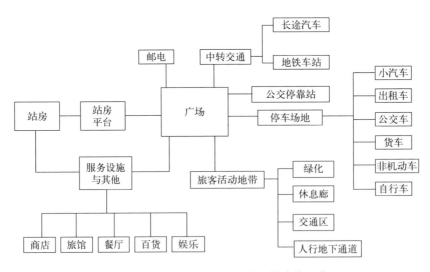

图 7-9　传统铁路客站站前广场的功能组成

(4) 面积需求大。

广场功能众多，各种设施又都在平面展开；车次少候车时间长候车空间不足，客流量大加上中国特有的季节性客流高峰现象如春运等这些因素共同决定了广场的面积要足够的大。表 7-3 是中国传统型客站广场面积参考指标。以目前的北京南站为例,最高聚集人数 10500 人,按照表中的数据计算,那么我们将需要一个 6 万平方米的巨大广场。这显然是非常不经济和低效的。因此,随着中国铁路客流的增加,这种传统铁路广场布局模式注定是要被淘汰的。

传统型客站广场面积参考指标 表 7-3

客站规模	特大型	大型	中型	小型
广场面积（m²/人）	6.0	5.0～5.5	4.5～5.0	4.0～4.5

7.1.3.3 高铁枢纽站前广场特征

随着交通运输方式的进步和客站建筑的发展,当前中国高铁枢纽站前广场的功能和形式与传统的铁路客站广场相比有了很大的改变,如表 7-4 所示。

1. 形态立体化,完整化

高铁枢纽交通组织的立体化,使机动车交通与步行交通分离,站前步行广场的形态更加完整（图 7-10）。形式更加丰富,出现了高架广场、地面广场、半地下广场（图 7-11）、高架＋地面、地面＋半地面等多种形式。以深圳新客站为例,站场周边西高东低,两侧高差 10 余米,考虑站场和站前广场建设填挖方的就地平衡及其与东侧、西侧用地地平衔接、交通疏解,新客站站前广场采用高架＋地面的复合形式（图 7-12）。

传统型客站广场与高铁客运枢纽广场对比 表 7-4

广场特征	传统型客站	高铁客站
形态	以平面式为主; 各种交通场站设施在平面上分块布局	立体化为主（特大型、大型枢纽）,平面化为辅（中小型）; 各种交通场站设施分层布置
使用状况	人车流混杂,时有交叉,步行权利得不到保障	人车完全分流,广场主要为步行交通服务
具体功能	衔接换乘各种交通; 提供多种交通设施场地; 邮电行包; 旅客室外休息候车; 市民等候接送亲友; 购票等候（春运尤其突出售票网络不完善）; 大型政治活动集会场所; 城市的门户,决定旅客对于城市面貌的第一印象	衔接步行交通; 旅客室外休息候车; 市民等候接送亲友; 市民换乘其他市内交通; 市民休闲; 防灾; 展示城市形象功能减弱:大部分从地下分流的人群看不到城市广场,反而对站台空间和换乘大厅的印象更加深刻
面积和数量	大 集中式单广场	变小 站前、站后 2 个广场或者更多
与城市开放空间的关系	独立的,与其他开放空间没有联系	与城市的开放空间（如带状公园、大型绿地）直接相连,形成网络体系

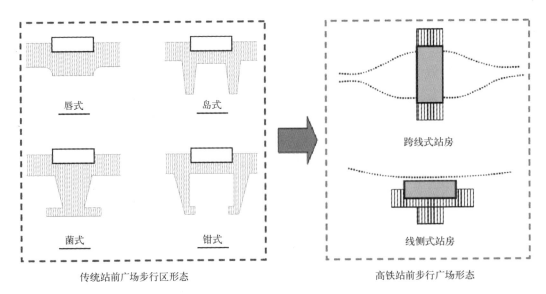

图 7-10　中国站前广场步行部分的形态的对比

图 7-11　杭州东站西广场局部下沉

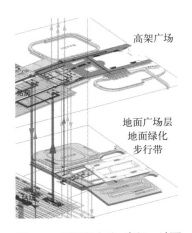

图 7-12　深圳新客站：高架＋地面

2. 功能单一化，流线简单化

由于进行了交通的立体化改造，大型高铁客站中各种机动车交通与站房的接驳可以在不同层面上同时展开，站前广场被解放出来，主要负责步行交通与站房的衔接，广场的交通功能得以简化。同时，少了机动车交通的干扰，站前广场的流线组织也更加简单明了。

3. 面积缩小，数量增加

一方面，机动车交通与站房的无缝衔接，使大量客流不用出站就可以直接在地下迅速疏解，减轻了站前广场的压力，以南京新火车站和广州老火车站为例，开通地铁后站前广场的聚集人数明显减少。另一方面，列车开行密度增加，客流周转率提升，使旅客在广场滞留的时间相应缩减。因此，步行广场所需要的面积在理论上也相应减少。

为了提高了高铁客站在城市中的交通可达性，加强被铁路分割的 2 个城区的联系以及提高铁路客站的容量,广场的数量比原来增加,一般会有站前、站后2个广场或者更多。

4. 设施人性化,风格特色化

站前广场交通功能的简化,使其集散、休憩的功能更加突出,广场服务设施(公厕、座椅、遮阴)更加健全,设计更加人性化;景观设计注意体现地域文化特色,突出个性。

5. 与城市开放空间系统的联系密切化

许多高铁枢纽的规划方案都在站前设计了大面积的城市绿地公园,显示出站前广场与城市开放空间良好的联系。

7.1.3.4 高铁枢纽站前广场规划原则

1. 弹性原则

弹性是指广场方案要灵活,对于不同的超出正常使用范围之外的使用强度,广场仍能很好地作出应对。

2. 针对性原则

针对性是指要因地制宜,根据每个车站自身及其周边环境特点进行功能、容量以及景观方面的设计,避免盲目跟风。

3. 设施布局均衡合理原则

地铁、地下公交站出入口、南北广场地下通道数量和在广场的位置分布要合理,避免出现广场使用偏心,局部拥挤严重的情况。

4. 高舒适度原则

提供充足的座位、公厕,足够的遮阴措施,健全清晰的标示系统,并将其合理分布。

7.1.3.5 站前广场设计面临的挑战及对策

1. 挑战

中国是人口大国,存在春运等特有的季节性客流高峰现象,会有大量人流集聚在广场上,广场能否满足需要?如果以季节性客流高峰值设计广场容量的话,平时必定造成大面积的广场闲置现象,不符合集约开发的原则,如何处理?作为城市的公共空间,广场必须具备一定的防灾避难功能。最近几年国外车站恐怖袭击案件频发,也给我们的规划者敲响了警钟——当突发事件发生时,广场是否有足够的空间容纳地下涌上来的大量人群?

2. 对策

目前看来,与城市公共开放空间如大型公园、绿地项目的联合开发是解决以上问题的一个有效途径。中国大型高铁客运枢纽的建设多与新城开发一起考虑,希望以铁路客站带动周边地区的开发,形成城市新的增长极。为了配合周边地块的高密度开发,也为了展示城市门户形象,高铁枢纽站前大多规划有一定面积的城市的公共开放空间(如带状公园、景观绿地),如果将其与站前广场实现联合开发,这些公共空间在客流高峰或突发事件情况下就可以帮助站前步行广场消化一部分客流,使高铁枢纽在不增加面积的情况下极大地扩展容量。这样既提升了站区周边的空间品质,又解决了以上问题,可谓一举多得。

从操作层面来讲，站前步行广场与城市公共空间的联合开发形式可以分为平面相接和立体分离两种。平面相接适用于用地充足的情况，如法兰克福火车站中心的开发，郑州新客站（图 7-13）、天津西站的开发等。当客站项目位于城市中心区，用地非常紧张时可以采用立体分离的方式，将公共开放空间建在屋顶上。比如美国旧金山跨湾客运中心站房屋顶的"city park"（图 7-14），可上人的站房屋面一直延伸到城市地面的步行系统中去，成为城市立体步行系统的一部分。

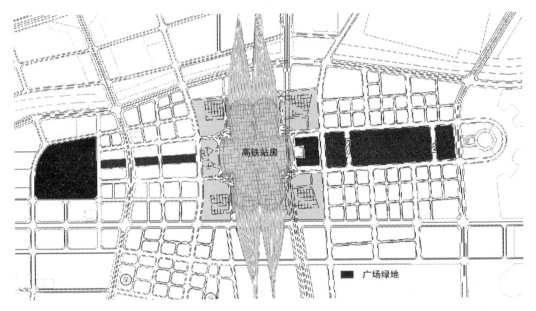

图 7-13　郑州新客站站区规划

图 7-14　旧金山跨湾客运中心站房屋顶的"city park"

7.2 高铁枢纽与自行车交通系统的一体化衔接

高铁枢纽与自行车交通接驳的完善程度是体现一个城市是否公平，是否以人为本的重要窗口，在中国，自行车与公共交通的换乘建设还处在起步阶段，在今后的实际建设中应当给予足够的重视。

7.2.1 自行车的优势及发展现状

7.2.1.1 自行车交通的优势

中国是自行车大国，国民一直有自行车出行的传统。虽然近年来由于城市面积的迅速扩大、出行距离增加以及雾霾等环境问题使自行车出行比例有所下降，但由于自行车价格低廉，便于存放，使用起来机动灵活，出行基本不受道路堵车情况的影响，使用过程还能强身健体，因此深受广大人民群众喜爱。

自行车交通是一种不消耗石炭类能源，零排放，无污染的低成本绿色可持续交通方式，从一般能源消耗上讲，同样的距离，分别采用自行车、步行、小汽车所消耗的能源是 1:3:60，非常节能环保。从停车方面说，自行车占地面积小，有利于节约建设用地等，这些都是自行车交通不可替代的特殊优势。

7.2.1.2 国内外的发展现状

由于自行车在可持续发展方面的诸多优势，许多国家和地方政府制定了相关的政策措施鼓励自行车交通的发展并起到了良好的效果，见表 7-5 所列。

各个国家对自行车发展扶持政策统计表　　　　表 7-5

国家		文件及相关政策	作用
欧洲	丹麦哥本哈根	2000 年，《城市交通计划——改善自行车使用条件计划》；2007 年，对原规划进行了修订，加大支持力度，提出 2015 年自行车交通承担比例达到 50%。政府提出将哥本哈根建成世界上最好的城市	自行车交通成为城市交通的重要组成部分，超过 1/3 的市民选择骑自行车上班、上学。2006 年通勤通学中自行车比例由 34% 上升到 36%
	荷兰	荷兰国家自行车总体规划中规定：5km 以下的出行尽可能放弃使用机动车而改用自行车，从家到轨道交通车站，自行车是最合适的交通工具	自行车交通被高度重视，全国已经形成了 3 万多公里，占道路总长 30.6% 的自行车专用路网，鹿特丹市还建成了世界上第一条自行车专用隧道。从居住区到办公区都有完善的、醒目的自行车停车设施
	伦敦	《伦敦自行车交通规划》	道路自行车交通量从 1999 年的 3.8% 发展到 2005 年的 9.25%，2007 年已经超过 10%。英国的"活力交通"慈善机构，自成立 16 年来，一直致力于自行车专用路网的宣传、筹款。英国人宣称：18 世纪给英国带来了大运河，19 世纪给英国带来了铁路，20 世纪给英国带来了高速公路，21 世纪给英国带来了富有活力的自行车

续表

国家	文件及相关政策	作用
美洲	美国纽约	1997年，《纽约市自行车交通总体规划》《自行车交通网络发展计划》	通过政府不同部门之间的协同合作，利用公众参与和广泛的宣传教育，保证了计划的顺利实施
亚洲	日本	2007年《道路交通法》明确了自行车交通与步行交通在空间上的分离原则	自行车因环境的改变得到较大发展，东京、大阪、名古屋等城市轨道交通车站、公共服务设施、商业街停满自行车

中国自从20世纪90年代到后期进入"机动化"时代以来，对自行车的认识经历了抑制消灭到鼓励发展的转变过程。

第一阶段：在以汽车发展为本的机动化时代，自行车的使用被认为是经济落后的表现，是造成交通拥堵和交通事故的元凶，不仅路权得不到保障，连使用权也有被取消的危险，深圳、哈尔滨等城市一度曾经出台取消自行车交通的地方禁令。

第二阶段：进入21世纪，人们发现汽车在使我们的生活变得便利的同时也给城市带来了问题：北京上海等大城市都出现了严重的交通拥堵和环境污染。而且这种情况迅速地波及到中型城市，城市交通可持续发展问题无可避免地被提上日程，再加上中国居民的社会公平意识日益提高，专家们开始将求解的目光投向公共交通和出行方式的多样化，在这种背景下，自行车出行在中国已经开始重新获得认可和重视。

2005年《北京市城市总体规划（2004—2020）》第一次明确提出了自行车交通在城市交通体系中的功能和地位，表明了自行车和步行交通发展政策，提出了北京倡导步行和自行车交通。

2007年《深圳城市总体规划（2007—2020）》明确提出到2011年深圳将有望构筑双向490km的自行车通道网络，在城市轨道交通站点1000m范围内建立大量骨干公交接驳区。到2020年，深圳将实现步行+自行车+公交的主流出行模式。

2008年5月1日，以倡导"绿色出行，缓解交通两难"为目标的杭州市公共自行车交通服务系统正式启动。至今，大街小巷骑自行车出行的居民和游客成为杭州市标志性的风景之一。公共自行车不仅成了杭州市民解决"最后一段路"出行的主要选择，而且还开始改变城市的出行结构，将公共自行车与公交车、出租车、水上巴士、地铁一起成为市民短途出行的重要交通工具。

2011年5月，为适应"两型社会"建设要求，提升城市生活品质，改善人居环境，株洲启动了公共自行车租赁系统，有500个站点、10000辆自行车可供市民使用。株洲公共自行车倡导"随用随骑，骑后速还"的用车理念，鼓励市民自行车换乘等方式出行，公共自行车在3小时以内免费。自开行以来，每天有近1000人次租（还）车，株洲市租还车人次突破120万，受到市民一致好评。除了单纯的租赁，株洲自行车还形成了集生产、研发、运营和管理于一体的产业模式。2011年10月中国住建部将株洲列入全国第二批"城市步行和自行车交通系统示范项目"试点城市，要求在全国推广株洲的做法和经验。

7.2.2 B+R：自行车与公共交通的换乘

B+R：Biking & Riding 是起源于发达国家的一种自行车与公共交通之间的换乘模式。当前，即使在轨道交通非常发达国家日本，所有轨道交通车站周边都停放有大量自行车，有些甚至阻碍行人交通，如何增加车站的自行车位成为政府亟待解决的一大难题。欧洲的瑞典、丹麦、荷兰也有相似情况。在中国，自发的 B+R 发展也很迅猛，北京对已有轨道交通线路的客流调查结果显示，目前采用 B+R 模式换乘的居民，已经占轨道交通出行总量的 10% 左右。[①]

理论上讲，这种组合优势非常多。首先，从完善公共交通网络方面来看，B+R 可以弥补城市公共交通网络的密度不足，有效地扩大城市公共交通的辐射范围，吸引更多的客源。一般而言，轨道交通的步行衔接服务圈为 500～800m 范围，这也是轨道交通站点的直接服务圈，是轨道交通客流集散的主要区域，若改用健康、环保的自行车作为衔接轨交通的工具，则可将服务圈扩大到 3km，服务圈的范围得到了显著的扩展。具体来说公共交通的站点是固定的，只能服务于一个区域，不能实现站点与每家每户之间的直接联系，而自行车能够克服这个缺陷，实现门到门的交通联系，两者结合有效延长了公共交通站点的服务距离，从而给公共交通带来更多客流。其次，从投资角度看，利用自行车作为公共交通的延长还可以节约相应距离公共交通的建设成本；客源的增加也有利于回收投资成本和弥补运营支出。再次，由于自行车取代了部分近距离出行的私家车，因此能改善城市交通结构，确保公共交通战略的顺利实施。正是因为具备以上优点，所以目前无论是美国的《自行车交通网络发展计划》还是丹麦哥本哈根 2000 年颁布的《城市交通改善计划》都将自行车与公共交通的顺畅衔接作为计划的核心内容之一。

实现 B+R 模式要具备 2 个条件：①要有完善的公共交通网络。因为自行车是有出行范围的（图 7-15），超出了这个距离，人们就会选择私家车出行，变成 P+R。②在公共交通枢纽要配置足够的、方便的自行车停车设施。

目前，自行车与城市内部公共交通方面换乘的积极作用已经得到普遍认可，具体到与高速铁路客站之间的衔接换乘规划的实施则需要根据具体城市特点和实际情况作出进一步的研究。

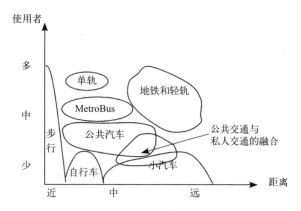

图 7-15　不同交通方式服务范围

7.2.3 影响高铁枢纽自行车客流分担率的因素

目前，中国大多数高铁客站客流分担量统计中都没有将自行车单独列出，往往跟步行

---

① 李伟. 步行和自行车交通规划与实践 [M]. 北京：知识出版社，2009.

交通统统归为一类进行统计，只有为数很少的高铁客站进行了专门统计，以杭州东站为例，2030年不同交通工具承担客流统计表显示自行车的承担率只有1%。远远低于城市日常出行承担率。

造成这种现象的原因可能有以下几个原因：①车站位置远离居住区，自行车换乘的乘客较少。②车站对自行车换乘的发展不够重视，没有布置足够的停车设施；③自行车停车环境差，管理松懈，丢车现象严重。也就是说，在没有政府政策的干预下，车站周边的土地利用情况，停车设施规模的确定是否合理以及停车设施管理是影响高铁客站自行车客流分担率的3个重要因素。

7.2.3.1 枢纽周边的土地利用情况

荷兰学者Piet Rietveld的研究表明[①]：自行车与火车换乘率的高低主要取决于火车站与居住区的距离，调研表明3.5km以内自行车出行率是最高的，超过这个距离人们便会选择其他交通工具前往火车站。另外Piet Rietveld还发现，在自行车出行距离内，从居住地去火车站，使用自行车的可能性较大，而从工作地点去火车站，使用自行车的可能性微乎其微，除非有2辆自行车。借鉴以上研究可以认为高铁站周边3.5km以内的土地利用模式是影响自行车分担率的主要因素之一，高铁周围土地利用类型如果以商务办公为主，自行车换乘比例就低，如果是居民区比例就高。在中国由于自行车出行条件较好，加之电动自行车比较普及，所有这个范围可以更大。根据这一结论，可以判断高铁车站存在与自行车接驳的必要性，并进行客流量的估算。

先前国内也有轨道交通专家认为应该按照综合换乘枢纽在城市中的位置来决定是否考虑与自行车的接驳，见表7-6。比如不主张在位于城市中心的综合枢纽换乘站考虑自行车停车，以免吸引过多的自行车交通而影响道路机动车交通，试图以此解决路段机动车拥堵问题。这种强制性应对措施，本质上还是以机动车为本的思考方式。由于无法满足群众出行的实际需求，即使一时有效，也很难长久，更不可能从根本上解决问题，难免成为规划者一厢情愿式的愿望。

各类轨道交通站点配置自行车停车场建议表　　　　　表7-6

站点功能分级	城市中心区	城市郊区
综合枢纽站	不设	选设
枢纽站	选设	必设
一般换乘站	选设	必设

资料来源：甘勇华，2007。

7.2.3.2 停车设施规模的确定

停车设施规模的确定包括三部分：①自行车换乘人数的预测；②站点高峰时段的自行车

[①] Piet Rietveld, The accessibility of railway stations: the role of the bicycle inThe Netherlands, Transportation Research Part D, 2000 (5): 71-75.

存车量的确定;③确定停车面积。

1. 自行车换乘人数的预测

根据前面的研究我们认为生活在高铁站区周围3.5km范围以内的居民都是停车换乘的潜在使用者,可以根据该地区的土地利用模式对高铁车站的自行车换乘人数进行预测。因为高铁枢纽不仅是内外交通换乘站,也是市内交通换乘站,可以为站区周围使用自行车出行的居民提供换乘公共交通的服务,因此自行车的换乘总量应该是与对外铁路交通换乘人数和与市内公共交通换乘人数两部分之和。

2. 自行车存车量的确定

确定了自行车换乘人数之后,可以通过换乘量分别计算室内公共交通和铁路的自行车存车量,具体的算法可以借鉴目前城市轨道交通站点高峰时段的自行车存车量的计算方法。算出的存车量是现状需求量,考虑到以后的发展,还应当增加一部分预留停车位。以轨道交通为例,目前北京轨道交通车站的自行车停车位预留普遍不足,根据北京市已开线路的停放状况,自行车停车设施总体规模可以按照进入该站的乘客总量的10%~15%估算,服务面积较大的采用高限。高铁客站的自行车停车数量也可以参考这个比例。

3. 停车面积

按照中国传统的停车场形式设计时,单位停车面积受标准停车宽度和停放形式控制,一般取2.0m^2/辆,斜放时酌情减小。在城市规划建设中,自行车停车场地用地可按1.4~1.8m^2/辆估算,若一般公共建筑物附设停车场可按1.0~1.2m^2/辆估算。具体说来,自行车停车场的有关设计参数应按公安部、建设部1988年颁布的《停车场规划设计规则(试行)》中的有关规定执行。见表7-7。

自行车停车场主要设计指标　　　　表7-7

停车方式		停车带宽(m)		车辆横向间距(m)	过道宽度(m)		单位停车面积(m^2)			
		单排	双排		单排	双排	单排一侧停车	单排两侧停车	双排一侧停车	双排两侧停车
斜列式	30°	1.00	1.60	0.50	1.20	2.0	2.20	2.00	2.00	1.80
	45°	1.40	2.26	0.50	1.20	2.0	1.84	1.70	1.65	1.51
	60°	1.70	2.77	0.50	1.50	2.6	1.85	1.73	1.67	1.55
垂直式		2.00	3.20	0.60	1.50	2.60	2.10	1.98	1.86	1.74

资料来源:《停车场规划设计规则(试行)》,1988。

除了选择传统的停车场设计,设计人员还可以考虑选用新式的标准化的停车设施,如智能停车库、自动停车场,这时只要根据预测的停车数量选择合适的车库型号就可以了。

7.2.3.3 停车设施管理

自行车停车环境差,车位不足,管理松懈,丢车现象严重一直是困扰自行车使用者的一大难题。如果高铁枢纽能够提供良好的管理服务,确保自行车存放的安全性,存取过程的便捷和有序以及收费的合理性，相信对自行车换乘率会有一定的拉升。

作为设计人员可以从优化停车设施的设计策略入手，降低管理的难度，提升管理质量，为使用自行车的乘客提供更好的换乘环境和更人性化的服务。

1. 发展智能化停车设施

智能化停车设施能够有效打击自行车盗窃行为；为使用者提供全面的停放服务；提供自助式服务，从而给管理方节约人力资本；占地集中，节约土地；除此之外还能使车站广场整齐有序，有利于广场附近道路的畅通。

(1) 多层的自行车库。在德国为了应对火车站等公共场所严重的丢车现象，研制开发了多层的自行车库[①]，新开发的自行车库采用封闭式结构。它有一个由微型计算机控制的装有自行车支架的圆盘传送带。自行车进入支架上的凹座之后，它的前轮便被夹到一个装有弹簧的滚轮上。随后，圆盘传送带把这辆自行车送到一定的高度，以前轮为悬挂点，把它悬挂起来。为节省空间，不同高度上悬挂的自行车交错地排放着。每一辆自行车都有一个编码。这个车库配备着编码自动检索操作系统。这种多层自行车库可以建造在现有的火车站内而无碍于其他设施。标准的车库大小是 7.5m 长，2.7m 宽，3.4m 高。平均每个车位造价约 250 德国马克（1997 年）。

(2) 全自动自行车停车场。在日本车站里，很多骑自行车到车站的人常常会因为没有地方停车而苦恼。因此日本在东京的 Kasai 车站推出了一种全自动化的自行车停车场，可停泊 9400 部自行车。这种停车场是全机械及自动化的，只需将自行车放在指定位置，再按下按钮，停车场会自动把自行车存放至空闲位置；取车时，也只需按一下按钮，自行车就会自动被传送过来，每天的停车费只需要 1 美元左右，包月也只需 18 美元左右。

(3) 全地下自助停车场。我国关于自行车停车场布置的实际调研中发现的问题是：居民更愿意将自行车停在地面而不是地下，原因是地下设施上下都不方便，人身不安全。日本 Giken 公司开发出了一种利用多层地下空间来存放自行车的新方法。Giken 设计了一个存放自行车的自动服务终端，用户可以把自行车放到自动终端的门边，这个终端就会自动把自行车放入地下的多层存储空间内。在办事或购物完毕之后，再到自行车自动存放终端处付费，然后这个终端就会把自行车从存储空间中调出来还给你。这个存储空间有很多层，并且每一层都可以存放许多辆自行车。在日本，这个服务的费用是每月 2600 日元，折合人民币约 195 元。

2. 推广公共自行车

自行车租赁系统既能方便市民，还能凭借车辆的特殊识别性而杜绝自行车盗窃行为，解除骑车人的后顾之忧。在中国，杭州、株洲、武汉等城市的公共自行车交通系统目前已成功运行多年，取得了良好的社会效益，其布点速度之快，网点规模之大，营运效果之好，是建设之初并没有想到的。高铁客站作为城市中的大型客流吸引点，建议试点建立租赁系统，

---

① 杨揆一. 小中见大——德国铁路考虑自行车存放问题 [J]. 铁道知识, 1997 (02): 35.

收费可以借鉴法国"自由自行车"计划收费模式,每次以固定的租金租车半小时,超过半小时后将累计计时,时间越久,费用越高,以确保公共自行车被用于短途旅行。[①]

3. 提供"绿色"停车服务

随着电动自行车的普及,东京都世田谷区于2010年3月16日在由该区运营,位于东急电铁田园都市线樱新町站附近的停车场内,开设了配备太阳能发电系统等的"太阳能自行车停车棚"。这个停车棚配置了共计100辆电动助力自行车,提供每天300日元租费的服务。这些太阳能停车棚将通过把太阳能电池发电产生的电力储存在大容量锂离子充电电池中,然后再将电力转移到自行车用锂离子充电电池上使用。据介绍,由于停车棚备有备用电力系统,因此即使长时间持续出现雨天,也不会出现电池无法充电的情况。[②]

7.2.4 自行车停车场与高铁枢纽的衔接布局

良好的停车设施布局能够杜绝乱停乱放现象的发生,降低管理难度。在实际建设中,高铁枢纽停车场的形态和布局应当具有灵活性多样性,所以在此只对自行车停车场的布局提出原则性的建议:

(1) 方便各个方向的自行车换乘,在车站各个出入口根据需要设置自行车停车换乘设施,而不集中设置。

(2) 根据枢纽内每种接驳方式的不同换乘需求,灵活设置自行车停车场的位置和规模。

(3) 发挥自行车停车占地少的特点,充分结合站点周边的建筑,广场周边及地下,出入口附近的行道树之间的空间,机非隔离带,路侧绿地等空间集约布置,因地制宜,尤其鼓励地下、半地下和立体停车方式,以节约用地。

(4) 设置地点要醒目,并有良好的标识系统。

---

① 巴黎公共自行车年底将达2万辆租车费每半小时1欧元 [EB/OL]. 2007-08-13. http://news.ddc.net.cn/newsview.aspx?id=9145&kinds=0_1_3_.
② 东京都世田各区设立太阳能自行车停车棚,采用三泽电机的面板和蓄电池 [EB/OL]. 2010-03-18. http://china.nikkeibp.com.cn/news/econ/ 50589-20100317.html.

第八章
高铁客站建筑的整合设计

传统铁路客站通常分为广场、站房和站场3个独立的部分。高速铁路发展起来以后，列车速度和发车频率的大幅度提高，极大提升了客流集散效率，与之相适应，客站的空间布局形式有了很大的改变，站场不再是单纯的乘降空间，与站房联系无论是在布局上还是功能分担上都更加紧密，共同构成以实现各种中转换乘行为为目标的功能性空间。因此，在高铁客站建筑设计中应当将两者作为整体进行设计，根据功能侧重的不同，这个整体可以分为实现客运作业所需要的换乘空间和服务于换乘活动的商业空间两大主要组成部分。本章将在系统回顾铁路客站发展历程的基础上，从换乘空间的设计、商业空间设计以及建筑的形态创作三方面来探讨高铁客站建设整合设计的方法和内容。

8.1 铁路客站发展历程回顾

8.1.1 国外发展阶段及特征

如表8-1所示，国外铁路客站的发展大体可以划分为4个阶段。

国外铁路客站发展历程一览表　　　　表8-1

	第一阶段	第二阶段	第三阶段	第四阶段
时间	1830年至19世纪中期	19世纪中至20世纪初	20世纪20年代至"二战"	20世纪80年代至今
功能定位	铁路运输终端	铁路运输终端	铁路运输终端，综合交通枢纽并存	交通枢纽型城市综合体
空间特征	等候式	等候式	等候式、通过式并存	通过式
车站构成	站台	站台+站房	站台+站房	站台+站房+衍生功能体
主要参与国	英国、美国	欧美	欧美	欧洲、日本

8.1.1.1 起源阶段（1830年至19世纪中期）

蒸汽机的发明导致铁路在19世纪的迅速发展和普及，极大地促进了英法德美的经济发展和工业化进程。1808年，发明家和工程师查德·特里维西克建立了世界上第一条载客铁路线。伴随着铁路的建设，火车站开始出现。1830年，英国利物浦诞生了世界上第一座客运车站。这座车站非常简陋，只有一个木制雨棚的站台，没几年不复存在了。同一时期，美国的铁路业发展起来，最早的Mount Clare站连雨棚都没有，只有1间办公室和1个站台。1837建造的年伦敦第一座火车站——尤斯顿火车站最初只有2个站台，1个出发站台1个到达站台。图8-1中显示的是载客头等列车，上下班的人坐在车厢里，车厢由货运车厢改造而成，前景为早期有盖车厢。[1]

---

[1] Terry farrell. Shapping London, the patterns and forms that make the metropolis[M]. london：John Wiley & Sons, 2009：142.

19 世纪中期以前火车站处于起步阶段，车站构成非常简陋，基本只有站台空间，出了站台就直接是城市街道。站棚的材料最初主要是木材，后期变成了铸铁和玻璃。这主要得益于铁路建设过程中工程技术上的不断突破对建筑工程的极大促进作用。钢铁的应用是现代结构技术的基础，最初的钢铁主要用于铁路工程。1830～1840 年英国铁路建设中大量的工程技术人员集思广益，短时间内攻克了很多技术难题，比如布鲁诺设计的英国大西部铁路工程中率先采用 2.13m 的宽轨距，比原来的 1.43m 更加安全和舒适。① 这种勇于探索的精神极大地激励后来的设计师，钢铁结构很快被用于工业建筑和各种公共建筑，从图 8-1 中我们可以看到尤斯顿车站中已经采用了锻铁结构的屋顶，虽然跨度还不是很大。1850～1852 年由工程师丘比特（Lewis Cubitt）设计并建造的伦敦国王十字火车站（King's Cross Railway Station）的站棚设计采用了 2 组跨度 30m 的钢铁穹顶（图 8-2），主入口立面采用砖材料，设计成意大利文艺复兴风格。②

图 8-1　尤斯顿车站站台，1838 年

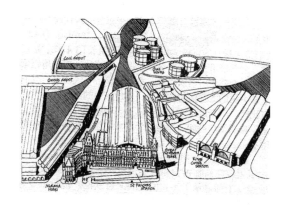

图 8-2　圣潘可拉斯车站和国王十字车站

8.1.1.2　发展阶段Ⅰ（19 世纪中至 20 世纪初）

19 世纪中期，铁路成为欧美许多大财团争相投资的肥肉，伴随铁路建设的狂热，一种新型的公共建筑类型——大型火车客运站出现了，它们有着宏大的体量，华美的外观和巨大的占地，并成为欧美工业时代的一个重要标志。这个时期的大型客站构成表现出 2 个特点：

第一个特点是站台普遍采用大跨度钢铁结构雨棚。在技术上铁和玻璃成为站棚的主要材料。19 世纪 60 年代到 1915 年之间，由于工程技术的进步，大型车站的站棚跨度和长度开始迅速增加，火车站进入了"宏伟的站棚时代"。斯图加特的诺伊尔车站（Neuer bahnhof，1868）站棚跨度 61.6m，长 165m。英国的潘克拉斯车站站棚长 209m，宽 73m，是英国跨度最大的站场。③ 1893 年修建的宾夕法尼亚车站拥有当时跨度最大的单跨站棚，

---

① 王受之. 世界现代建筑史 [M]. 北京：中国建筑工业出版社，1999：32.
② 同①
③ Richard Dawes. Modern Trains and Splendid Stations[M]. London: Merrell Publisher Limited. 2001.

宽 91.5m。法兰克福美因河畔车站利用 3 个大跨拱顶是宽度达到 169m，1915 年罗梭等人设计的莱比锡车站利用 8 个独立大跨拱顶实现了 300m 的站场跨度，目前仍然是欧洲最大的车站。

第二个特点是出现了站房，站房有位于站场一侧的、两侧的和尽端的，又以尽端车站数量最多。站房的功能迅速完善并日益复杂，出现了售票处、办公管理空间、中央大厅以及候车室等功能空间划分（图 8-3）。候车厅有严格的等级划分，英国分为 3 个等级，德国分为 4 个等级，图 8-4 呈现了当时宾夕法尼亚车站（Pennsylvania Station）候车室的场景。中央大厅（concourse）在这个阶段开始成为站房空间的标准配置。"concourse"最初产生于尽端站，主要是指位于铁道尽端和候车室之间的部分空间，一般设计得高大开敞，是尽端车站空间的精华所在。典型的案例有 1852 年设计师 François Duquesney 修建的法国 Gare de l'Est 车站[①]（图 8-5），这个车站现在仍在使用，是 TGV 高速铁路的一个终点站，规模在巴黎 6 个火车总站中排第四。除了客站的交通功能日益健全以外，最初的衍生功能也出现了：有些铁路运营商认为在火车站修建旅馆能够方便旅行并满足旅客需求，于是在这个时期的尽端式车站的沿街立面通常会是一栋旅馆建筑，外观与其他公共建筑相似，唯一能够跟其他建筑明显区别开来的拱顶站棚往往被端头的多层建筑遮蔽，从正面很难被看到，典型的案例有英国的潘克拉斯车站的格洛夫纳（Grosvenor）旅馆（1861）和匹兹堡的佩恩车站（Penn Station，1898～1903）。高大的铁路宾馆、旅馆成为当时火车站的又一个典型特征。

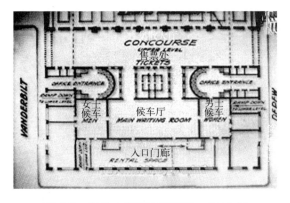

图 8-3 纽约中央车站平面图，1913 年

图 8-4 宾夕法尼亚车站大厅候车室

图 8-5 Gare de l'Est 车站大厅

---

① Richard Dawes. Modern Trains and Splendid Stations[M]. London: Merrell Publisher Limited. 2001.

该阶段客站建筑设计的明显缺点是站房与站棚是各自独立的，并没有结合起来，建筑师与工程师各行其是，完全没有合作可言。以英国的潘克拉斯车站为例，站棚在站房建筑设计之前很久就已经设计出来了。再比如1903年在工程师主持设计下，纽约中央车站对站场开始进行电气化和立体化改造，直到1907年第一辆电气化机车正式运营之后，中央铁路局才开始聘请Reed&Stem事务所的建筑师着手站房的设计，两者一前一后完全没有交集。这种站房与站场的分离式建设导致了车站建筑形式不能完全反映功能，而是根据投资者的喜好，带有更多的装饰和炫耀的意味。

这个阶段的站房形式以维多利亚风格为主，出现了很多宏伟的纪念性车站。圣潘克拉斯车站（1863～1874年）是该风格的重要代表作品。这一时期也不乏现代主义风格的创新，建筑师埃里尔·沙里宁（Eliel Saarinen）设计的芬兰赫尔辛基火车站（1910～1914年）利用不加装饰的天然砖石材料建造，轮廓清晰，形体简洁明快，是北欧早期现代主义倾向的重要实例，也是20世纪的建筑精品案例之一（图8-6）。

图8-6　赫尔辛基火车站，1916年

随着城市的发展和铁路成为主要的运输方式，越来越多的人使用铁路车站。很多车站站场达到饱和状态。传统的靠增加地面轨道的方式扩大站场运载量的方式正在受到大城市日益昂贵的地价的挑战。为了尽可能多地增加轨道数量，扩充站场的容量，客站布局开始向集约化发展，出现了两种做法。第一种是车场向空中发展，将整个出发层都布置成站场，将候车室、售票处等服务空间集中布置在地面层，如德国柏林亚历山大车站[①]（图8-7），圣潘克拉斯车站。第二种是车场向地下发展，修建地下立体车场（图8-8）。1903～1913年

---

② Carroll Louis Vanderslice Meeks. The railroad station: an architectural history (Dover Architecture)[M]. New York: Dover Publication, 2012.

配合电气化列车的引入，纽约中央车站（grand central terminal）进行了立体扩容改造。改造之后拥有 44 个站台，不仅摆脱了地面车场，还将大中央车站的能力扩大了 3 倍，成为世界上运载量最高的车站。改造后的站场分为地下一层与地下二层，一层有 41 条铁轨供长途列车使用，从芝加哥、波士顿等地方来的列车将在这些电气化轨道上进新站，在下面，26 条铁轨供郊区通勤列车轻松地滑行到终点，每天到站和离站的列车达 500 个班次，使用人数超过 50 万，是美国最繁忙的铁路车站。

图 8-7　柏林亚历山大火车站，1885 年

图 8-8　宾夕法尼亚车站地下站台层

随着地铁的发展和引入车站，火车站出现了由单一交通方式节点向城市交通枢纽转变的趋势。以纽约中央车站是为例，1913 年中央车站完成了地下化改造之后成为曼哈顿地区的交通中枢，大量长途列车、郊区通勤铁路和城市地铁在此相交，再发散出去，以车站为中心的现代城市轨道交通网的雏形初现端倪。

与此同时，车站建设与城市开发出现了互动。为了筹措中央车站改造所需要的巨额资金，威廉·威尔格斯提议通过自我融资完成整个工程，具体做法是将铁路埋入地下后空出来的地面空间出售给房地产开发商进行混合功能开发，用得来的收入支付整个车站改造规划的支出。这是有史以来第一次实践，最终被称为"空间所有权"，这是一个建设铁路的革命性的方法，开创了目前普遍采用的轨道交通"上盖物业"开发模式的先河。这个设想和实践获得了巨大的成功，对曼哈顿的城市空间形态产生了巨大的影响，原来混乱肮脏的露天车场被开发成了林荫遍地的著名第四公园大道和商务办公区。这里云集了纽约最高级的使馆区、每日新闻大厦、克莱斯勒大厦等著名建筑，成为曼哈顿新的城市中心。街道两侧的建设以中央车站为参照进行了系统的城市设计，形成了连续统一的街道景观，这种设计手法也成为 20 世纪初美国私人地产开发的通用模式。中央车站改造在这个时期世界范围的车站建设中虽然只是个例，却使人们认识到了火车站地区建设对城市发展的巨大带动作用，正像美国规划者们总结的那样——中央车站由一个城市发展的惰性障碍变成了城市发展的助推器。

8.1.1.3　发展阶段Ⅱ（20世纪20~60年代）

20世纪20年代的美国，随着福特T型系汽车的诞生，汽车凭借舒适的性能，可以提供"门—门"便捷服务以及中产阶级能够承受的价格迅速变成出行的主导交通工具，短途铁路客运的市场份额逐渐下降。

欧洲汽车时代的来临在时间上滞后于美国，直到二战之前仍然处于铁路运输的黄金时代，火车运营速度提高，达到160km/h。车站建设更加注重高效和功能齐全。这个时期铁路客站建筑的特点主要表现为以下几方面：

（1）钢筋混凝土成为主要的建筑材料。

（2）受现代主义思潮的影响，铁路站房建筑造型简洁，追求形式与功能的统一，摒弃烦琐的立面装饰。

（3）车站功能以交通集散为主，一些车站取消了封闭候车室的做法，代之以一个公共流通区域为主，售票、候车和商业服务等功能都在这个大空间分区展开，空间划分更加开放、整体化，呈现出向通过式发展的明显趋势。

（4）注重旅客流线的设计和完善，强调为旅客提供高效便捷的进出站通道。

（5）开始考虑火车站与城市公共交通如公交电汽车、小汽车的衔接。

该阶段的典型案例有芬兰坦佩雷站（图8-9）、意大利罗马站（图8-10）、加拿大渥太华站[①]（1950）和巴黎蒙帕尔纳斯站（Gare de Paris-Montparnasse）（图8-11）等。

图8-9　芬兰坦佩雷站，1930年

图8-10　罗马中央车站，1939年

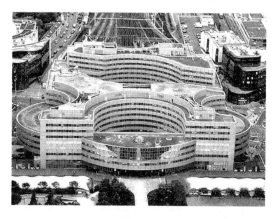

图8-11　巴黎蒙帕尔纳斯站，1960年

---

① 加拿大渥太华站（1950年）由约翰·B.帕金（John Burnett Parkin）事务所设计．

从 19 世纪 60 年代到 1950 年，发达资本主义国家修建了大约 4 万个车站。[①] 但是二战以后，燃气涡轮发动机的出现使航空业也成为铁路的强大竞争对手，铁路进入了世界范围的衰退期。

8.1.1.4 成熟阶段（20 世纪 80 年代以后）

进入 20 世纪六七十年代，世界范围的能源危机和交通拥堵以及环境问题让人们重新关注大容量公共交通作为一种可持续发展的交通方式的可能性。80 年代以后，高速铁路的发展有力地推动了铁路的复兴并引发了高速铁路车站建设的高潮。与第一次铁路革命由欧美主导不同，这一次铁路技术革命主要发生在战后的日本和西欧（法国、德国）。与传统车站相比，这次技术变革使高铁客站的功能发生了根本性的变化，主要表现在以下两方面（图 8-12）。

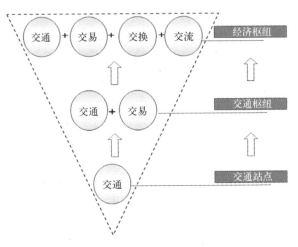

图 8-12　高铁客站功能演变示意图

（1）交通功能复杂化，由单一铁路站点转变成快速通过式综合交通枢纽。

（2）城市功能扩展化。凭借枢纽良好的可达性，高铁枢纽成为带动城市发展的触媒和催化剂，强大的集聚效应使围绕高铁枢纽而衍生出的城市功能日益复杂，高铁枢纽逐渐由交通枢纽向城市的经济枢纽转变。城市功能是高铁客站的衍生职能和高级职能，这项职能的实现程度与城市的经济发展水平有密切的关系。

作为对以上变化的响应，高铁客站建设在功能空间布局、客流流线组织和建筑形态设计方面均表现出了空间一体化、功能一体化和建筑形态一体化的特点，在下文中会对此进行详细分析。

8.1.2　国内发展阶段及特征

中国铁路客站与世界铁路客站的发展趋势是一致的，但是在具体发展过程中，受国情的影响又形成了自己独特的风格。归纳来说，从新中国成立到现在，中国铁路客站发展也经历了 3 个阶段，见表 8-2。

国内铁路客站发展历程表　　　　表 8-2

	第一阶段	第二阶段	第三阶段
时间	新中国成立至 20 世纪 80 年代	20 世纪 80 年代至 2002 年	2003 年至今
功能定位	铁路运输终端	铁路运输终端向交通枢纽转化	城市交通枢纽综合体

---

① Carroll Louis Vanderslice Meeks. the railroad station: an architectural history[M], New York, 1995.

续表

	第一阶段	第二阶段	第三阶段
功能构成	交通功能	交通功能	交通功能+衍生功能
车站构成	站房+站台	站房+站台	站房+站台
空间特征	等候式	等候式	等候式+通过式
出发层布局示意图			
图例	▨ 候车空间　□ 进站大厅　▩ 站台与进站大厅的衔接空间　■ 服务空间　▬ 站场		
代表案例	北京站	上海新客站，杭州新客站	上海南站，北京南站

8.1.2.1 第一阶段（1949～1980年）

新中国成立后，百废待兴，中国铁路运输质量也有待提高。列车少、速度慢而且准点率低，加上城市的公共交通不发达，乘客往往需要提前到站并经历较长时间的候车。这个阶段候车功能是铁路客站的主要功能，加上进出站采用封闭式管理模式，因此在客站建筑设计上表现出重视站房，轻视站场的现象。大型站房在功能布局上以候车厅为核心展开。流线组织特点是：线侧式布局；候车室与站场分离并置，相距较远；单向进站；进出站流线平面或者立体分离，后者采用天桥作为进站跨线设施，地道作为出站设施。代表案例有1959年建成的北京火车站。

该阶段客站建筑的设计缺点是显而易见的，主要表现为：

（1）空间封闭性强，多个分向候车室围绕中央进站大厅布局形成袋状尽端空间，空间流动性差，使用效率不高。

（2）所有进站乘客都要通过中央大厅进站，乘客进站后先经中央大厅进入候车室候车，然后再返回中央大厅到达站台，流线迂回冗长，时有交叉干扰。

（3）候车环境恶劣，没有商业服务。其中前2个因素在客流高峰期综合作用容易造成瓶颈现象。

（4）车站建筑外部形态设计与其他公共建筑区别不大，还没有形成自己独特的建筑语言。

8.1.2.2 第二阶段（1980～2002年）

改革开放以后，中国铁路运输的质量有了很大改善，兴建了很多重要的大型铁路客站。该阶段候车功能仍然是车站的核心功能。客站建筑设计的最大突破是站房与站场的组合关系出现了高架候车的线上式布局。之前的铁路站房都是线侧式的，1987年，新建的上海第二客站（也叫上海新客站）首次采用了南、北双向进站的在线高架候车式布局[①]，此后高架候车就成为大型铁路客站的主要布局范式。如天津站、沈阳北站（1986～1990年）、深圳站、济南站、长春站、广州东站、北京西站、杭州站等都采用了这种模式。

高架候车式布局的优点主要表现为：

（1）双向进站分散了单一方向进站设施的交通压力，满足了市内不同方向的客源地的乘客便捷进站离站的要求。

（2）站房与站场的叠合布置＋候车室由袋状尽端空间变成穿越性空间，缩短了乘客的进站流线，消除了迂回的现象和不同流线间的交叉干扰。

（3）站房与站场的叠合布局减少了客站的占地面积，实现了集约用地。

缺点主要有：站台空间采光不足，受列车影响噪声很大，空气质量较差；候车环境依然没有很好改善。

在这个阶段站房内部空间、功能布局和组织管理表现出了一些其他的特征如：候车空间开始整体化，由多向分布式独立候车厅合并为集中式候车厅。车票代理制增加了售票方式网点，减轻了客站集中售票的压力，因此售票空间被压缩并逐渐独立出来，与进站流线分离，变成一个直接对外的功能空间。行包托运从客运业务中独立出去。进站开始安检等。

为了满足乘客的住宿、餐饮、购物的需求，铁路客站出现了商业综合服务功能。中国铁路客站的设计者积极向日本和西方发达国家学习，兴建了一批多层或高层的客站综合体，这些综合体建筑以宾馆、商业和餐饮功能为主，在布局上与高架站房前后相连，紧密结合，成为城市重要的地标性建筑，如沈阳北站、济南站、深圳站等。但是由于中国与发达国家在管理体制、经济发展水平等方面的巨大差异，导致这些服务设施并未达到预期的效果，经营状况不是很好，尤其是旅馆入住率很低，基本处于亏损状态。

20世纪90年代中期开始，中国铁路进入了快速发展期。从1997年开始到2002年，中国铁路先后经历了5次大提速，平均每2年就提速1次，运行时速从48.1km提高到160km，发展之快令人印象深刻。与此同时，中国铁路客站设计也有了观念上的突破。开始重视铁路与城市综合交通体系的衔接，将铁路客站作为城市交通换乘枢纽来考虑。1999年投入运营的一级铁路客站——杭州新客站（程泰宁设计），首次出现了进站高架车道，出站地下综合换乘大厅，"利用地下、地面、高架3个层面来组织流线"[②]，初步实现了各种交通方式的立体分流，以及铁路客站与地铁、出租等交通设施站场的一体化布局，将中国的铁路客站创作水平推上一个新的台阶。

8.1.2.3 第三阶段（2003年至今）

2004年国务院出台了中国第一个行业规划——《中长期铁路网规划》，这个纲领性文

[①] 王时. 探索、创新、从实际出发——上海铁路新客站评析 [J]. 建筑学报，1990（6）：29-32.
[②] 朱兆慷, 张庄. 铁路旅客车站流线设计和建筑空间组合模式的发展过程与趋势 [J]. 建筑学报，2005（7）：74-78.

件表明了中国铁路跨越式发展①的战略思想。2006年铁路"十一五"规划（2006—2010）出台后，中国大规模铁路建设全面展开。2007年的第六次铁路大提速，9条干线时速达到200km，部分区段达到250km。2008年，为了配合奥运会的举行，运营时速达到300km的京津城际高速铁路开通，就此揭开了中国建设高铁客运专线的序幕，也标志着中国进入了高铁时代。2009年铁道部第七次对列车运行图进行较大范围的调整，开通了合武和石太2条客运专线。2014年，我国境内新建高铁5000多公里，高铁通车总里程达到1.6万多公里，位居世界第一。预计到2015年末，高铁运营里程将再增加2000km，达到1.8万km。到2020年，基本实现相邻城市间形成1~2小时铁路交通圈。

作为大规模铁路建设的重要组成部分，铁路客站的规划和建设也在全面推进。这个阶段是中国铁路大发展的时期，这种发展既表现在数量上，也表现在质量上。数量上："十一五"期间计划开工建设的铁路客站数量众多，达到548座②；质量上：伴随着国内建筑设计市场的对外开放，许多境外知名建筑师事务所在进入中国市场捞金的同时也带来了先进的设计理念和方法，我们的铁路客站设计开始与世界先进水平接轨，出现了很多优秀的设计作品。如2005年竣工的由法国Arup事务所和华东院联合设计的上海南站（2006年投入使用）就是一个极具前瞻性的案例。

2003~2008年新客站一览表　　　　　　　　　　表8-3

设计时间	客站名称
2003	扬州站、上海南站
2004	泰州站、延安站、拉萨站、南京站
2005	淮安北站、天津站、井冈山站
2006	北京南站、武昌站、青岛站
2007	敦煌站、亚布力站、乌兰浩特站、武汉站
2008	福州南站、厦门西站、太原南站、上海虹桥、呼和浩特东站、苏州站、北京南站
2009	西安北站、银川站、天津西站、西宁站、新长沙站、海口东站、三亚站

上海南站是一个集轨道，公交等各种交通方式于一体的线上式大型立体交通换乘枢纽。该方案在功能和布局上的特点：

（1）首创环形高架车道进站方式，客流组织采用"高架进站，广场和地下出站"的模式，实现了"人车分流"。

（2）站房首次采用全开放式一体化布局模式。借助现代材料和结构技术，设计者将候车大厅和服务功能都放在一个圆形穹顶覆盖的开敞空间内，各种功能空间的位置一览无余，

---

① 跨越式发展，一般是指技术和生产力发展水平较低的国家，充分利用新技术革命的机遇，发挥后发优势，通过加快发展和应用高新技术，跨越发达国家技术和生产力发展的一些阶段，达到发达国家技术和生产力先进水平的一种发展方式。跨越式发展的实质是通过技术创新，实现社会生产力的超常规快速发展.

② 省会城市客站25座，地级城市客站95座，县级城市客站428座。按照线路的类别分，客观专线158座，城际铁路客站83座，一般铁路干线客站292座，既有铁路客站改造15座.

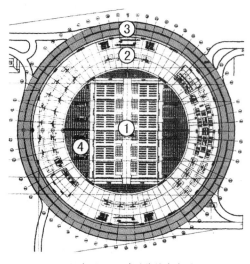

1—候车厅；2—多功能综合大厅；
3—车行通行下客平台；4—站台

图 8-13 上海南站平面图

整个空间设计简洁明了（图 8-13）。

（3）进站层候车空间集中布置在一处，面积减少，通过大厅面积增加。

（4）考虑到引入高速铁路后站房换乘空间可能出现的变化，不同区域通过低矮可变的隔断划分，保证了功能变化的灵活性，为将来向通过式布局转变埋下伏笔。

2008 年开始，随着高铁客运专线的建设，北京南站、上海虹桥站、武汉站等一大批功能先进的大型高铁客站如雨后春笋般出现，与以往的客站相比，高铁客站表现出功能高度复合化（集交通、等候、商业服务、业务办理为一体），空间布局一体化（开敞的大空间），形象设计地域化的特点，设计原则也由原来的"经济、实用、美观"转变为"功能性、系统性、先进性、文化性、经济性"五性原则，实现了铁路客站建设的理念创新。与日益复杂的客站功能相对应，高铁客站建筑设计从空间布局到流线组织都表现出比以往更加简洁、开放的特点。

8.2 换乘空间设计

8.2.1 换乘空间设计趋势

高铁客站的换乘空间由站房和站场共同组成，主要解决乘客进出站流线组织和候车问题。从目前的发展来看，高铁客站的换乘空间设计表现出以下趋势：

8.2.1.1 站房空间通过化

高速列车速度和发车频率的大幅度提高，极大提升了客流集散效率，与之相适应，站房空间设计也表现出快速通过式特点。

(1) 候车空间面积减少，集散空间面积增加。

(2) 在出发层，采用精巧的大跨结构营造空间开敞、视线通透的大空间，让集散、候车、服务等各种功能都在同一空间内展开；这种简洁开放的综合性大空间使旅客的视线能够直达各功能区，从而方便迅速到达目的地，从心理上改变以往旅客对陌生环境的紧张感，为旅客提供一个轻松便捷的进站环境（图 8-14）。

(3) 在到达层，与各种交通场站直接衔接的出站换乘大厅取代出站通道成为大型高铁枢纽的标准配置。以往出站旅客要先经过横跨站场的出站通道，然后到站前广场换乘其他交通方式离开，流线往往很长；采用出站大厅模式后，到站乘客可以在站场层下方的换乘大厅直接换乘其他交通设施，极大缩短了出站流线，提高了换乘效率。

图 8-14　出发层的大空间设计

8.2.1.2　站场重要性提升

通过式客流组织模式使得站场的重要性大大增加。国外由于很多车站采取列车公交化运营和开放式管理模式，乘客可以直接到站台候车，站台空间成为建筑设计师着力表现的空间，如斯图加特火车站站台的顶棚（图 8-15）设计以新颖独特的造型给来往旅客留下了深刻的印象，成为了车站乃至城市的标志。在中国的高铁枢纽中，随着轨道交通的引入，大量客流主要在地下直接疏散，站台空间作为乘客对城市的第一印象空间，也越来越受到建筑师的重视。比如采用无柱雨棚，以增加站台通过性和旅客视线的通透性（图 8-16）；设置与进站层直接联系的无障碍电梯，方便乘客直接进入站台候车；新的铁路客站规范中还增加了特大型、大型客货共线站房站台设置厕所的规定。

8.2.1.3　服务设施完善化

高铁换乘空间还应配备完善的旅客服务设施（图 8-17），包括大到信息标识引导，无障碍设计，充足醒目的升降设施等，小到厕位间隔板和挂钩的设置等。注重细节设计，充分体现以人为本的绿色换乘设计理念，在为旅客提供高效舒适的换乘环境的同时，提升高速铁路运输的吸引力和竞争力。

图 8-15 斯图加特火车站站台空间

图 8-16 天津西站无站台柱雨棚

图 8-17 旅客服务设施实景

8.2.2 通过式布局模式

完全通过式是高铁客站换乘空间布局的理想模式,但是从世界范围来看,由于不同国家和地区具体实现条件的不同,目前高铁客站的换乘空间布局模式可以归纳为 3 大类:①完全通过式;②通过+等候式,侧重于通过;③通过+等候式,侧重于等候。这 3 种模式主要从进站层的平面布局特点来区分,如图 8-18 所示。

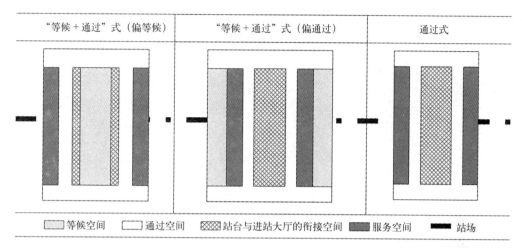

图 8-18 通过式三大布局模式

8.2.2.1 完全通过式布局

国外尤其是欧洲高速列车基本实现了高铁的公交化运营后,基本不需要候车空间或者需要的很少,换乘空间在布局上基本以完全通过式为主。如图 8-19 所示,完全通过式布局的突出特征是:进站大厅与站台的衔接空间居于醒目的核心位置,外围依次布置通过空间和服务性空间。候车空间面积很小,常常以休息室的形式出现,一般归在服务空间里。

GMP 事务所设计的柏林中央车站是典型的通过式的案例。2006 年投入使用的柏林中央车站是目前欧洲最大也是最现代化的中转车,每天可以接纳 30 万乘客,来往列车数达到 2500 趟,其中远程列车 164 列,地方铁路区间车 314 列,城市快速交通列车 600 列,今后可能还要增加某些线路的地铁列车。

透过柏林中央站我们可以看到国外完全通过式高铁客站换乘空间的布局的主要特点:

1. 集约化的立体空间布局

中央车站换乘空间主体有 5 层:地上三层是东西向铁路的站台层,设有 3 个站台;地下 2 层是南北向铁路和 5 号地铁线的站台层;地面一层为站厅层,乘客由此进入站房;地上二层和地下一层为换乘层,设有票务、客服和小面积的休息室。

2. 高度的空间流动性

中央车站站房布局采用了典型的通过式空间布局。5 个功能层由中央的共享中厅整合为一个立体化的流动空间,并通过自动扶梯直接联系。从一层进站的乘客可以通过中庭的几十部扶梯直接到达目的站台;同时 2 个站台层之间设有 6 部直达电梯,这样它们之间换乘的乘客与车站里其他的人群可以互不干扰地迅速移动。在换乘设施数量方面,整座站房设置了 54 座滚动式电梯和 34 座直升式电梯。简洁的空间布局，直接的流线设计和充足的换乘设施保证了人流的高效有序流动（图 8-19）。

图 8-19　车站内部换乘空间

3. 清晰的空间视觉导向性

交通建筑的导向系统设计主要有 2 种类型：

（1）标识系统设计，即通过设置诱导标志，引导人流流动，这是最传统、最基本的方式。以新宿站为例，从地上一层到地下五层分布有 8 条线路，地上二层是由餐饮百货等构成的商业中心，由于各条线路的出口与周围的地上和地下街商业及办公联系在一起，因此在不同的方向和功能体内形成了更多的出入口，如地铁丸之内站就有 36 个出入口，每天上万的客流在此出入，正是有了完善的标识导引系统设计，才确保了客站的正常运转。[①]

（2）通过特殊的空间设计，引导人形成明确的方位感，这是一种更高级的导向系统。国外相关研究表明，让旅客直接看到去目的地的路径的方式在提升建筑空间的可读性方面要比使用标识系统更加有效。[②]

---

① 王玫. 地下铁道导向系统设计概述 [J]. 城市轨道交通研究（学术专刊），1999 (2)：29-31.
② 汤均. 中外交通建筑设计差异的分析——以法国 AREP 公司作品为例 [J]. 建筑学报，2009 (4)：89-91.

因此，柏林中央车站中采用了两种要素来增加空间视觉导向性：①透过开敞平面空间的中央共享大厅，所有的功能和流线都清楚可见，每层的乘客都可以非常容易地确定自己的位置和到达自己要去的地方。②运用自然光线作为空间导向设计中的重要元素。有研究表明在突发自然灾害时，在有自然采光的公共空间的人会比完全靠人工照明的公共空间人情绪更加稳定，疏散更加有序，因此目前在欧洲高铁枢纽（尤其是地下枢纽）设计中非常重视自然采光的设计。柏林站采用大面积的玻璃屋顶，自然光通过共享中厅能够直达地下站台层，车站内各层的布局一目了然，保证了空间导向的清晰性。

8.2.2.2 "通过+等候"式布局

对于中国来说，铁路客流量较大；铁路类型混杂；高速铁路中只有部分城际高速实现了公交化开行，大部分中长距离列车短期内还不具备公交化开行的条件。因此候车功能在未来很长一段时间都会是站房的一个重要功能，高铁客站的换乘空间布局将长期表现出通过式与等候式并存的特征。根据对于候车空间与通过空间的侧重不同，"通过+等候"式布局可以分为偏等候和偏通过两种。

1. 偏等候式布局

偏等候式布局最典型的特征就是候车区位于进站大厅中央，紧邻通往站台的衔接空间，外围依次布置通过空间和服务空间（见图8-18）。该模式具有灵活的适应性，如图8-20所示，取消中间的座椅后候车区就会变成完全通过式大厅，既可以满足当前的等候功能又可以适应未来通过式的需要。这是中国目前在建的高铁枢纽案例中使用最多的一种布局模式。北京南站、上海虹桥枢纽高铁站和天津西站等特大型客站都采用了这种布局。

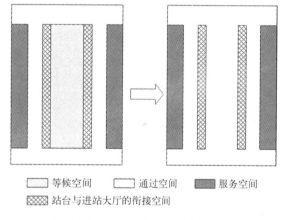

图8-20 取消候车区后的布局模式

2008年8月投入使用的北京南站平面外形近似椭圆形，站房建筑共3层[①]，地上2层，地下1层，局部设有夹层。由上到下分别是进站层、铁路站台层和地下换乘大厅层。其中高架层和地下换乘大厅是2个主要进站层（图8-21）。进站高架层中央为相对独立的候车区，候车区边缘布置通往站台的乘降设施。东西两侧是进站大厅，与高架环道相连，出租车和私家车的进站乘客都在此进站。南北两侧为共享空间，与南北广场地面进站厅和地下换乘大厅直接连通，地面乘公交，步行和地下乘地铁前来的乘客由此进站。候车空间根据运营性质的不同基本分为普速候车区、高速候车区和城际候车区，通过软质临时界面分隔。在椭圆形的四角设置售

---

① 地铁4号线（地下二层）、14号线（地下三层）的站台层，在本书中归属于城市交通场站，不属于站房本体空间范畴，其他案例分析中也采用该划分标准。

票综合楼，主要功能是结合旅客进站流线设置售票、商务、商业等旅客服务设施。地下一层的中央换乘大厅同时担负旅客出站和部分进站的功能。布局上大厅中部以通过空间为主，商业和售票等服务空间点缀其中；大厅东侧为高铁、城铁和普铁地下快速进站厅，只设少量的候车空间；大厅西侧为高铁、城铁和普铁出站厅；大厅的中央部位设置地铁付费区，南北端与站前广场、地下公交车场相连，最大限度地方便地铁客流的快速换乘。

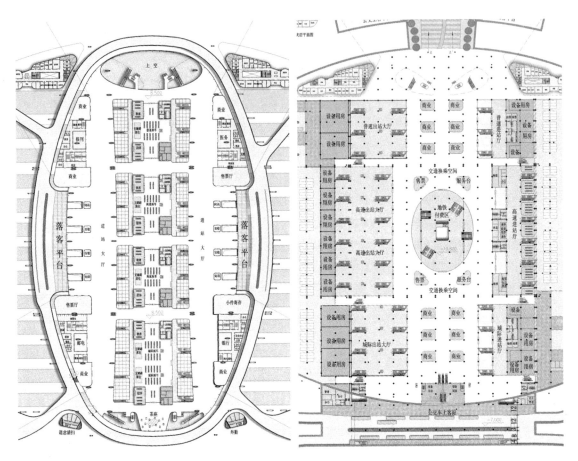

图 8-21　北京南站高架进站层（左）和地下换乘大厅（右）平面图

上海虹桥枢纽高铁客站共有 3 大功能层，地上 2 层，地下 1 层，分别是高架进站层、地面站台层和地下一层的主通道层。其中高架层和地下一层的主通道层是 2 个主要进站层。高架进站层的布局：正中间是可容纳 7000 人的开敞候车区，向外依次是下到站台的设施空间和进站大厅，售票和问询，小件寄存和邮政，小卖部等服务空间分成几组分别布置在最外侧的 8 个进站入口处，旅客进站后可以非常方便地买票、候车、进站（图 8-22）。地下一层的主通道层同时担当进、出站两项功能；如图 8-23 所示，大厅中央由东向西依次为两组京沪高铁候车区、售票服务核（同时为高铁和地铁服务）和地铁付费区；南北两侧由外向内分别布置国铁出站厅和 24m 宽的设有自动步道的公共走廊。本层南北向外侧设有出租车道，出站旅客可以方便地乘出租车离开，也可以选择进入地下二层和三层乘地铁离开，还可以向西进入交通中心乘公交、私家车或长途巴士，此外该层向东还与磁悬浮站和机场站相连通，是虹桥综合枢纽的一个主要换乘层。

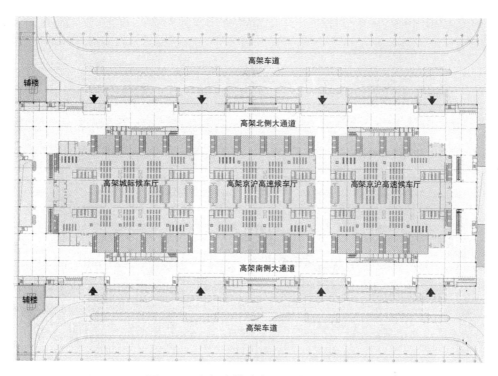

图 8-22　虹桥高铁站高架进站层平面图

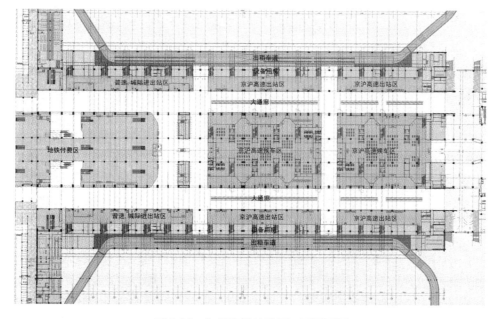

图 8-23　虹桥高铁站地下一层平面图

天津高铁西客站共3层,分别为高架层、地面站台层和地下出站层。高架层是主要进站层,如图8-24所示,大厅的东西两侧布置进站入口、安检区以及卫生间和软席候车等服务用房,候车区和通往站台的换乘设施区位于大厅中央,两者之间是宽阔的通过式走廊空间。南北两侧的共享空间将高架层、地面进站厅和地下换乘大厅在站房内部连为一体。

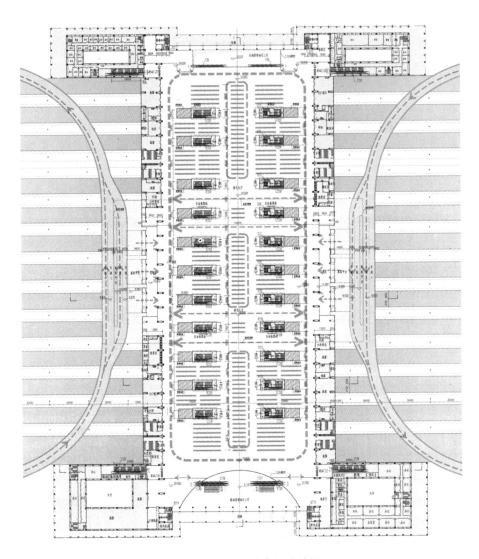

图 8-24　天津西站高架进站层

2. 偏通过式布局

该布局模式兼顾通过和等候,但在空间布局上以通过为主,其主要特征是站台与进站大厅的衔接空间居于醒目的核心位置,候车空间在面积上与偏候车式布局相比虽然没有太大变化,但是在布局上退居次要位置(见图8-18)。该模式的优点是不同的旅客可以选择不同的进站模式,既可以先候车,再检票;也可以不经候车区直接检票进入站台乘车。这种模式既具备了国外完全通过式布局的优点，又兼顾了一定的候车空间，既符合时代发展趋势又反映中国国情，是典型的中西合璧的产物。中铁第四勘察设计院集团有限公司和法国ARUP设计公司联合设计的武汉高铁客站是中国的典型案例。

2009年底投入使用的武汉高铁站是武广客运专线的主要客运枢纽站[①]，既是中国首例特大规模高架站场案例，也是中国高速铁路站房和站场一体化设计的典型案例。客站共有地上3层，分别是高架进站层、高架站台层和地面出站层。采用上进下出的流线组织，高架进站层布局如图8-25所示，中央是能直达站台的共享大厅，不需要候车的乘客可以选择由此直接进站，被设计者称为"绿色通道"；同时，各种车次到离车站的状况在此一览无余，乘客可以

图8-25　武汉站高架进站层布局示意

清楚地看到自己要去的站台和车辆进站的过程，起到很好的视觉引导作用。候车区布置在南北两侧，需要候车的乘客可以先到此候车再进站。候车区和进站区之间安排商业、服务空间和公共走廊。

8.2.3　立体化流线组织

1. 进、出站流线组织比较

如图8-26所示，与传统客站的进站、出站流线相比，高铁客站的进站出站流线呈现出便捷化、顺畅化和路径最短化的特征。这是因为：一方面，在垂直流线组织上，换乘空间与不同交通方式场站的立体衔接极大地缩短了进站、出站流线。另一方面，在水平流线组织上，通过式的布局模式简化了站内的换乘流线，缩短了换乘距离。

2. 进、出站流线组织模式

铁路客站的基本流线按流动方向可分为进站流线和出站流线；按使用人群可以分为贵宾流线和普通流线。贵宾流线的组织一般是将贵宾候车厅设在站台层的进站大厅，方便贵宾直接进入基本站台上车。高铁客站普通客流的组织按照立体分流的原则主要有上进下出和下进下出2种方式。

上进下出方式是指乘客从高架层进站，地下换乘大厅出站；下进下出的方式是指乘客从地下换乘大厅进站，又从地下换乘大厅出站。中国大型高铁客站中，天津西站等大部分客站采用的是上进下出的组织方式；北京南站、上海虹桥站、天津站等同时采用了两种客流组织方式。

[①] 盛军，刘云强，黄咏梅. 武汉火车站现代化交通枢纽综合体[J]. 时代建筑，2009（5）：54-59.

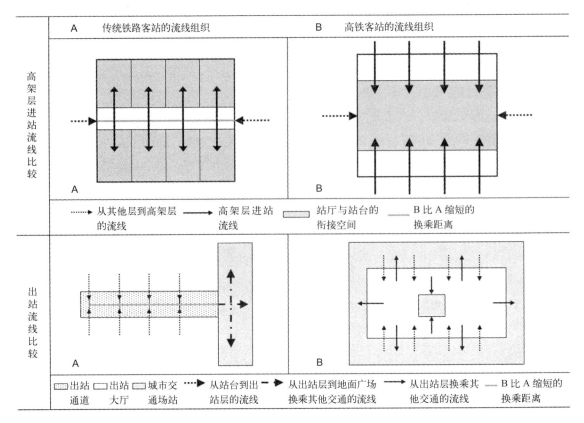

图 8-26　高铁客站与传统客站进站、出站流线比较图

北京南站的进站客流组织采取上进与下进相结合的方式，乘客可以根据乘坐的不同的交通工具选择相应的标高层进站：如图 8-27 所示，来自地铁的旅客既可以通过站房南北两侧共享空间上升到高架层候车进站，也可以选择下进的方式，直接从地下换乘大厅东

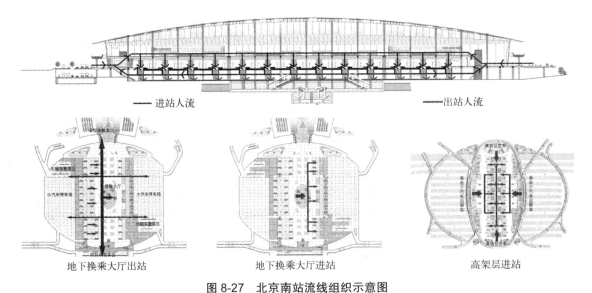

图 8-27　北京南站流线组织示意图

侧的快速进站厅进站;来自公交车、自行车和步行的旅客,由地面层向上进入高架层候车进站;来自小汽车和出租车的乘客从高架车道的下客平台进入高架进站层候车进站。出站客流全部通过地下一层的换乘大厅出站:从换乘大厅中心的地铁收费区可以换乘地铁;从换乘大厅南北两侧的公交载客站换乘公交;换乘出租车和小汽车的旅客,可以分别进入换乘大厅东西两侧的出租车载客站和私家车停车场乘车离站。

上海虹桥站在内部旅客流线设计上采用了上进下出和下进上出相结合的方式(图8-28)。普速车场旅客采取上进下出方式,京沪高铁及城际旅客以下进下出为主,下进下出为辅。进站流线组织:长途大巴、公交车、私家车等交通方式到达的乘客可以从高架车道落客后进高架候车厅;机场换乘高铁的乘客可以通过12m的换乘层从枢纽内部直接进入高架候车厅。从地铁和磁浮到达的乘客既可以经地下出站层的高铁候车区快速进入站台,也可以乘扶梯先进入高架层候车厅候车。出站流线组织:所有出站乘客均在地下疏散。公交车载客区位于地下一层夹层,出租车载客区位于地下一层南北两侧,地铁收费区位于出站大厅西端,此外出站大厅还与西广场的地下车库和长途车站直接联系。

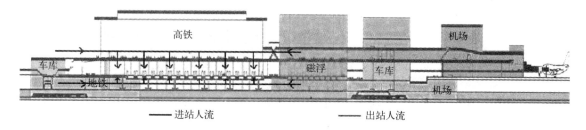

图 8-28 虹桥高铁站流线组织图

天津西站采用上进下出的进出站客流组织模式(图8-29)。进站客流组织:选择公交、步行、自行车等方式的乘客可以从地面广场进入站房,然后上至高架层候车。地铁到达的乘客可以从地下一层乘自动扶梯上至高架候车厅进站。社会车辆和出租车乘客既可以从高架车道落客区直接进入高架候车厅,也可以下穿西青道辅道,在-6.5m的落客夹层乘自动扶梯上至高架候车大厅。出站客流组织:出站客流都经地下一层出站换乘大厅到达各种交

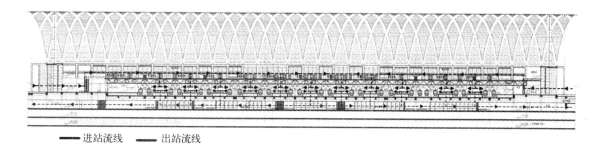

图 8-29 天津西站进出流线组织示意

通方式场站出站；换乘大厅南北两端与社会车库相连，东南侧与地铁收费区相接，出租车载客平台位于地下出站大厅东、西两侧，公交车、长途车位于地面。

8.3 商业空间设计

8.3.1 国内外发展现状及对策

在欧洲和日本等发达国家的许多城市，高铁出行已经成为一种生活方式，随着生活节奏的加快和出行频率的增加，人们已经不能满足于单纯的享受地点之间的位移服务，而是希望能够享受更加多样化的客运服务，以便能在旅途中兼顾一下工作、休闲或娱乐等活动，使整个出行过程能够像日常生活中的其他时间一样内容丰富而富有成效。因而国外高铁客站建设非常重视与商业开发相结合，这种开发模式首先满足了乘客的出行需求，提供了更加人性化的服务，提升了公共交通的吸引力。其次也增加铁路公司的运营收入，并给其带来了丰厚可观的商业利润。再次由于采用开放式的管理模式，附近的居民也能使用站内的商业设施，因而高铁客站已经不仅仅是一个到达或离开的地方，而变成了城市生活中一个重要的公共空间。像日本的新宿站、东京站和京都站，德国的柏林中央站等城市综合体的开发都是非常成功的案例。

中国现阶段的国情决定了大型高铁枢纽的建设还处在以疏解客流为主的阶段，处理好高铁与各种交通方式的一体化接驳，确保客站交通职能的高效运转是需要解决的主要矛盾。高铁客站的商业开发普遍没有提高到一个特别明确的重要地位，在商业中心与高铁枢纽的结合开发上还存在许多质疑声。①铁路部门的顾虑：商业空间有集聚人流的作用，中国铁路客流本来就多，一方面蕴含了巨大的商机，另一方面也对枢纽的空间和流线设计提出了更高的要求，处理不好就会干扰交通流线。②体制方面的制约：在开发和经营体制上，与日本的铁路私有化不同，中国铁路的建设和运营都是国有制，确保人民群众出行的基本交通需求是第一职能，很多情况下都是亏本运营；日本商业综合体一般由公司经营，商业开发的利益最大化是其追求的目标，因此两者的协调合作在操作层面上难度很大（投融资效益保障，联合开发利益分配等）。③缺乏相关研究数据支持：在中国，虽然城际高速铁路的建设推动了中国城市群的快速发展，加速了人口的流动，增加了出行频率，同城效应也在逐渐显现，但是与发达国家相比，人们的生活水平和生活方式还有一定差异，由于缺乏相关的前期研究，对这种商业综合体的社会接受程度到底如何还是一个未知数。综合考虑上述3方面的疑虑，决定了现阶段我们不能盲目照搬国外的开发模式，应当重视开展枢纽商业开发的前期研究工作，认真分析中国的具体需求，适当借鉴一些参考性较强的成功案例，分阶段稳步推进中国高铁枢纽与商业的合作开发。

高铁客站的商业开发重点要解决好以下3方面问题：①商业业态的选择要符合高铁枢

组内流动人群的消费特点；②商业设施规模要适中，扶梯、电梯、走道等配套设施指标要充足，避免因占用交通空间的配套指标而影响正常的通过能力；③布局要合理，避免对枢纽换乘流线造成干扰。为此需要做好前期商业策划和商业设施空间布局两项研究。

8.3.2 前期商业策划研究

前期商业策划研究在整个商业空间的设计中占有重要的地位，是保证客站商业开发成功的关键所在。策划的内容主要包括推算合理的设施规模，确定商业开发定位和商业业态及分布规划3部分。

1. 商业规模分析

可以用来确定高铁客站商业规模的方法有很多，比如有交通工程学的类别生成法，经济学的消费潜力测算法、可比案例测算法等。在实际操作中，往往同时采用几种方法分别进行推算，再将结果进行比较核实，以验证推算数据的可靠性。整个推算过程如图8-30所示，第一步，获取客流量的预测值；第二步，选择枢纽的交通指标（接驳交通方式的种类、数量以及客流量）相似的案例作为参考，确定枢纽商业开发的业态结构；第三步，结合参考案例的开发数据，运用推算方法得出不同商业业态的开发规模；第四步，确定整个高铁枢纽的商业设施规模。

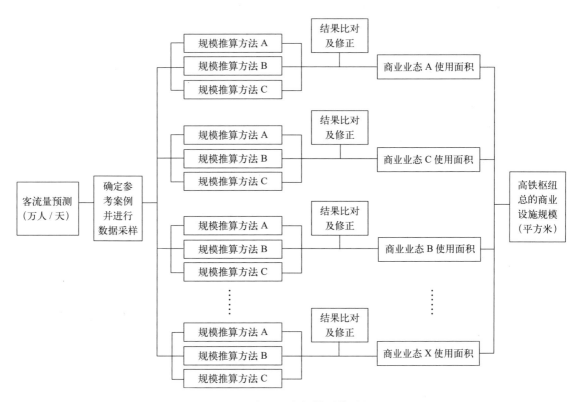

图 8-30　商业开发规模测算过程图

2. 商业开发定位

交通枢纽的客流消费性质是以换乘为主要目的顺带消费，具有很大的偶然性，是一种诱发行为，而不是必要行为。因此细分客流市场，对不同的消费群体进行准确的定位，并提供相应服务，对于增加商业空间的吸引力，确保商业开发的成功非常重要。

高铁客站所在的区位、客流类型及其消费水平和结构是确定客站商业定位的主要依据。以虹桥枢纽为例。根据京沪高速铁路的客流预测，高铁客流出行目的和职业构成比例如图8-31所示。从中可以看出商务出行（公务和通勤）的比例最高，这部分乘客主要由企业管理人员、科技人员和经商人员构成，他们普遍具有较高素质和收入，对出行的时间、过程的舒适度以及产品的档次有较高要求，是诱导消费的主要目标，其他客流以此类推。根据逗留时间的长短，客流的消费结构又可以进一步划分为高、中、低3个层次（表8-4）。最终形成一套高、中、低相互搭配的商业定位体系。[①]

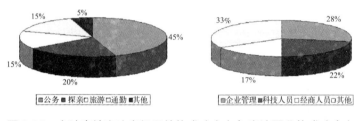

图 8-31　京沪高铁客流出行目的构成（左）与客流职业构成（右）

虹桥枢纽商业开发定位体系　　　表 8-4

商业定位		高端	中端	低端
消费特点	停留时间	较长时间停留（d）	稍有时间停留（h）	短暂停留（min）
	出行目的	商务会议、宾馆住宿	购物、通勤等	交通换乘
	消费意愿	选择品牌以及较好的商品和服务	对信息和潮流敏感	重视便利性和及时性
	消费单价	高额	中额	低额

3. 商业业态及其分布

商业业态是指："针对特定消费者的特定需要，按照一定的战略目标，有选择地运用商品经营结构、店铺位置、店铺规模、店铺形态、价格政策、销售方式、销售服务等经营手段，提供销售和服务的类型化经营形态。"[②]"包括百货店、超级市场、大型综合超市、便利店、

---

① 胡映东，张欣然. 城市综合交通枢纽商业设计研究 [J]. 建筑学报，2009（4）：78-82.
② 基普分析之十五：我国零售业经营方式多样化现状分析与趋势预测 [EB/OL]. 2003-07-14. http://stats.gov.cn/ztjc/ztfx/decjbdwpc/200307/t20030714-38570.html.

专业市场（主题商城）、专卖店、购物中心和仓储式商场等 8 种形式。"① 从客流构成特点出发（客流类型众多，高端客流又占据主导地位），高铁枢纽商业业态的选择应体现多元化，品牌化和特色化的特征。

高铁枢纽内的商业业态分布是指结合客流流线确定不同业态的空间位置，包括水平分布和垂直分布两部分。布局原则是低端业态结合换乘空间布置中、高端商业业态与换乘空间的密切程度依次递减（图 8-32）。

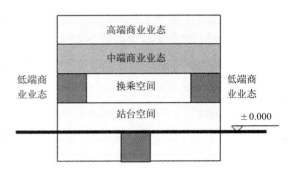

图 8-32 高铁枢纽商业业态分布规律示意图

8.3.3 商业空间布局模式

商业空间的布局模式按照与换乘空间相对位置的不同可以分为两种：

1. 与换乘空间并置的集中布局

集中式布局是指商业空间集中布置于换乘空间的上层或者一侧，形成大型购物中心（图 8-33）。日本的许多车站综合体，虹桥枢纽的磁悬浮客站和东交通中心，深圳新客站的商业开发都属于这种布局模式。

这种集中式布局模式的优点是与换乘空间分区明确，不会形成干扰。主要针对站内

图 8-33 并置式集中布局

逗留时间较长的中高端客流。若有条件实施的话，能比零售、餐饮和其他业态模式获得更大的利益。缺点在于离流动人群较远，如何将人群吸引到上层空间来成为建筑设计难点。利用共享中庭将商业空间和换乘空间融为一体，在两者之间实现视觉上的贯通和行走上的穿梭自如是目前普遍采用并行之有效的方法。同时利用共享中庭还能获得良好的自然采光和通风，形成令人愉悦的公共空间环境。

该布局模式适合位于发达地区，有较多商业需求的大型、特大型高铁枢纽。

2. 与换乘空间结合的分散布局

当高铁枢纽不具备集中开发大型商业中心的条件时，可以选择分散式布局模式。该布局模式将商业空间结合进、出站换乘空间布置，可以与售票、软席等服务空间整合到一起形成综合服务区。该模式的优点是商业设施最大限度地接近乘客，满足了停留时间较短的换乘客流的消费需求。缺点是两种空间在同一平面内混合布置，商业客流容易对换乘客流造成干扰。因此在布局时要重视商业空间与交通空间之间缓冲过渡空间的设计。如柏林中

---

① 商业业态的分类和特点介绍 [EB/OL]. 2006-04-03. http://www.zgdcs.com/main/2006-04/890.htm.

央车站以中庭周边的立柱和休息座椅为界面将商业入口空间和交通通过空间区分开来，既创造了良好的购物环境又避免了两者之间的相互干扰（图8-34）。

按照商业设施的规模不同，分散式布局又可以细分为斑块状布局和条带状布局两种（图8-35）。斑块布局的商业设施面积较小，分散布置于进站大厅的四角、两侧以及出站大厅的中央等人流经过的位置，如杭州东站进站大厅商业设施布局。带状布局有两种，条带状布局Ⅰ是指商业空间布置在高架进站层的候车空间与通过空间之间，与服务空间整合或以商业夹层的形式出现，是中国新建的大型高铁客站较多采用的模式。如北京南站商业设施与票务天津西站进站层两侧空间用来安排卫生间和软席候车等服务用房，上部设商业夹层。新郑州站等都在高架候车室上方设置商业夹层，主要布置商业、餐饮和休闲设施。条带状布局Ⅱ是围绕换乘空间的共享中庭周边布置商业空间，常见于国外车站，如柏林中央站、莱比锡站等。柏林中央站的3层换乘空间里设有80多家的店面，围绕中央的共享中庭布置，购物面积达15000m²，全天24小时营业。

图8-34　商业与交通空间无过渡分隔（左）与柏林中央车站商业与交通空间的过渡（右）

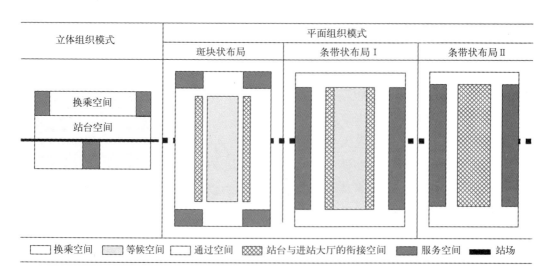

图8-35　分散布局模式图

此外考虑到中国特有的春运等客流高峰现象，建议商业空间的内部设计要有一定的弹性，比如采取灵活多变的开放式布局，便于临时转变成候车空间使用。

8.4 高铁客站的建筑形态创作

当前高铁客站的建筑形态创作表现出两种倾向。第一种倾向是突出技术表现。该倾向在建筑设计中强调结构工程师的作用，以大体量、大空间、大高架、大面积金属或玻璃表皮和动态十足的造型作为对功能变革和科技进步最直接的响应，设计师以圣地亚哥·卡拉特拉瓦为代表，作品有里昂高铁车（图8-36）。这种对工程技术的称颂同样体现在保罗·安德鲁的巴黎戴高乐机场站（Charles de Gulle Station），格雷姆肖滑铁卢车站以及诺曼·福斯特

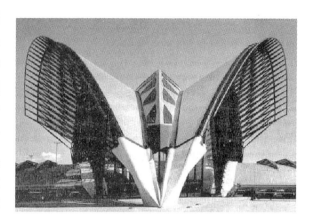

图8-36 里昂高铁站

1998年设计的香港红磡站（Hung Hom Station）中。这种设计倾向一方面展现了信息时代交通建筑的新形象，另一方面又带来了文化趋同的弊病，于是出现了将技术表现与所在建筑所在语境相融合的第二种设计倾向：地域性理念的表达。

中国幅员辽阔，民族众多，自然环境与人文环境资源的差异明显，建筑师应当充分利用这一优势，将地域性理念融入到现代交通建筑的创作中去，结合不同地域环境形成铁路新客站丰富多彩的个性，完善其作为"门户"和"窗口"的城市职能，这在当今全球一体化加速、文化趋同的大背景下显得尤为重要。

8.4.1 地域性理念的生成机制及内涵

"地域性就是指某一地区的自然地理环境，经济地理环境和社会文化环境所表现出来的特性"，[①] 是某一地区有别于其他地区的特点。地域性既是一个空间概念，也是一个时间概念；既包含自然地理上的内容，也包括人文地理上的内容。在空间概念上，地域性包括地形、地貌、气候环境和动植物分布等要素；在时间概念上，它包括历史演变、文化变迁、民族衰亡与发展等运动变化的内容。如果说自然地理多与空间条件相关，那么人文地理多与时间状况相关，实际上，地域性是这两者互动的结果。[②]

[①] 按地理学的概念，地理环境可以分为自然环境（或自然地理环境）、经济环境（或经济地理环境）和社会文化环境。详见：中国大百科全书（地理学卷）[M]. 北京：中国大百科全书出版社，2000.
[②] 曾坚. 地域性建筑及其当代探索 [J]. 城市建筑，2008（6）：38.

建筑的地域性是建筑与建造地点相关的自然、经济、技术和社会文化地理方面的关联，是某一地区建筑区别于其他地区的特点。地域性是建筑的基本属性之一，作为一个相对稳定的特性，它表现为建筑为应对地域特定的自然环境和文化观念，而在物化形态上呈现出来的特殊性与延续性[①]。

综上所述，"地域性理念"就是指以现代技术为手段，以特定地域的自然环境和人文因素为依据，以体现作品对地域时空上的适应性，历史时空上的延续性和文化时空观念上的大众性为原则，以突出地域文化的特异性，实现建筑与环境的和谐相处为目标的可持续发展的设计理念。

8.4.2 在建筑形态创作中的表达

多样而庞杂的地域性生成机制，为高铁客站形态创作的探索和实践提供了开放性的框架和多样性的维度，也涌现出很多值得借鉴的创作手法，这些手法大致可以归为对自然环境层面的探索和对人文环境层面的关注2个方面（图8-37）。

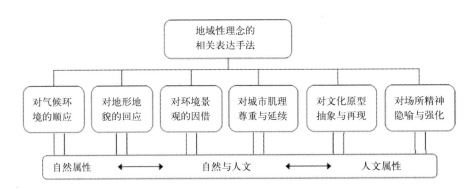

图8-37 地域性理念在形态设计中的相关表达手法

8.4.2.1 探索自然环境

由于自然环境条件包括气候条件、地形地貌、环境资源等因素，因此在与自然环境条件互动中也包含着多样的内容：如对气候特点的顺应，对地形与地貌的回应，对环境景观的因借等。

1. 对气候特点的顺应

气候特点是影响建筑形态生成的重要因素，根据不同的地域气候采用行之有效的空间形态设计，不仅有助于塑造不同地区铁路客站的建筑形象，也有助于客站与自然环境相适应和协调。如三亚火车站为了与热带海洋气候相适应，采用东西向坡屋顶造型，南北方向的屋面有深邃的出檐为整个建筑遮阳避雨，出檐长度和轮廓线随太阳角度的变化而改变[②]，

---
① 曾坚. 地域性建筑及其当代探索 [J]. 城市建筑, 2008 (6): 38.
② 刘世军, Shannon Russel, 王瑞. 现代交通建筑的地域精神——三亚火车站方案设计 [J]. 建筑学报, 2009 (4): 67.

优美而不呆板，再配合浅色的金属屋面板（反射阳光减少热量积累）和立面的遮阳木百叶，热带度假胜地的浪漫气息扑面而来（图8-38）。敦煌火车站从当地传统民居中继承了平屋面和"外实内虚"的形态特征来应对甘肃地区冬冷夏干、风沙大的气候特点。站房外墙设计以实体为主，主要空间集中布局，内设两处顶部采光的室内庭院，不仅丰富了室内空间，给旅客以视觉和心理舒适感，还具有自然采光，提供受风沙气候影响的较小的通风路径和冬季辅助集热等多种作用[①]，体现了浓郁的西北特色。

图8-38 三亚火车站

2. 对地形与地貌的回应

因借所处基地的地形特点，加强建筑与地域自然环境特征的融合与对话，弱化自然环境中的人工痕迹，是将建筑锚固于特定地域空间中的有力方式。如法国瓦朗斯高速火车站地处开阔的平原地区，设计者选取了与场地协调的平面形式并将建筑主体深埋于地下，只有大厅和水平屋面平缓地浮出地表，宛若天然的大地作品，与远处的维克斯山脉遥相呼应（图8-39）。深圳新客站设计充分利用自然高差，将轨道隐藏于绿化山水中，既把自然景观融于

图8-39 法国瓦朗斯高速火车站

城市，同时又巧妙地解决了火车运行带来的噪声污染，从根本上避免了建筑对其所在城市自然风貌的消极影响和对原有植被的破坏。[②]

相对于因形就势、被动适应的处理手法，日本建筑师原广司则更乐于通过对地形的主

---

① 傅海生，李强. 敦煌火车站设计[J]. 建筑学报，2009（4）：39.
② 王晶. 新技术条件下的奥运场馆创作发展研究[D]. 天津：天津大学，2007.

动模仿和创造来标榜建筑的地域属性。如在京都车站设计中他利用建筑要素在内部营建了一个仿佛山谷般的巨大空间来象征京都四面环山、中间凹陷的地理特征[①]，借以强调地形对京都城市空间结构的决定性作用，给来往的旅客留下了深刻的印象（图8-40）。

图8-40　京都车站设计

3. 对环境景观的因借

将铁路客站所处环境内自然景观的形态特征抽象出来，结合现代技术应用于建筑的外部形象创作之中，这种手法能够赋予建筑某种自然属性，使其在视觉效果上与周围环境相融合。JR岩木花轮车站为了与美丽的自然环境和周围的生活气息相协调，建筑的高度被限制在13m以下，同时采用了儿童画般的蘑菇状屋顶与周围的山脚相融合，具有很强的地域性特征（图8-41）。扎哈·哈迪德事务所设计的罗德帕克车站位于奥地利的阿尔卑斯山区，设计者受冰川地貌的启发，把建筑物的形态塑造成冰状的流体匍匐于山体之上，使其悄无声息地融入到自然之中（图8-42）。卡拉特拉瓦在里斯本东方火车站的设计中借当地传统树种作为结构创新的母题，钢和玻璃的"棕榈树"密覆站台上空，展现了森林般的生命气息（图8-43）。

8.4.2.2　关注人文环境

对人文环境的关注，表现在借助现代科技手段，诠释地域文化精髓。具体手法包括对城市肌理的尊重和延续，对文化原型的再现与抽象以及对场所精神的隐喻和强化等。

---

① 卜菁华，韩中强."聚落"的营造——日本京都车站大厦公共空间设计与原广司的聚落研究 [J]. 华中建筑，2005（5）：30.

图 8-41　JR 岩木花轮车站

图 8-42　罗德帕克车站

图 8-43　东方火车站

1. 对城市肌理的尊重和延续

城市肌理是历史长期浸润和积淀形成的，是地域空间特色的重要体现之一。在一些传统文化名城，铁路客站的超常尺度往往与已有城市肌理形成对立，因此设计者应从建筑形态的构成出发，通过对建筑体量的处理和协调，尽量弱化建筑单体的自我表现，最大限度地维持周围环境的传统风貌。如苏州站扩建工程中，为了化解客站体量的突兀感，设计者采取化整为零的设计手法，选用菱形空间网架体系，把整体的大屋顶变成一片小屋顶的聚落[1]，成功延续了苏州的传统城市肌理（图 8-44）。

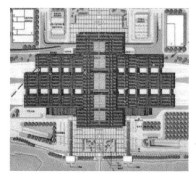
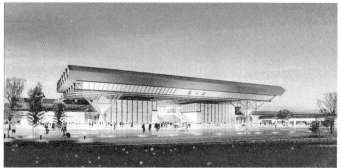

图 8-44　苏州站扩建工程

---

[1] 崔恺. 苏州火车站[J]. 建筑创作，2007（8）：39.

2. 对文化原型的再现与抽象

地域传统建筑形象、结构和空间模式以及具有地域特色的文物等文化原型反映了当地人民的生活模式、环境心理和审美倾向，具有一定的特殊性。将这种特殊性提取出来，再现于建筑形态之中，能够赋予铁路客站强烈的地域文化色彩。这类再现，并非简单的模仿，而是将具有代表性和典型性的形象进行简化、抽象、分离和夸张，并借助新技术新材料，将这些元素根据当代铁路客站的功能需要进行重组，形成新的建筑形象。例如西安北站的屋顶造型延续了唐代佛光寺大殿庑殿顶的恢宏气势（图 8-45）；厦门西站暴露的索桁架结构屋面反映了闽南民居"燕尾脊"的韵味；南京南站屋面出檐下的木构列柱和柱顶"斗栱"则使人联想到古代皇家宫殿的精致华美（图 8-46）。还有一些作品进一步摆脱了具象的模仿，用抽象的形体暗示地域文化内涵。如北京南站的整体造型源自天坛祈年殿的"三重檐"的建筑形式（图 8-47）；郑州东站的形体则包含有文物青铜器"鼎"和"双联壶"的原型。此外，运用当代空间艺术对古代建筑空间模式的形式、组织方式和秩序关系进行新的探求，也是文化传承的重要方法。如南京站的空间设计汲取了南京中华门特有的三重门式的多层次空间序列，组合三组具有重要功能作用的天井，构成了富于节奏变化的独特空间体验。[①]

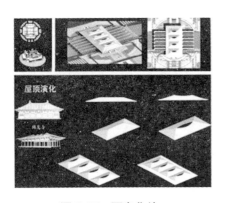

图 8-45　西安北站

图 8-46　南京南站

图 8-47　北京南站

[①] 杨志红. 南京南站概念设计方案[J]. 铁路勘测与设计，2008（1）：44.

3. 对场所精神的隐喻和强化

"场所"既包含了物质的空间，又包含环境的氛围，即人的感受。"场所精神"可以理解为场所的特质，它决定了不同场所给人带来的不同感受。结合新结构和新材料，在建筑造型创作中融入对地域文化的隐喻，是强化场所精神的有效手段。武汉素有"白云黄鹤的故乡"的美誉，武汉站的屋顶造型以波浪状的巨大拱壳结构隐喻"黄鹤展翅"，通透的聚碳酸酯板屋面恰似舒展的羽毛，唤起人们对"黄鹤一去不复返，白云千载空悠悠"的空灵意境的追忆（图8-48）。坐落在玄武湖畔的南京站则以"船"的寓意沟通与"湖"的内在联系，配合以天然竹材作为细部设计的建筑材料，成就了江南灵动秀美的优雅意境。色彩处理也是建筑形式特色的一个重要方面，它能体现民族特色，营造空间气氛，为建筑留下独特的场所印记。如苏州站黑白分明的青瓦粉墙，透出江南一带的山清水秀；呼和浩特站的"白色蒙古包"站房，使人联想起白云蓝天和一望无际的草原；青岛新客站醒目的德式红坡屋顶，则流露出浓郁的海滨殖民城市风情。

图 8-48 武汉站

在设计实践过程中，由于基地环境的复杂性，上述手法往往不是独立使用，而是交叉融合，相辅相成的；并且这些手法也不是封闭的，而是动态扩展的。事实上，与地域性理念相关的设计手法构成了一个非常开放的框架体系，本书只是涉及其中与客站建筑形态设计有关的方面，还有很多内容需要我们在实践中不断探索和完善。当下我国大量高速铁路客站的建设正在如火如荼地展开，如何处理全球化与地域性的矛盾，在现代中体现传统，将是建筑师长期面对的问题。在设计中建筑师应本着"既是世界的又是民族的"原则，以地域性理念为指导，在应用当代技术发展所带来的便利手段的同时，结合不同项目特有的地域环境特点及设计条件，采取适宜的地域策略，实现建筑与自然环境和文化观念的全方位、多形态的融合，创造出既深深植根于地域环境之中又符合时代发展要求的高质量的现代交通建筑。

图片资料来源

[1] 图 1-1 资料来源：http：//www.uic.org/cdrom/2008/07_UIC_HIGHSPEED08/docs/brochure_Highspeedrail.pdf

[2] 图 2-1 资料来源：作者自绘．

[3] 图 2-2 资料来源：作者自绘．

[4] 图 2-3 资料来源：作者自绘．

[5] 图 2-4 资料来源：作者自绘．

[6] 图 2-5 资料来源：作者自绘．

[7] 图 2-6 资料来源：作者自绘．

[8] 图 2-7 资料来源：作者自绘．

[9] 图 2-8 资料来源：铁道第三勘察设计院集团有限公司．铁路上海虹桥旅客引导系统．

[10] 图 2-9 资料来源：上海市建设和交通委员会．虹桥综合交通枢纽总体交通组织规划．

[11] 图 2-10 资料来源：崔叙，城市客运枢纽规划与设计理论研究．南京：东南大学出版社，2005.

[12] 图 2-11 资料来源：作者自绘．

[13] 图 2-12 资料来源：作者自绘．

[14] 图 2-13 资料来源：作者自绘．

[15] 图 2-14 资料来源：刘启刚．大型铁路客运站客流组织仿真技术研究．铁道运输与经济，2010（10）：39.

[16] 图 2-15 资料来源：作者自绘．

[17] 图 2-16 资料来源：作者自绘．

[18] 图 3-1 资料来源：http：//baike.so.com/doc/5504903-5740647.html.

[19] 图 3-2 资料来源：Bertolini L，Spit T. Cities on the rails -- the Redevelopment of Railway Station Areas. London：E&FN Spon. 1998：102.

[20] 图 3-3 资料来源：作者自绘．

[21] 图 3-4 资料来源：作者自绘．

[22] 图 3-5 资料来源：http：//www.jreast.co.jp/passenger/index.html.

[23] 图 3-6 资料来源：Richard Dawes，Modern Trains and Splendid Station. London：Merrell Publisher limited，2001：32.

[24] 图 3-7 资料来源：https：//en.wikipedia.org/wiki/Yongsan_Station.

[25] 图 3-8 资料来源：Christian Jantzen & Mikael Vetner. Designing Urban Experiences. The Case of Zuidas，Amsterdam. Knowledge & Policy，2008，21（4）：149-162.

[26] 图 3-9 资料来源：作者自绘．

[27] 图 3-10 资料来源：https：//zh.wikipedia.org/wiki/ 横濱站．

[28] 图 3-11 资料来源：作者自绘．

[29] 图 3-12 资料来源：作者自绘．

[30] 图 4-1 资料来源：作者自绘．

[31] 图 4-2 资料来源：http://www.som.com/china/projects/transbay_redevelopment_project_block_9．

[32] 图 4-3 资料来源：作者自绘．

[33] 图 4-4 资料来源：Atkins. 南京南站——都市副中心 .2009．

[34] 图 4-5 资料来源：作者自绘．

[35] 图 4-6 资料来源：作者结合深圳新客站方案自绘．

[36] 图 4-7 资料来源：上海市政工程设计研究总院．虹桥综合交通枢纽总体设计．

[37] 图 4-8 资料来源：作者自绘．

[38] 图 4-9 资料来源：作者自绘．

[39] 图 4-10 资料来源：J Campos, G De Rus. Some stylized facts about high-speed rail: A review of HSR experiences around the world. Transport policy，16 (1)：19-28．

[40] 图 4-11 资料来源：作者自绘．

[41] 图 4-12 资料来源：http://www.archicentral.com．

[42] 图 4-13 资料来源：http://bbs.eueueu.com/thread-22098-1-1.html．

[43] 图 4-14 资料来源：ARUP. 国家铁路深圳新客站综合规划国际咨询 .2007．

[44] 图 4-15 资料来源：https://zh.wikipedia.org/wiki/ 柏林火车总站．

[45] 图 4-16 资料来源：Brian Edward.The Modern Station.Oxford：the alden press，1997：45．

[46] 图 4-17 资料来源：http://railway.jr-central.co.jp/station-guide/shinkansen．

[47] 图 4-18 资料来源：ARUP. 国家铁路深圳新客站综合规划国际咨询．2007．

[48] 图 4-19 资料来源：http://news.carnoc.com/list/160/160156.html．

[49] 图 4-20 资料来源：Moshe Givoni, Development and Impact of the Modern High-speed Train：A Review. Transport Reviews, 2006（9）：593–611.

[50] 图 4-21 资料来源：吴念祖．虹桥综合枢纽旅客联运研究．上海：上海科技出版社，2010：10．

[51] 图 4-22 资料来源：UIC2010 统计数据．

[52] 图 4-23 资料来源：http://travel.sina.com.cn/air．

[53] 图 4-24 资料来源：Richard Dawes. Modern Trains and Splendid Station. London：Merrell Publisher limited，2001：57．

[54] 图 4-25 资料来源：http://bbs.chinesegoeu.com．

[55] 图 4-26 资料来源：http://en.wikipedia.org．

[56] 图 4-27 资料来源：Richard Dawes.Modern Trains and Splendid Station. London：Merrell Publisher limited，2001：66．

[57] 图 4-28 资料来源：上海市政工程设计研究总院．虹桥综合交通枢纽总体设计．

[58] 图 4-29 资料来源：现代集团华东建筑设计研究院．上海虹桥综合交通枢纽建筑设计简介．

[59] 图 4-30 资料来源：http://en.wikipedia.org．

[60] 图 4-31 资料来源：Richard Dawes. Modern Trains and Splendid Station. London：Merrell Publisher limited，2001：48．

[61] 图 4-32 资料来源：http://www.schiphol.nl/．

[62] 图 5-1 资料来源：作者自绘．

[63] 图 5-2 资料来源：作者自绘.
[64] 图 5-3 资料来源：a. 铁道第三勘察设计院. 北京南站建筑设计实施方案. b. 铁道第三勘察设计院. 天津站建筑设计方案.
[65] 图 5-4 资料来源：铁道第三勘察设计院. 杭州铁路枢纽杭州东站概念设计方案.
[66] 图 5-5 资料来源：上海市政工程设计研究总院. 虹桥综合交通枢纽总体设计.
[67] 图 5-6 资料来源：铁道第三勘察设计院. 济南高速站建筑设计调整方案.
[68] 图 5-7 资料来源：深圳市城市规划研究院. 国家铁路深圳新客站综合规划.
[69] 图 5-8 资料来源：铁道第三勘察设计院. 天津站建筑设计方案.
[70] 图 5-9 资料来源：作者自绘.
[71] 图 5-10 资料来源：张如飞，徐循初. 城市客运交通的整化研究（四）：铁路客站与城市公共交通的衔接研究. 城市规划汇刊，1990（3）：23.
[72] 图 5-11 资料来源：Atkins. 南京南站——都市副中心 .2009.
[73] 图 5-12 资料来源：铁道第三勘察设计院. 北京南站建筑设计实施方案.
[74] 图 5-13 资料来源：铁道第三勘察设计院. 济南高速站建筑设计调整方案.
[75] 图 5-14 资料来源：上海市政工程设计研究总院. 虹桥综合交通枢纽总体设计.
[76] 图 5-15 资料来源：作者自绘.
[77] 图 5-16 资料来源：作者自绘.
[78] 图 5-18 资料来源：上海市政工程设计研究总院. 虹桥综合交通枢纽总体设计.
[79] 图 5-19 资料来源：作者自绘.
[80] 图 5-20 资料来源：作者自绘.
[81] 图 5-21 资料来源：作者自绘.
[82] 图 5-22 资料来源：作者自绘.
[83] 图 5-23 资料来源：铁道第三勘察设计院. 北京南站建筑设计实施方案. 作者在此基础上绘制.
[84] 图 5-24 资料来源：深圳市城市规划设计研究院. 国家铁路深圳新客站综合规划.
[85] 图 5-25 资料来源：铁道第三勘察设计院集团有限公司. 京沪高铁天津西站站房设计. 作者在此基础上绘制.
[86] 图 5-26 资料来源：深圳市城市规划研究院. 国家铁路深圳新客站综合规划.
[87] 图 5-27 资料来源：铁道第三勘察设计院. 天津南站建筑设计.
[88] 图 5-28 资料来源：铁道第三勘察设计院. 济南高速站建筑设计调整方案. 作者在此基础上绘.
[89] 图 5-29 资料来源：深圳市城市规划设计研究院. 国家铁路深圳新客站综合规划. 作者在此基础上绘制.
[90] 图 5-30 资料来源：铁道第三勘察设计院. 北京南站建筑设计实施方案. 作者在此基础上绘制.
[91] 图 5-31 资料来源：上海市政工程设计研究总院. 虹桥综合交通枢纽总体设计.
[92] 图 5-32 资料来源：https://cn.rail.cc/ostend-railway-station/ 奥斯滕德 / 火车站 /10101/2412.
[93] 图 5-33 资料来源：铁道第三勘察设计院. 北京南站建筑设计实施方案. 作者在此基础上绘制.
[94] 图 6-1 资料来源：作者自绘.
[95] 图 6-2 资料来源：作者自绘.
[96] 图 6-3 资料来源：作者自绘.

[97] 图 6-4 资料来源：作者自绘.

[98] 图 6-5 资料来源：上海市建设和交通委员会.虹桥综合交通枢纽总体交通组织规划.

[99] 图 6-6 资料来源：铁道第三勘察设计院.北京南站建筑设计实施方案.

[100] 图 6-7 资料来源：铁道第三勘察设计院集团有限公司.京沪高铁天津西站站房设计.

[101] 图 6-8 资料来源：上海市交通建设委员会.虹桥综合交通枢纽总体交通组织规划.

[102] 图 6-9 资料来源：作者拍摄.

[103] 图 6-10 资料来源：作者拍摄.

[104] 图 7-1 资料来源：https：//www.jrkyushu.co.jp/chinese/index.jsp.

[105] 图 7-2 资料来源：陆锡明.亚洲城市交通模式.上海：同济大学出版社，2013：33.

[106] 图 7-3 资料来源：深圳市城市规划设计研究院.国家铁路深圳新客站综合规划.

[107] 图 7-4 资料来源：Richard Dawes. Modern Trains and Splendid Station. London：Merrell Publisher limited，2001：70.

[108] 图 7-5 资料来源：https：//www.jreast.co.jp/sc/customer_support.

[109] 图 7-6 资料来源：Christian Jantzen & Mikael Vetner．Designing Urban Experiences. The Case of Zuidas，Amsterdam, Knowledge & Policy，2008，21（4）：149-162

[110] 图 7-7 资料来源：铁道第三勘察设计院集团有限公司.京沪高铁天津西站站房设计.

[111] 图 7-8 资料来源：http：//www.jreast.co.jp/estation/station/info.aspx?StationCd=788.

[112] 图 7-9 资料来源：建筑设计资料集编委会.建筑设计资料集（第二版）6.北京：中国建筑工业出版社，1991：27.

[113] 图 7-10 资料来源：左图引自建筑设计资料集编委会.建筑设计资料集（第二版）6.北京：中国建筑工业出版社，1991：27；右图为作者自绘.

[114] 图 7-11 资料来源：http：//hz.house.sina.com.cn/scan/2014-07-29/08554328103.shtml.

[115] 图 7-12 资料来源：深圳市城市规划设计研究院.国家铁路深圳新客站综合规划.

[116] 图 7-13 资料来源：铁道第三勘察设计院.郑州新火车站.

[117] 图 7-14 资料来源：http：//www.som.com/china/projects/transbay_redevelopment_project_block_9

[118] 图 7-15 资料来源：甘勇华.自行车与城市轨道交通的换乘衔接.城市轨道交通，2007（4）：35.

[119] 图 8-1 资料来源：(英) 特里·法雷尔.伦敦城市构型形成与发展.第 2 版.杨至德，杨军，魏彤春译.武汉：华中科技大学出版社，2009：142

[120] 图 8-2 资料来源：王受之.世界现代建筑史.北京：中国建工出版社，1999：33.

[121] 图 8-3 资料来源：http：//www.kekenet.com/read/201302/225016.shtml.

[122] 图 8-4 资料来源：https：//zh.wikipedia.org/wiki/ 宾夕法尼亚車站_（紐約市）#/media/File：Penn_Station,_Interior,_Manhattan_1935-1938.jpg.

[123] 图 8-5 资料来源：https：//zh.wikipedia.org/wiki/ 巴黎东站.

[124] 图 8-6 资料来源：https：//zh.wikipedia.org/wiki/ 赫尔辛基中央车站.

[125] 图 8-7 资料来源：https：//zh.wikipedia.org/wiki/ 柏林亚历山大广场车站.

[126] 图 8-8 资料来源：https：//zh.wikipedia.org/wiki/ 賓夕法尼亞車站_（紐約市）.

[127] 图 8-9 资料来源：http：//www.vr.fi/en/index.html.

[128] 图 8-10 资料来源：https://it.wikipedia.org/wiki/Stazione_di_Roma_Termini．

[129] 图 8-11 资料来源：https://zh.wikipedia.org/wiki/巴黎蒙帕纳斯站．

[130] 图 8-12 资料来源：作者自绘．

[131] 图 8-13 资料来源：沈中伟．大型铁路客站候车空间形态的发展．中国铁路客站技术国际交流会论文集．北京：中国铁道出版社，2007：226．

[132] 图 8-14 资料来源：铁道第三勘察设计院集团有限公司．京沪高铁天津西站站房设计．

[133] 图 8-15 资料来源：Brian Edwards，The Modern Station，Great Britain：the Alden Press，Oxford，1997：23．

[134] 图 8-16 资料来源：铁道第三勘察设计院集团有限公司．京沪高铁天津西站站房设计．

[135] 图 8-17 资料来源：作者拍摄．

[136] 图 8-18 资料来源：作者自绘．

[137] 图 8-19 资料来源：世界建筑编辑部，主火车站，德国，柏林，世界建筑，2008（9）：80

[138] 图 8-20 资料来源：Richard Dawes. Modern Trains and Splendid Station. London：Merrell Publisher limited，2001：30．

[139] 图 8-21 资料来源：铁道第三勘察设计院．北京南站建筑设计实施方案．

[140] 图 8-22 资料来源：现代集团华东建筑设计研究院．上海虹桥综合交通枢纽建筑设计简介．

[141] 图 8-23 资料来源：现代集团华东建筑设计研究院．上海虹桥综合交通枢纽建筑设计简介．

[142] 图 8-24 资料来源：铁道第三勘察设计院集团有限公司．京沪高铁天津西站站房设计．作者在此基础上绘制．

[143] 图 8-25 资料来源：铁道第三勘察设计院集团有限公司．中国铁路客站．

[144] 图 8-26 资料来源：作者自绘．

[145] 图 8-27 资料来源：铁道第三勘察设计院集团有限公司．北京南站建筑设计实施方案．

[146] 图 8-28 资料来源：现代集团华东建筑设计院．上海虹桥综合交通枢纽建筑设计简介．

[147] 图 8-29 资料来源：铁道第三勘察设计院集团有限公司．京沪高铁天津西站站房设计．

[148] 图 8-30 资料来源：胡映东．城市综合交通枢纽商业设计研究——以上海虹桥综合交通枢纽项目为例．建筑学报，2009（4）：34．

[149] 图 8-31 资料来源：作者自绘．

[150] 图 8-32 资料来源：作者自绘．

[151] 图 8-33 资料来源：作者自绘．

[152] 图 8-34 资料来源：作者拍摄．

[153] 图 8-35 资料来源：作者自绘．

[154] 图 8-36 资料来源：Brian Edward.The Modern Station.Oxford：the alden press，1997：87．

[155] 图 8-37 资料来源：作者自绘．

[156] 图 8-38 资料来源：刘世军．现代交通建筑的地域精神——三亚火车站方案设计．建筑学报，2009（5）：67．

[157] 图 8-39 资料来源：AREP. 法国瓦朗斯高速车站．建筑创作，2005（10）：61．

[158] 图 8-40 资料来源：[日] 彰国社编．新京都站．郊晓明译．北京：中国建筑工业出版社，2003：56．

[159] 图 8-41 资料来源：车永哲，交通建筑（图集）Ⅰ．（韩）建筑世界杂志社，2001：67．

[160] 图 8-42 资料来源：周静敏．在协调与融合中精明增长——国外交通建筑的规划与设计．建筑学报，

2009（4）：34.

[161] 图8-43 资料来源：大师系列丛书编辑部.交通建筑设计案例精选.湖南：湖南大学出版社，2008：22.
[162] 图8-44 资料来源：王群.浓郁的地方特色 现代化的火车站——苏州火车站设计.建筑学报，2009（4）：65.
[163] 图8-45 资料来源：http：//btob.stec.net.
[164] 图8-46 资料来源：陈学民.南京南站交通综合体规划与设计.建筑创作，2012（3）：33.
[165] 图8-47 资料来源：铁道第三勘察设计院.北京南站建筑设计实施方案.
[166] 图8-48 资料来源：http：//blog.Myspace.cn/e/402961001.htm.

参考文献

[1] L. Bertolini, T. Spit. Cities on the rails -the Redevelopment of Railway Station Areas[M]. London: E&FN Spon, 1998.

[2] CEC. Integrating the Environmental Dimension: A Strategy for the Transport Sector[M]. Brussels: Commission of the European Communities, 1999.

[3] H. Daly. Steady State Economics[M]. Washington, DC: Island, 1991.

[4] M. James, Fitchand Diana, S. Waite. Grand Central Terminal and Rockefeiler Center: A Historic-critical Estimate of Their Significance[M]. New Work: Albany, 1974.

[5] OECD（Organisation for Economic Co-operation and Development）. Policy Instruments for Achieving Project Environmentally Sustainable Transport[M]. Paris: OECD Publishing, 2001.

[6] Reinhard Alinngs, Alfred Gottwaldt, Flak Jaeger. Berlin Hauptbahnhof [M]. Berlin: Nicolaische Verlagsbuchhandlung, 2006.

[7] Richard Dawes. Modern Trains and Splendid Stations[M]. London: Merrell Publisher Limited, 2001.

[8] S. Wolfram. Theory and Application of Cellular Automata[M]. Singapore: Springer, 1986.

[9] S. Wolfram. Cellular Automata and Complexity[M]. Baltimore: Addison-Wesley Publishing Company, 1994.

[10] Terry Farrell. Shapping London, the patterns and forms that make the metropolis[M]. london: John Wiley & Sons, 2009.

[11] Vanderslice Meeks. The Railroad Station: an Architectural History[M]. New York: Dover, 1995.

[12] Von Neumann. Theory of self-reproducing Automata Burks[M]. Urbana: Univ of Illinois Press, 1966.

[13] Brian Edwards, The Modern Station[M]. Oxford: the Alden Press, 1997.

[14] J. J. Trip. What makes a city? Planning for 'qualit y of place'. The case of high-speed train station area redevelopment[M]. Amsterdam: IOS Press, 2007.

[15] J. ,Willigers. Impact of high-speed railway accessibility on the location choices of office establishments[M]. Utrecht: Utrecht University, 2006.

[16] Peter Hall, Hass-Klau, Can Rail Save the Cities? The Impacts of Rail Rapid Transit and Pedestrianisation on British and German Cities[M]. Aldershor: Gower, 1985.

[17] John Brotchie, Michael Batty. Cities of the 21st Century[M]. New York: John Wiley&Sons, Inc, 1991.

[18] （美）迈克尔·D.迈耶，埃里克·J.米勒. 城市交通规划 [M]. 杨孝宽译. 北京：中国建筑工业出版社，2008.

[19] （美）I. L. 麦克哈格. 设计结合自然 [M]. 芮经纬译. 北京：中国建筑工业出版社，1992.

[20] （美）保罗·诺克斯，史蒂文·平奇. 城市社会地理学导论 [M]. 北京：商务印书馆，2005.

[21] （美）简·雅各布斯. 美国大城市的死与生 [M]. 金衡山译. 南京：译林出版社，2006.

[22] （美）刘易斯·芒福德. 城市发展史 [M]. 倪文彦，宋俊岭译. 北京：中国建筑工业出版社，1989.

[23] (英) P. 霍尔. 世界大城市 [M]. 中科院地理研究所译. 北京：中国建筑工业出版社，1982：38-39.
[24] (英) 朱利安·罗斯编著. 火车站——规划、设计和管理 [M]. 铁道部第四勘察设计院译. 北京：中国建筑工业出版社，2007.
[25] (美) 冯·贝塔朗菲. 一般系统论——基础、发展和应用 [M]. 北京：清华大学出版社，1987.
[26] (英) Brian Richards. 未来的城市交通 [M]. 潘海啸译. 上海：同济大学出版社，2006.
[27] (法) Jean-Francois Doulet. 城市机动性和无障碍环境建设 [M]. 潘海啸译. 上海：同济大学出版社，2008.
[28] 韩印，范海燕. 公共客运系统换乘枢纽规划设计 [M]. 北京：中国铁道出版社，2009.
[29] 胡大伟. 公路运输枢纽规划 [M]. 北京：人民交通出版社，2008.
[30] 黄小寒. 世界视野中的系统哲学 [M]. 北京：商务印书馆，2006.
[31] 建筑设计资料集编委会. 建筑设计资料集 6[M]. 北京：中国建筑工业出版社，1995.
[32] 李伟. 步行和自行车交通规划与实践 [M]. 北京：知识出版社，2009.
[33] 刘皆宜. 城市立体化视角——地下街设计及其理论 [M]. 南京：东南大学出版社，2009.
[34] 陆化普，黄海军. 交通规划理论研究前沿 [M]. 北京：清华大学出版社，2007.
[35] 陆锡明. 亚洲城市交通模式 [M]. 上海：同济大学出版社，2009.
[36] 潘海啸. 大都市地区快速交通和城镇发展 [M]. 上海：同济大学出版社，2002.
[37] 童林旭. 地下建筑图说 100 例 [M]. 北京：中国建筑工业出版社，2007.
[38] 王受之. 世界现代建筑史 [M]. 北京：中国建筑工业出版社，1999.
[39] 吴念祖. 虹桥综合枢纽旅客联运研究 [M]. 上海：上海科技出版社，2010.
[40] 杨晓光等. 城市道路交通设计指南 [M]. 北京：人民交通出版社，2003.
[41] 张国伍. 交通运输系统分析 [M]. 成都：西南交通大学出版社，1991.
[42] 张京祥. 西方城市规划思想史纲 [M]. 南京：东南大学出版社，2005.
[43] 中国大百科全书编委会. 中国大百科全书——地理学卷 [M]. 北京：中国大百科全书出版社，2009.
[44] 中国环境报社. 迈向 21 世纪——联合国环境与发展大会文献汇编 [M]. 北京：中国环境科学出版社，1992.
[45] 辞海编委会. 辞海 [M]. 上海：上海辞书出版社，1999.
[46] 蔡林海. 低碳经济——绿色革命与全球创新竞争大格局 [M]. 北京：经济科学出版社，2009.
[47] 陈秀山，张可云. 区域经济理论 [M]. 北京：商务印书馆，2003.
[48] 曹振熙. 客运站建设技术与设计——汽车站、火车站、港口客运站 [M]. 西安：陕西科技出版社，1993.
[49] 顾朝林. 城市社会学 [M]. 南京：东南大学出版社，2002.
[50] 孔祥安. TGV——法国高速铁路 [M]. 成都：西南交通大学出版社，1997.
[51] 陆化普，陈宏峰，袁虹等. 综合交通枢纽规划——基础理论与温州的规划实践 [M]. 北京：人民交通出版社，2001.
[52] 黄健中. 特大城市用地发展与客运交通模式 [M]. 北京：中国建筑工业出版社，2006.
[53] 李向国. 高速铁路技术 [M]. 北京：中国铁道出版社，2008.
[54] 刘灿齐. 现代交通规划学 [M]. 北京：人民交通出版社，2001.
[55] 曾坚. 当代世界先锋建筑的设计观念——变异软化背景启迪 [M]. 天津：天津大学出版社，1995.
[56] 张京祥. 西方城市规划思想史纲 [M]. 南京：东南大学出版社，2005.
[57] 张文尝. 城市铁路规划 [M]. 北京：中国建筑工业出版社，1982.

[58] 张志荣. 都市捷运发展与应用 [M]. 天津：天津大学出版社，2002.

[59] 中国科学院可持续发展战略研究组. 2009 中国可持续发展战略报告 [M]. 北京：科学出版社，2009.

[60] 王建国编著. 现代城市设计理论和方法 [M]. 南京：东南大学出版社，1997.

[61] 王炜等. 城市交通系统可持续发展理论体系研究 [M]. 北京：科学出版社，2004.

[62] 董国良，张亦周. 畅通城市论——21 世纪城市交通与城市规划 [M]. 北京：中国建筑工业出版社，2005.

[63] 邹德慈. 城市规划导论 [M]. 北京：中国建筑工业出版社，2002.

[64] M. Aarfzadeh, J. Braaksma. Optimum Design and Operation of Airport Passenger Terminal Buildings[J]. Transportation Research Record, 2000, 1703: 72-82.

[65] Andre Sorensen. Subcentres and Satellite Cities: Tokyo's 20th Century Experience of Planned Polycentrism[J]. International Planning Studies, 2001, 6 (1) : 9-32.

[66] Andreas Eichinger, Andreas Knorr. Potential and Limitations of Air-rail Links- A General Overview[J]. Materialien des Wissenschaftsschwerpunktes Globalisierung der Weltwirtschaft, 2004, 34 (9) : 1-12.

[67] S. Bander, S. Wirasinghe. Optimum geometries for Pier-type airport terminals[J]. Journal of Transportation Engineering, 1992, 118 (2) : 187-206.

[68] L. Bertolini, T. Spit. Herontwikkeling van stationslocaties in internationaal perspectief (Redevelopment of station locations in international perspective) [J]. Rooilijn, Vol. 30: 268-274.

[69] L. Bertolini Nodes and Places: Complexities of Railway Station Redevelopment[J]. European Planning Studies, 1996, 331 (3) : 331-345.

[70] Dirk Helbing, Peter Molnar. Iies J Farkas K B. Self-organizing Pedestrian Movement[J]. Environment and Planning B: Planning and Design, Vol. 28. 2001: 361-383.

[71] Gert-Joost Peek, Mark van Hagen. Creating Synergy In and Around Stations: Three Strategies for Adding Value[J]. Transportation Research Record, Vol. 1793. 2002: 1-6.

[72] D. Helbing. Collective Phenomena and States in Traffic and Self-driven Many-particle Systems[J]. Computational Materials Sciene, Vol. 30. 2004: 180-187.

[73] M. Janic. A Review of EU Sustainable Transportation System[J]. Transport Reviews, 2006 (1) : 81-104.

[74] Kevin Connoly. Optimization of Sanfransco Coordination of Intermodal Transit Networks[J]. Transportation Research Board, 2001.

[75] Lemer A. Measuring Performance of airport Passenger terminals[J]. Transportation Research, part A: General, 2001 (37) : 37-45.

[76] Moshe Givoni, David Banister. Airline and railway integration[J]. Transport Policy, vol. 13. 2006. p386-39.

[77] Moshe Givoni, Piet Rietveld. The Access Journey to the Railway Station and Its Role in Passengers' Satisfaction with Rail Travel[J]. Transport Policy, 2007 (14) : 357-365.

[78] Moshe Givoni. Benefits to airlines from using high-speed train services on routs from a hub airport[J]. Aerlines Magazine e-zine edition, 2002 (34) : 1-4.

[79] A. Odoni, R. Neuvfille. Passenger Terminal Design[J]. Transportation Research, part A: General, 1992, 26 (1) : 27.

[80] Piet Rietveld. The accessibility of Railway Stations: The Role of the Bicycle Inthe Netherlands[J]. Transportation Research Part 5, 2007, 71 (7) : 71-75.

[81] Prabhat Shrivastava, S. L. Dhingra. Development of Coordinated Schedules using Genetic Algorithms. Journal of Transportation Engineering. 2002, 128 (1) : 89-96.

[82] Randolph Hall, Maged Dessouky, Maged Dessouky. Optimal Holding Times at Transfer Stations[J]. Computers & Industrial Engineering. 2001 (4) : 379-397.

[83] Richardson B. Towards a Policy on a Sustainable Transportation System[J]. Transportation Research Record. 1999, 1670: 27-34.

[84] P. Rietveld. The accessibility of railway stations: the role of the bicycle in the Netherlands[J]. Transportation Research Part D , 2000, 5 (1) : 71-75.

[85] J. Seti, B. Hutchinson. Passenger terminal simulation model[J]. Journal of Transportation Engineering. vol. 120.1994 (4): 517-535.

[86] V. Tosic . Review of Airport Passenger Terminal Operations Analysis and Modeling[J]. Transportation Research, part A: General, 1992 (1) : 3.

[87] 白立琼. 铁路客运站地区的城市交通衔接研究 [J]. 交通运输工程与信息学报. 2006（4）：69-75.

[88] 白雁，魏庆朝. 基于绿色交通的城市交通发展探讨 [J]. 北京交通大学学报，2006（2）：10-14.

[89] 蔡逸峰. 铁路客运站的选址与客流集散方式研究 [J]. 城市规划，2001（10）：68-71.

[90] 曹萍，陈峻. 自行车与轨道交通换乘站选址及需求预测 [J]. 交通科技与经济，2008（3）：87-89.

[91] 崔恺. 苏州火车站 [J]. 建筑创作，2007（8）：39.

[92] 崔叙，廖苑伶. 上海市内外交通衔接系统现代化目标与指标体系研究. 交通与运输（学术版），2003（a）：21-23.

[93] 戴继锋，赵杰. 高铁枢纽设施布局评价方法 [J]. 城市交通，2010（4）：16-22.

[94] 丁琳. 放松管制与完善民航运输的轴辐式网络 [J]. 哈尔滨商业大学学报（社会科学版），2008（5）：118-120.

[95] 杜洪涛. 城市综合交通枢纽的规划与设计研究——以广州铁路新客站为例 [J]. 城市规划，2006（7）：85-88.

[96] 范璐. 城市交通枢纽换乘分析与评价 [J]. 交通科技与经济，2009（1）：73-75.

[97] 甘勇华. 自行车与城市轨道交通的换乘衔接 [J]. 城市轨道交通，2007（4）：87-89.

[98] 高旋. 当代高速铁路客站发展趋势浅谈 [J]. 城市建筑，2010（2）：21-23.

[99] 葛亮，王炜，邓卫，梁睿中. 城市客运换乘枢纽规划及设计方法研究 [J]. 规划师，2004（10）：53-59.

[100] 顾保南，黄志华，邱丽丽，卫超. 上海南站的综合交通换乘系统 [J]. 城市轨道交通系统研究，2006（8）：19-24.

[101] 郭建祥，郭炜. 交通枢纽之城市综合体 [J]. 时代建筑，2009（5）：44-49.

[102] 过秀成，孔哲. 大城市绿色交通技术政策体系研究 [J]. 现代城市研究，2010（1）：11-15.

[103] 胡明伟，谢晓东. 基于微观仿真的铁路客运站旅客流线设计的评价 [J]. 铁道经济研究，2009（3）：33-37.

[104] 胡小军，张希良. 走可持续城市交通之路 [J]. 绿色交通，2003（1）：10-20.

[105] 胡映东，张欣然. 城市综合交通枢纽商业设计研究 [J]. 建筑学报，2009（4）：78-82.

[106] 姜帆. 城市轨道交通与其它交通方式衔接的研究 [J]. 北方交通大学学报，2001（4）：108-110.

[107] 金雪涛，荣朝和. 世界可持续发展工商理事会的可持续交通项目评介 [J]. 综合运输，2006（7）：11-15.

[108] 李得伟，韩宝明. 铁路客运专线车站乘客集散微观仿真模型 [J]. 交通运输工程学报，2009（1）：83-86.

[109] 李德芬，李凌岚等. 以布局引导客流，充分体现"综合性"、"零换乘"的枢纽规划——苏州火车站综合交通客运枢纽规划 [J]. 新理想空间，2009（29）：68.

[110] 李京，朱志鹏. 海纳百川——论上海虹桥综合交通枢纽规划 [J]. 铁道经济研究，2008（1）：33-37.

[111] 李淑庆，吕娜娜. 轨道交通与常规公交的耦合换乘模式研究 [J]. 铁道运输与经济，2009（2）：48-50.

[112] 李晓华，林宇凡. 自行车交通与轨道交通合理换乘方法 [J]. 交通科技与经济，2008（5）：96-99.

[113] 李晓江. 中国城市交通的发展呼唤理论与观念的更新 [J]. 城市规划，1997（6）：44-48.

[114] 李艳红，谢海红，周浪雅. 铁路客运专线中心站与城市交通集散能力匹配关系的研究关系 [J]. 交通科技，2006（3）：76-78.

[115] 林利安，游婷. 铁路客运枢纽站换乘效率的物元评价方法研究 [J]. 铁道运输与经济，2009（12）：82-86.

[116] 刘静. 欧洲的自行车热 [J]. 观察与思考，2007，17（9）：40-41.

[117] 刘启钢. 大型铁路客运站客流组织仿真技术研究 [J]. 铁道运输与经济，2010（10）：37-40.

[118] 刘小丹，刘敏. 综合客运枢纽内部换乘组织分析 [J]. 交通科技与经济，2009（2）：94.

[119] 芦建国，孙琴. 火车站站前广场使用状况的调查研究 [J]. 建筑学报，2008（1）：34-37.

[120] 陆化普，毛其智. 城市可持续交通：问题、挑战和研究方向 [J]. 城市发展研究，2006（5）：91-96.

[121] 陆化普. 城市绿色交通的实现途径. 城市交通，2009（6）：23-27.

[122] 陆晓召. 论可持续交通系统的构建——基于气候变化和能源消费的角度分析 [J]. 当代经济，2010（5）：88-91.

[123] 欧冬秀，周家华，王佳美. 基于乘客行为的枢纽站换乘协调度建模 [J]. 城市轨道交通研究，2010（10）：26-29.

[124] 潘海啸. 城市交通与5D模式 [J]. 城市交通，2009（5）.

[125] 潘晓东，柯振明. 综合客运交通枢纽换乘距离与布局评价研究 [J]. 黑龙江交通科技，2008（1）：97-98.

[126] 彭聚才，姚遥. 杭州东站综合交通枢纽规划研究 [J]. 铁道工程学报，2009（3）：62-66.

[127] 彭可. 简论广州新客站地铁与国铁换乘接驳设计 [J]. 铁道勘测与设计，2008（4）：23-28.

[128] 邱丽丽，顾宝南. 国外典型综合交通枢纽布局设计实例剖析 [J]. 城市轨道交通研究，2006（3）：55.

[129] 沈龙利. 面对能源短缺与环保需求的可持续交通策略 [J]. 城市交通，2008（7）：12-15.

[130] 沈中伟. 当代铁路客站的城市角色——基于城市综合换乘的中国新型铁路客站设计关键 [J]. 建筑学报，2009（4）：72-74.

[131] 沈中伟. 新时期中小型铁路客站的空间构成与设计 [J]. 四川建筑，2007（6）：43-48.

[132] 盛军，刘云强，黄咏梅. 武汉火车站现代化交通枢纽综合体 [J]. 时代建筑，2009（5）：54-59.

[133] 盛志前，赵波平. 基于轨道交通换乘的枢纽交通设计方法研究 [J]. 城市规划，2004（10）：87-90.

[134] 苏跃江，王晓原. 基于仿真的公铁联运客运枢纽交通组织研究 [J]. 交通与运输，2009（12）：35-38.

[135] 孙启鹏，成冬香. 综合交通枢纽换乘衔接模糊综合评价实证研究 [J]. 技术与创新管理，2010（2）：164-166.

[136] 孙伟，刘亚刚，晁军．铁路交通与城市交通衔接模式的分析 [J]．低温建筑技术，2004（4）：18-19．

[137] 孙翔，田银生．日韩高速铁路客运站建设特点及其借鉴 [J]．规划师，2010（1）：82-85．

[138] 孙小年，姜彩良，王江平．城市客运交通换乘衔接的综合评价 [J]．交通标准化，2005（10）：23-27．

[139] 孙晓峰，于巧凤．客运站综合交通体系技术评价指标体系初探 [J]．铁道经济研究，2008（4）：42-45．

[140] 覃煜，晏克非，赵童．铁路客运与市内公交衔接协调性的评价分析 [J]．武汉交通科技大学学报，2000（02）：201-211．

[141] 铁道部经济规划研究院．世界高速铁路发展趋势 [J]．铁道经济研究，2006（1）：35-37．

[142] 王宝辉，刘伟杰．铁路客站交通枢纽总体布局与内外衔接设计 [J]．中国市政工程，2009（10）：73-74．

[143] 王建聪，高利平．城市公共交通枢纽换乘组织仿真研究 [J]．交通运输系统工程与信息，2006（6）：96-102．

[144] 王晶，曾坚．大型体育场馆生态节能设计分析 [J]．建筑师，2008（6）：70-73．

[145] 王玫．地下铁道导向系统设计概述．城市轨道交通研究（学术专刊），1999（2）：29-31．

[146] 王珊，王进．交通枢纽站前广场的设计解析 [J]．北京规划建设，2009（1）：129-130．

[147] 王时．探索、创新、从实际出发——上海铁路新客站评析 [J]．建筑学报，1990（6）：29-32．

[148] 王雪晴．中国铁路旅客车站站前广场面积指标专题研究 [J]．铁道标准设计，2007（5）：23-27．

[149] 吴晓，周一鸣．枢纽机场衔接公路网优化理论与方法研究 [J]．公路交通科技，2009（5）：123-126．

[150] 夏振翔．大型公交枢纽道路交通组织研究——以富锦路公交枢纽为例 [J]．交通与运输，2008（5）：10-12．

[151] 徐苗，钱振东．高铁型综合交通枢纽换乘组织综合评价 [J]．山西建筑，2010（1）：33-34．

[152] 晏克非，崔叙．全方位构建面向世博会的上海市内外交通衔接系统 [J]．交通与运输，2003（4）：6-7．

[153] 杨家其，周颖．城市铁路客运枢纽交通衔接合理性自动判别研究 [J]．交通信息与安全，2009（1）：32-33．

[154] 杨洁，赵俊波，张峰．大型综合枢纽与城市交通体系运行协调性分析 [J]．交通科技与经济，2010（6）：17-19．

[155] 杨佩昆．境外综合交通运输的换乘系统 [J]．国外城市规划，1999（1）：2-5．

[156] 杨晓光，李修刚，盛志前．城市绿色交通发展研究 [J]．建设科技，2009（17）：35-37．

[157] 杨志红．南京南站概念设计方案 [J]．铁道勘测与设计，2008（1）：42-45．

[158] 姚凤金，杨浩．旅客枢纽换乘时间调度研究 [J]．交通运输系统工程与信息，2008（1）：133-137．

[159] 叶斌，汤晋．从公共政策视角浅析欧洲高速铁路整合规划 [J]．国际城市规划，2010（2）：97-100．

[160] 殷秋敏，邓卫．自行车与城市轨道交通的衔接规划与管理 [J]．交通科技，2008（2）：92-94．

[161] 尹杰，李枫．发达国家可持续交通发展战略研究 [J]．交通与运输，2009（7）：39-42．

[162] 余兴．城市轨道交通与国有铁路的衔接方式 [J]．城市轨道交通研究，2001（2）：5-7．

[163] 袁华，许安宁．可持续交通的概念、原则及发展策略 [J]．道路交通与安全，2005（5）：11-13．

[164] 曾红艳．人员紧急疏散模型的研究及仿真分析 [J]．科学技术与工程，2010（10）：60-62．

[165] 曾坚．地域性建筑及其当代探索 [J]．城市建筑，2008（6）：38．

[166] 曾曦，邹健康，李贤淑．用绿色交通理念分析优先发展城际轨道交通的战略 [J]．交通节能与环保，2008（1）：61-63．

[167] 张楠楠．高速铁路对沿线区域发展的影响研究 [J]．地域研究与发展，2005（6）：32-36．

[168] 张如飞，徐循初．城市客运交通的整化研究（四）：铁路客站与城市公共交通的衔接研究 [J]．城市规

划汇刊，1990（3）：12-19.

[169] 张晓春，陆荣杰. 绿色交通理念在法定图则中的落实与实践——以深圳市绿色交通规划设计导则研究为例 [J]. 规划师，2010（9）：16-20.

[170] 张忠国，徐婷婷等. 城市公共交通枢纽换乘空间问题分析——以北京西直门交通枢纽为例 [J]. 城市发展研究，2009（1）：120-126.

[171] 张壮云. 城市公共交通优先体系建设——日本东京的经验及借鉴 [J]. 城市，2007（11）：42.

[172] 赵小云. 绿色交通与城市可持续发展 [J]. 城乡建设，2002（9）：13-14.

[173] 赵岩. 相同站点公交换乘评价体系进一步探讨 [J]. 交通标准化，2008（6）：137-139.

[174] 郑德高，杜宝东. 寻求节点交通价值与城市功能价值的平衡——探讨国内外高铁车站与机场等交通枢纽地区发展的理论与实践 [J]. 国际城市规划，2007（1）：72-76.

[175] 郑荣洲. 城市轨道交通与铁路车站的衔接方式探讨 [J]. 城市轨道交通研究，2006（10）：40-42.

[176] 钟华颖，韩冬青. 城市设计中的交通换乘体系 [J]. 规划师，2004，20（1）：70-72.

[177] 周伟，姜彩良. 城市交通枢纽旅客换乘问题研究 [J]. 交通运输系统工程与信息，2005（5）：23-30.

[178] 周伟. 新时期中国可持续交通发展战略与政策选择 [J]. 长安大学学报，2007（9）：1-7.

[179] 周雪梅，于晓斐. 基于优先级的公共交通枢纽换乘可靠度 [J]. 吉林大学学报，2009（9）：103-106.

[180] 朱兆慷，张庄. 铁路旅客车站流线设计和建筑空间组合模式的发展过程与趋势 [J]. 建筑学报，2005（7）：74-78.

[181] 邹军，王兴海. 日本首都圈规划构想及其启示 [J]. 国外城市规划，2003（2）：34-36.

[182] 黄志刚，杨承新. 论大型铁路客站对交通资源的整合效率 [J]. 物流技术，2009（9）：28-31.

[183] 吴彩兰. 京沪高速铁路客运站站址选择有关问题探讨 [J]. 铁道工程学报，2009（12）：96-101.

[184] 谢潮仪，曾正茂等. 重塑绿色交通 [J]. 营建知讯，2007（7）：23-25.

[185] 杨揆一. 小中见大——德国铁路考虑自行车存放问题 [J]. 铁道知识，1997（02）：35.

[186] 汤均. 中外交通建筑设计差异的分析——以法国AREP公司作品为例 [J]. 建筑学报，2009（4）：89-91.

[187] Hugo Priemus. HST-Railway Stations as Dynamic Nodes in Urban Networks [C]. Beijing: 3rd CPN Conference Proceeding, 2006.

[188] John G. Allen, Douglas Hammel, Tami G. Beyer. Chicago's information and physical coordination study: Transit transfer from the customer's perspective[C]. Washington D. C.: TRB 82st Annual Meeting. 2003.

[189] 黄志刚，杨承新. 上海虹桥站太阳能光伏发电研究 [C]. 武汉：2009 中国铁路客站技术国际交流会，2009.

[190] 李京等. 综合交通枢纽的选址与规划探讨 [C]. 武汉：2009 中国铁路客站技术国际交流会，2009.

[191] 王文君. 武汉铁路枢纽客站建设管理实践与思考 [C]. 武汉：2009 中国铁路客站技术国际交流会，2009.

[192] 熊文，陈小鸿，黄肇义. 行之绿——绿色交通刍议 [C]. 北京：可持续发展的中国交通——2005 全国博士生学术论坛（交通运输工程学科），2005.

[193] 周雪梅，杨晓光. 城市对外交通换乘枢纽站前广场总体布局研究 [C]. 昆明：第十届海峡两岸都市交通学术研讨会——城市交通现代化与经济发展，2002.

[194] 朱志鹏. 上海虹桥站太阳能光伏发电研究 [C]. 武汉：2009 中国铁路客站技术国际交流会，2009.

[195] R. B. Borthwick. Intermodal Intercity Passenger Travel for the Washington-Baltimore Region [D]. Arlington, USA: George Mason University, 2001.

[196] D. Shin. Recent Experience of and Prospects for High-Speed Rail in Korea: Implications of a Transport System and Regional Development from a Global Perspective [D]. Berkeley, USA: University of California at Berkeley, 2005.

[197] 陈大伟. 大城市对外客运枢纽规划与设计理论研究 [D]. 南京：东南大学，2006.

[198] 崔叙. 城市综合客运枢纽规划与设计理论研究 [D]. 上海：同济大学，2005.

[199] 丰伟. 城市对外交通综合综合换乘枢纽系统关键问题理论研究 [D]. 成都：西南交通大学，2010.

[200] 柯林春. 城市综合客运枢纽旅客换乘行为研究 [D]. 西安：长安大学，2009.

[201] 李松涛. 高铁客运站站区空间形态研究 [D]. 天津：天津大学，2010.

[202] 覃商. 轨道交通枢纽规划与设计理论研究 [D]. 上海：同济大学，2006.

[203] 王健聪. 城市客运枢纽换乘组织关键问题研究 [D]. 北京：北京交通大学，2006.

[204] 王南. 高速客运站设置的系统优化研究 [D]. 成都：西南交通大学，2008.

[205] 李得伟. 城市轨道交通枢纽乘客集散模型及微观仿真理论 [D]. 北京：北京交通大学，2007.

[206] 程斌. 市轨道交通枢纽换乘接驳研究 [D]. 西安：长安大学，2007.

[207] 杜恒. 火车站枢纽地区路网结构研究 [D]. 北京：中国城市规划设计研究院，2008.

[208] 姜彩良. 城市客运交通换乘衔接研究及对策分析 [D]. 成都：西南交通大学，2004.

[209] 李妍. 上海航空港与地铁的换乘研究 [D]. 南京：南京航空航天大学，2002.

[210] 刘丰之. 高速铁路枢纽站客流集散微观仿真 [D]. 北京：北京交通大学，2007.

[211] 陆铖. 大型综合交通枢纽站换乘客流组织动态仿真与评价方法的研究 [D]. 北京：北京交通大学，2008.

[212] 倪凯旋. 整合策略引导下的城市综合交通枢纽地区更新改造研究——以郑州火车站西广场地区改造为例 [D]. 上海：同济大学，2008.

[213] 张玉彪. 高速铁路车站片区交通衔接规划研究 [D]. 成都：西南交通大学，2007.

[214] J. Alan, A. Nick. Evaluation of Intermodal Passenger Transfer Facilities[R]. Federal Highway Administration U. S. Department of Transportation, 1994.

[215] BCL Barrett. Transportation Analysis Simulation System (TRANSIMS) [R]. Los Alamos, NM, USA, 1999.

[216] Maged Dessouky, Randolph Hall, Ali Nowroozi. Bus dispatching at timed transfertransit stations using bus tracking technology[J]. Transportation Research Part C. 1999, 7 (4) .

[217] 国家发展和改革委员会综合运输研究所. 中国现代综合运输体系框架和公路水路交通发展优势研究 [R]. 2003.

[218] 铁道部第三设计研究院. 综合交通枢纽研究 [R]. 2009.

[219] 中华人民共和国铁道部. 中长期铁路网规划 [R]. 2008.

[220] 中铁第四勘察设计院集团有限公司. 京福快速铁路通道武夷山至福州段预可研汇报提纲 [R]. 2008.

[221] 杨晓光，绿色交通基本理论和目标 [R/OL]. http：//www. Chinabike. com/t/10383/2013/0811/1412107. html.

[222] 厉以宁，国建华. 中国铁路跨越式发展经济学思考 [DN]. 人民铁道，2003-10-09.

[223] 中华人民共和国建筑工业行业标准，GB 5655—1999 城市公共交通常用名词术语 [S]. 北京：中国计划出版社，1986.

[224] 中华人民共和国建筑工业行业标准，GB 50067—97 汽车库、修车库、停车场设计防火规范 [S]. 北京：中国计划出版社，1998.

致 谢

本书得以顺利成稿，首先要感谢我的两位导师，天津大学的曾坚教授和清华大学的陆化普教授。两位不同领域专家的悉心指导为本书理论体系的建构奠定了坚实的基础。

衷心感谢中国工程院傅志寰院士在课题"城镇化进程中的综合交通运输问题研究"期间给予的指导和帮助，使我对中国铁路事业的发展有了更深刻的认识和了解，先生严谨的学术作风令我敬仰。感谢国家发改委综合运输研究所郭小碚所长、程世东主任，中国铁路总公司经济规划研究院林仲洪院长，北京交通发展研究中心全永燊主任和郭继孚主任在相关问题的交流中给予的宝贵意见。

感谢铁道第三勘察设计院集团有限公司周铁征总工程师和李政设计师在调研和资料收集过程中的大力帮助。

感谢刘畅，在繁忙的工作之余仍坚持帮我收集了大量资料。

感谢中国建筑工业出版社刘丹编辑为本书的出版发行所付出的辛勤劳动。

本书的出版得到国家自然科学基金资助项目"大都市区综合客运枢纽与城市空间耦合机理及发展模式研究"（51408023）；住房和城乡建设部科学技术计划资助项目"基于'绿色换乘'的高铁枢纽交通接驳规划与设计理论研究"（2014—K5—014）以及北京建筑大学学科建设项目的共同资助，在此一并致谢！

王 晶
2016年端午于北京建筑大学